Criminalpolitische
Bekämpfungsmethoden.

Von

Dr. jur. Andreas Thomsen.

Berlin.
J. Guttentag, Verlagsbuchhandlung.
1893.

Inhaltsverzeichnis.

Abkürzungen.

A.L.R.	Allgemeines preußisches Landrecht.
Berner:	Lehrbuch des deutschen Strafrechts, 15. Aufl. 1888.
C.A.	Code Annamite, lois et règlements du royaume d'Annam. Aubaret, Paris 1865.
CCC.	Carolina.
C. pén.	Code pénal Français vom 12. Februar 1810.
C. pén. Belge	Code pénal Belge vom 15. Oktober 1867.
C.P.O.	Civilprozeßordnung.
G.	Goltdammer, Archiv für Strafrecht.
Gragas:	(Graugans) Codex iuris Islandorum antiquissimus qui nominatur Gragas. Hafniae 1829.
G.S.	Gerichtssaal.
Gulathings-Laug:	Regis Magni legum reformatoris leges Gula-thingenses s. ius commune Norvegicum. Hafniae 1817.
Hälschner:	Das gemeine deutsche Strafrecht. 1884.
H.G.	Handelsgesetzbuch.
v. Liszt:	Lehrbuch des deutschen Strafrechts, 3. Aufl. 1888.
M.G.	Militärstrafgesetzbuch.
Mühry:	Aus dem Englischen übersetztes, vervollständigtes und erklärtes Handbuch des englischen Strafrechtes und Strafverfahrens von Henry J. Stephen, Göttingen 1843.
Olshausen:	Kommentar zum Strafgesetzbuch für das Deutsche Reich, 3. Aufl. 1890.
R.G.	Reichsgerichtsentscheidung.
Scheidemantel:	Legum quarundarum Aegyptiorum cum Atticis Spartanisque comparatio. Jenae CIↃIↃCCLXVI.
Staunton:	Ta tsing leu lee being the fundamental laws, and a selection from the supplementary statutes of the Penal Code of China. London 1810. (Zitiert nach Sektionen = s. und Seiten = p.)
Stenglein:	Sammlung der deutschen Strafgesetzbücher.
St.G.B.	Strafgesetzbuch.
St P.O.	Strafprozeßordnung.
St.R.	Strafrecht.
Wilda,	Das Strafrecht der Germanen, Halle 1842.
Windscheid,	Lehrbuch des Pandektenrechtes, 5. Aufl.

Unter den einzelnen Strafgesetzbüchern sind die von folgendem Datum verstanden: dän. M.G. vom 7. Mai 1881; dän. St.G.B. vom 10. Februar 1866, deutsch. M.G. vom 1. Oktober 1872; deutsch. St.G B. vom 1. Januar 1871; griech. St.G.B. vom 30. Dezember 1833; hamburg. St.G.B. vom 30. April 1869, italien. St.G.B. vom 30. Juni 1889; St.G.B. von New-York vom 26. Juli 1881; niederl. St.G.B. vom 3. März 1881; norweg. St.G.B. von 1842; österr. M.G. vom 15. Januar 1855; russ. St.G B. von 1866; schwed. M.G. vom 7. Oktober 1881; ungar. St.G.B. vom 1. September 1880.

Unter den früheren deutschen Partikularstrafgesetzbüchern sind die in der Sammlung von Stenglein enthaltenen gemeint.

Berichtigungen:

S.	11.	Zeile	20	v.	ob.	füge hinzu:	S.	192 f.
"	25.	"	21	"	"	" "	"	191 f.
"	61.	"	10	"	"	" "	"	189 Anm. 7.

Einleitung.

Stellung zu den sogenannten Strafrechtstheorieen. Die Bekämpfungstheorie.

Sämtliche Strafrechtstheorieen stützen sich auf die Strafe, die absoluten strafen: „weil . . .“, die relativen strafen: „damit . . .“, die Vereinigungstheorieen teils: „weil . . .“, teils: „damit . . .“ [1]) Beide Gattungen von Theorieen (die Vereinigungstheorieen bilden keine besondere Gattung) stellen sich von vornherein auf den Standpunkt: „Strafe muß sein“. Die einen schauen von diesem Standpunkte nur nach rückwärts und fragen, „wie verlangt das geschehene Verbrechen, daß die Strafe eingerichtet wird?“ Die andern schauen teils nach rückwärts auf das geschehene Verbrechen, teils nach vorwärts auf die zukünftigen Verbrechen (Verhütung).

Nun gibt es aber Institute im Strafrecht, welche sich diesen Gesichtspunkten nicht unterordnen lassen. Denken wir uns z. B. einen Menschen, welcher im Begriff ist, eine Brandstiftung zu begehen: er hält das brennende Zündholz in der Hand, um das Strohdach eines Hauses anzuzünden. Die absoluten Theorieen ruhen noch, denn es ist noch nicht gesündigt, die relativen sind in Thätigkeit, um das Verbrechen zu verhüten und sagen, „wenn du die That begehst, wirst du bestraft“. (Sie benutzen hier die Strafe indirekt, indem sie mit ihr drohen.) Angenommen, der

---

[1]) Einen kurzen Überblick über die Theorieen gibt z. B. v. Liszt, Lehrbuch S. 6 ff., eine eingehende Behandlung derselben v. Bar: Handbuch des deutschen Strafrechts, Bd. I.

Thäter läßt sich aber nicht abschrecken, sondern zündet das Strohdach an: Jetzt treten die absoluten Theorieen in Thätigkeit und sagen, „du wirst bestraft, weil du einen Brand gestiftet hast". Die relativen beschäftigen sich mit diesem Delikte, wir wollen es das Delikt (n) nennen, so wie es vorliegt, nur noch in untergeordnetem Maße (Herstellung des Gerechtigkeitsgefühles, Abbüßung, Vergütung usw.), in der Hauptsache wenden sie sich von ihm ab zu dem folgenden Delikte (n + 1).[2]) Der Gesetzgeber folgt aber nun weder der einen noch der andern Richtung, sondern er tritt noch einmal an den Thäter heran und sagt ihm: „wenn du jetzt das Feuer wieder auslöschst, ehe ein wirklicher Schaden entsteht, so erlasse ich dir die Strafe". Wie ist diese Behandlungsweise unterzubringen? Mit den absoluten Theorieen steht der Gesetzgeber in Widerspruch, denn, obgleich gesündigt ist, straft er nicht. Mit den relativen Theorieen steht er im Widerspruch in Bezug auf die Basis. Diese ist eine gänzlich andere: die relativen Theorieen stehen auf der Basis der Strafe, der Gesetzgeber in unserm Falle auf der Basis der Verzeihung. Derartige für die bisherigen Theorieen undefinierbare Behandlungsweisen werden uns noch sehr häufig begegnen, teils in positiven Gesetzgebungen, teils aus der Theorie heraus konstruiert. Ferner kann in vielen Fällen die Strafe durch das Zivilrecht unterstützt, oft sogar gänzlich ersetzt werden (z. B. indem man einen (strafbaren) Vertrag, den man verhindern will, in zivilrechtlicher Hinsicht derartig behandelt, daß er überhaupt nicht abgeschlossen bezw. nicht erfüllt wird.)

---

[2]) Diese Bezeichnung „Delikt (n)" für ein beliebiges Delikt, „Delikt (n+1)" für das folgende, sowie „Delikt (n—1)" für das vorhergehende wollen wir für die Zukunft festhalten. Wir brauchen nämlich häufig eine scharfe Unterscheidung zwischen dem Delikte, mit welchem wir uns gerade beschäftigen, und dem folgenden, sowie dem vorhergehenden. Behandelt man nämlich irgend ein Verbrechen, so muß man sich bewußt sein, daß diese Behandlung meistens weder unabhängig von der Behandlung der vorigen, noch ohne Einfluß auf die der folgenden Delikte ist. (Weiß z. B. der Thäter, daß von den sechs letzten Delikten dieser Art nur eins wirklich bestraft ist, so wird er die Strafandrohung des vorliegenden weniger ernst nehmen; bestraft man anderseits ein geschehenes Delikt, so berührt die Strafe nicht nur dieses, sondern auch zugleich die folgenden, z. B. werden zukünftige Thäter in höherm Grade abgeschreckt, der Thäter des bestraften Deliktes gebessert usw.) Bei derartigen Behandlungen empfiehlt es sich, daß man ein Delikt in der Reihe fixiert und von diesem aus rückwärts und vorwärts blickt, dies fixierte sei dann eben das Delikt (n), das vorhergehende das Delikt (n—1) und das folgende das Delikt (n + 1).

Es muß also im Strafrecht noch eine andre, allgemeinere Theorie geben, eine Theorie, welche sich nicht nur der Strafe bedient, sondern auch andre Mittel zur Bekämpfung des Unrechts heranzieht. In Bezug auf das Delikt (n + 1) könnte man sie eine verallgemeinerte Verhütungstheorie nennen; zugleich beschäftigt sie sich auch mit dem Delikte (n), z. B. Straferlaß für die Rückgabe einer gestohlenen Sache, sie ist also zugleich eine verallgemeinerte Wiederherstellungstheorie. Um beides zu umfassen, müssen wir einen weitern Ausdruck wählen. Nehmen wir hierzu, ohne Bezeichnung eines nähern Zweckes den Namen „Bekämpfungstheorie". Diese Bezeichnung schließt alle relativen Theorieen in sich, ist aber insofern umfassender, als sie neben der Strafe auch andre Mittel zuläßt.

Zunächst wollen wir einmal die Bekämpfungstheorie ganz allgemein fassen, und fragen: was für Mittel gibt es überhaupt zur Bekämpfung einer schädlichen Handlung, einerlei, anf welchen Gebieten sie liegen.[3])

Religion und Moral. Ein sehr wichtiges Mittel zur Bekämpfung des Unrechts liefern Religion und Moral. Die Pflege derselben ist Sache der Kirche, der Familie bezw. größerer Gesellschaftskreise und der Schule.

Soziale Verhältnisse. Sehr viele Motive, besonders für Vermögensdelikte, werden durch unglückliche soziale Verhältnisse erzeugt. Das besonders Gefährliche bei denselben ist der Umstand, daß die Motive, die sie liefern, nicht einmal immer moralisch verwerflich sind. Sieht z. B. ein Familienvater, daß er sein Vermögen verlieren wird, und daß infolgedessen seine Kinder ohne ihre Schuld eine schlechtere Erziehung erhalten werden und überhaupt aus den „Goldenen Zehntausend" in die unteren Schichten des Volkes hinabsteigen müssen, so ist die Verlockung, seiner Kinder wegen das Vermögen eventuell durch ein Verbrechen zu erhalten, eine äußerst große. Die Bekämpfungsmethode vermittelst Besserung der sozialen Verhältnisse fällt zwar zum Teil auch schon in das Rechtsgebiet (besonders in das Erbrecht und die Gesetzgebung über Handel und Industrie bezw. Arbeiterverhältnisse), weit mehr jedoch in das Gebiet

[3]) Spezialisieren wir die Gebiete, so fragen wir: „welche Mittel gibt es im Gebiete des gesamten Rechtes?" alsdann: „welche Mittel gibt es im Strafrecht?" schließlich: „was kann der Gesetzgeber durch das Mittel der Strafe erreichen?" und sind hiermit bei den sogenannten Strafrechtstheorieen angelangt.

der Nationalökonomie, und hat schließlich ihre Wurzeln in der Politik.

Schutzmittel durch Handwerk und Industrie. Neben den Gesetzen bieten einen sehr wirksamen Schutz die Erzeugnisse von Handwerk und Industrie, als da sind feste Thüren und Riegel, Diebesschlösser, unterirdische Gewölbe, Eisengitter usw. Diese Mittel pflegen mit den Gesetzen Hand in Hand zu gehen (z. B. sucht der Staat die Becher an den öffentlichen Brunnen nicht nur durch St.G.B. § 242, sondern auch durch eine Kette festzuhalten, und mancher Bankier traut seinem Geldschranke mehr als der Strafandrohung des § 243); in der allgemeinen Bekämpfungstheorie stehen an Bedeutung diese Mittel bald neben, bald sogar über den Gesetzen.

Hausmittel. Schließlich gibt es einen Schutz gegen die Verbrechen, welchen man wohl als „Hausmittel" gegen dieselben bezeichnen könnte. Zunächst sind es die allgemeinen Vorsichtsmaßregeln, z. B. wichtige Rechtsgeschäfte mit Hilfe eines Sachverständigen abzuschließen, dann aber auch speziellere, zum Teil sehr fein ausgedachte, z. B. gegen den „Paletotmarder" die Maßregel, die Rockärmel umzukehren, dann braucht der Dieb etwa das Dreifache der Zeit, um in den auserwählten Mantel zu schlüpfen, und kann währenddessen leichter gestört werden. Besonders sind es Kontrolliermittel, z. B. das Bespritzen der aufgeschichteten Ziegelsteine mit Tünche, so daß ein Diebstahl an dem Haufen durch die Störung der Spritzfiguren sofort sichtbar wird.[4])

[4]) Ferner folgendes Beispiel: Etwa 100 Fensterrahmen sollen dreimal angestrichen werden; gegen den Betrug, daß ein Teil derselben nur ein oder zweimal gestrichen wird, pflegt man die Maßregel anzuwenden, daß man die Rahmen zuerst etwa weiß, dann grün und zuletzt mit der eigentlichen, gewünschten Farbe, sagen wir braun, anstreichen läßt. Auf diese Weise übersieht man nach jedem Anstrich mit einem einzigen Blicke, ob Rahmen überschlagen sind, nämlich ob sich unter den grünen noch weiße, und unter den braunen noch grüne oder gar weiße befinden.

Es wäre wünschenswert, die beiden letzten Bekämpfungsweisen litterarisch mehr zu kultivieren und in nähere Beziehung zu dem Strafrechte zu bringen, da sie das Publikum oft besser schützen als die Gesetze selbst. Derartiges scheint auch schon angebahnt zu werden, z. B. durch das Buch „Verbrechen und Verbrecher, Mitteilungen zum Schutze des Publikums" von A. Oskar Klausmann und Weien, Berlin 1892. In demselben wird eine Reihe der am häufigsten vorkommenden Vermögensdelikte behandelt (zum Teil sehr

Gehen wir nunmehr zu den Bekämpfungsmitteln auf dem Gebiete des Rechts über.

Zunächst mag betrachtet werden, welches Menschenmaterial der Gesetzgeber zur Bekämpfung ins Feld führt.

Kapitel I.

Das Personal, welches der Gesetzgeber zur Bekämpfung benutzt.

In den Kulturländern scheidet der Staat eine in sich geschlossene Gruppe seiner Bürger aus und überträgt ihr die Bekämpfung von Verbrechen und Verbrechern. Bei noch jugendlichen Nationen oder wo die Bevölkerung noch dünn gesät ist, pflegt man jedoch das ganze Volk zur Bekämpfung heranzuziehen. Außerdem gibt es viele Fälle, in denen eine festbestimmte Berufsklasse nicht genügt, und in diesen pflegen dann die Rechte ebenfalls die Zahl der Berufskämpfer aus dem Publikum zu ergänzen, indem sie jeden, den die Umstände mit einem Verbrechen in Berührung bringen, zur Anzeige und sonstigen Bekämpfung desselben auffordern.

Als Mittel, die Menschen in Thätigkeit zu setzen, verwendet das Gesetz bald Belohnung, bald Strafe, bald beides gleichzeitig.

§ 1. Bekämpfung verderblicher Naturereignisse.

Die Gesetzgebung berücksichtigt nicht bloß Verbrechen, sondern auch allgemein verderbliche Naturereignisse, deren Verhütung oder Beseitigung sie ebenfalls anstrebt. Werfen wir zunächst einen kurzen Blick auf die Strafgesetzgebung in letzterer Beziehung.

---

eingehend, z. B. Haus-, Hotel-, Vieh-, Laden-, Taschen- und Kolli-Diebstahl). Es werden die Ausführungsmethoden der Verbrechen sowie die dabei verwandten Werkzeuge geschildert und alsdann die betreffenden Schutzmittel dagegen angegeben. (Nach Seite 183 daselbst soll es schon im Anfange des 16. Jahrhunderts ein ähnliches Buch gegeben haben, den „liber vagatorum“ oder „Bettlerorden“, welches die Kniffe und Pfiffe der Bettler bloßlegte und von Luther in seinen Schriften dem Publikum des öfteren als Schutzmittel empfohlen wurde.)

Die Aufforderung zur Bekämpfung eines Unglücks unter reiner Verheißung einer Belohnung findet sich in den Strafgesetzen weniger, da diese Behandlungsart mit der Strafe eben nichts zu thun hat. Im Zivilrecht tritt sie dagegen häufig auf. Es mag nur erinnert werden an den Bergelohn und Hilfslohn im deutschen H.G. (Buch 5, Tit. 9 „Von der Bergung und Hilfsleistung in Seenot"),[5] ferner an die Verleihung der Rettungsmedaille, die Festsetzung des Finderlohnes, die Auslobung (z. B. für Wiederbringen entlaufener Tiere, für ein Mittel gegen die Reblaus) usw.

Die Aufforderung bei Strafe findet sich dagegen weit häufiger; z. B. gehört hierher ein großer Teil der Polizeiverordnungen, überhaupt der Polizeidelikte.[6] Aus dem deutschen Strafrecht mag erwähnt werden: das Unterlassen des Raupens § 368, 2, der sogenannte „Liebesparagraph" § 360, 10 und die Strandungsordnung vom 17. Mai 1874, § 9. Im (frühern) württemberg. St.G.B. Art. 460 finden wir den sogenannten „Liebesparagraphen" verschärft vor, indem schon Aufforderung von Privatleuten genügt. Ähnlich verfahren andere Rechte, z. B. St.G.B. von New-York § 414 bestraft die Weigerung der Hilfeleistung bei einem Waldbrande (und ähnlich § 456 bei Aufruhr). Einzelne Gesetze gehen noch weiter und bestrafen die unterlassene Bekämpfung des Unglücks, auch ohne daß der Betreffende dazu aufgefordert wird, so z. B. das norweg. St.G.B.:

> 14. Kapitel. § 27. „Unterläßt jemand, demjenigen, welcher in Lebensgefahr sich befindet, zu Hilfe zu kommen, wenn es ihm ohne Gefahr für Leben oder Gesundheit möglich war, so wird er, wenn der andre umkommt, mit Gefängnis oder Geldbußen bestraft. . ."[7]

---

[5]) cf. auch Strandungsordnung vom 17. Mai 1874, § 20.

[6]) Es setzt hier die vielbestrittene Grenze zwischen polizeilichem und kriminellem Unrecht ein.

[7]) cf. auch norweg. St.G.B. cp. 13 § 4. Ähnlich sind griech. St.G.B. Art. 558, 684, 635 usw.; russ. St.G.B. Art. 1521; niederl. St.G.B. Art. 450 usw. Auch in folgendem Artikel des (frühern) hannov. St.G.B. liegt eine solche Pflicht zur Hilfeleistung, denn für den Bedrohten ist die Sachlage dieselbe, als wenn er einen Verunglückten anträfe. Art. 81. „Wer in Notwehr einen andern verwundet oder getötet hat, ist, bei Vermeidung einer angemessenen Geldstrafe, schuldig, den Vorfall der nächsten Obrigkeit ohne Aufenthalt anzuzeigen, vorbehaltlich der weitern Bestrafung, wenn durch die unterlassene Anzeige der Tod oder eine bleibende Beschädigung an der Gesundheit entstanden sein sollte."

Wie die Strafandrohung, so kann der Gesetzgeber auch den Erlaß der Strafe als Triebkraft benutzen. Im ersten Falle konstruiert er ein Delikt, indem er eine Unterlassung mit Strafe bedroht; im zweiten Falle annulliert er sozusagen ein schon geschehenes Delikt, indem er den Erlaß der für dasselbe verwirkten Strafe verheißt. So benutzt z. B. König Magnus, der „Gesetzesbesserer", den Erlaß einer verwirkten Strafe, um sich einen feindlichen Einfall rechtzeitig anzeigen zu lassen.[8])

Beide Triebfedern, Hoffnung auf Belohnung, wenn die Hilfe geleistet wird, und Furcht vor Bestrafung, wenn sie nicht geleistet wird, wendet gleichzeitig das A.L.R. II Tit. 20 an, indem es in den §§ 782—784 die Rettung belohnt und die Unterlassung einer solchen bestraft. Ebenso sagt die Strandungsordnung vom 17. Mai 1874 in betreff eines gestrandeten oder in Seenot sich befindenden Schiffes § 4: „... Der Überbringer der ersten Anzeige hat Anspruch auf eine angemessene Vergütung." Es wird dagegen nach § 43 die unterlassene Anzeige, „... sofern nicht nach allgemeinen Strafgesetzen eine höhere Strafe verwirkt ist, mit Geldstrafe bis zu 150 Mark oder mit Haft bestraft."

Das Gesetz verwendet also gleichzeitig ein „Drohmittel", nämlich das Inaussichtstellen einer Verschlechterung der augenblicklichen Lage, und ein „Lockmittel", nämlich das Inaussichtstellen einer Verbesserung der augenblicklichen Lage.

§ 2. Bekämpfung des Deliktes bis zu seiner Vollendung.

Wir gehen nun über zu denjenigen Fällen, in welchen die Gefahr, die der menschlichen Gesellschaft droht bezw. sie betroffen hat, in einem Verbrechen besteht.

Die Beamten, die der Staat anstellt, erfahren naturgemäß in Bezug auf ein Delikt weit weniger, als bestimmte Gruppen unter dem Publikum. Erstens sind sie an Zahl viel geringer, so daß der Zufall viel leichter irgend einem andern die Entdeckung eines

---

[8]) Gula-Things Laug. Mannhelgi-Bölker Cap. VI. „Ubi quis caedem inexpiabilem scelusve nefandum perpetraverit, extorris eat impune occidendus pecunia et pace, bonis mobilibus et immobilibus avitisque fundis privetur, nec unquam redire illi liceat, nisi belli civibus antea ignoti verus advenerit nuntius. Quo facto civitatem recuperet clementia Regis et pretium quod ille statuerit." Ähnlich Gula-Things Laug, Landvarnar-Bölker Cap. V. De nuntio belli.

Deliktes in die Hand spielt; zweitens befinden sich unter dem Publikum meistens Leute, welche durch irgend welche Verhältnisse, wie Verwandtschaft, Nachbarschaft, Geschäftsverkehr usw. besser im stande sind, ein Verbrechen zu entdecken, und drittens nehmen sich die Thäter selbst vor den Beamten mehr in acht, während sie im Kreise ihrer Freunde, in Wirtshäusern usw. oft manches unabsichtlich oder sogar absichtlich ausplaudern, indem sie mit ihren Thaten renommieren. In wie vielen Fällen geht das Gerücht eines geplanten oder geschehenen Verbrechens in gewissen Kreisen des Publikums schon längst umher, während die Polizei und Staatsanwaltschaft noch keine Ahnung von demselben hat! Aus diesen Gründen ist von jeher, besonders bei schweren Verbrechen oder schwieriger Entdeckung von That und Thäter das Publikum vom Gesetzgeber mit herangezogen.

Zunächst soll nun die Bekämpfung des Deliktes vor seinem Entstehen, also die Bekämpfung zum Zwecke der Verhütung betrachtet werden.

Das deutsche St.G.B. kennt eine Strafe für die Nichtverhinderung des Deliktes durch selbstthätiges Einschreiten nur, wenn in derselben zugleich eine Amtsverletzung liegt, sowie allenfalls bei dem § 360, 10. Weit häufiger wird dieselbe aber verwandt von Strafgesetzbüchern mancher anderer Völker der Vergangenheit und der Gegenwart, z. B. sagt die lex Cornelia in betreff der Bestrafung der Falschmünzerei

> l 9, 1, D 48, 10: „Eadem poena adficitur etiam is qui, cum prohibere tale quid posset, non prohibuit."

Ferner bestimmt das russ. St.G.B.:

> Art. 14: „Außerdem werden von den bei dem Vorfalle und dem Verbrechen Beteiligten angesehen:
>
> als der Nichtverhinderung Schuldige: Diejenigen, welche, obwohl sie die Macht oder die Möglichkeit hatten, das Verbrechen zu hindern, absichtlich oder wenigstens wissentlich die Verübung desselben zuließen." [9])

Manchmal wird in erster Linie Verhinderung und in zweiter Linie Anzeige (sc. vor dem Verbrechen) verlangt, so mußte z. B. in

[9]) cf. auch russ. St.G.B. Art. 1511; österr. St.G.B. § 60: österr. M.G. § 518 usw.

Ägypten derjenige, welcher unterwegs einen andern von Räubern angegriffen oder sonst Gewalt leiden sah, bei Prügel- und Hungerstrafe zur Verteidigung herbeieilen, oder wenn ihm dies nicht möglich war, die That sofort anzeigen. (Diodor I. 77, 10.) Manchmal wird Verhinderung oder Anzeige zur Wahl gestellt, z. B. im sächs. St.G.B. § 70, 1; A.L.R. II Tit. 20, Art. 80—82; 98, 476. Manche Gesetze scheinen auch Verhinderung und Anzeige zu verlangen.[10]) Das dänische Militärgesetz behandelt die Verhinderung ungefähr als thätige Reue für die nicht erfolgte Anzeige.[11])

Am häufigsten findet man jedoch, daß der Gesetzgeber sich mit einer einfachen Anzeige des geplanten Verbrechens begnügt.

Im deutschen Strafrecht bietet zunächst das St.G.B. den § 139.[12]) Schärfer ist das Sprengstoffgesetz, indem es nicht einmal einen strafbaren Versuch voraussetzt, § 13. Das M.G. kennt ebenfalls eine Anzeigepflicht: nämlich § 60 in betreff des Kriegsverrats, § 77 in betreff der Fahnenflucht und § 104 in betreff der Meuterei.

Gehen wir auf die psychologische Wirkung dieser Anzeigepflicht über.

Die Personen, an welche sich jene Paragraphen wenden, zerfallen in drei Gruppen: die Beamten auf der einen Seite, die Verbrecher auf der andern, und zwischen ihnen das Publikum.

Gruppe I, die Beamten. Für die Beamten wirken jene Paragraphen als ein straferhöhender Umstand, indem diese sich bei Übertretung derselben zugleich eines Amtsdeliktes schuldig machen. Sie haben deshalb in Idealkonkurrenz (es ist dies eine von den

---

[10]) Z. B. das russ. St.G.B. Art. 247: „Diejenigen, welche Zeugen der in dem vorhergehenden Artikel 246 (sc. Majestätsbeleidigung) bezeichneten frechen Handlung oder Worten waren, dieselben aber nicht hinderten, ebenso auch, wenn sie der nächsten örtlichen Obrigkeit darüber keine Anzeige machten, werden verurteilt zu Arrest auf eine Zeit von 3 Wochen bis 3 Monaten.

[11]) § 94: „Doch kann, trotz Unterlassung der Anzeige, die Strafe entfallen, wenn der Schuldige das Verbrechen verhindert hat."

[12]) „Wer von dem Vorhaben eines Hochverrats, Landesverrats, Münzverbrechens, Mordes, Raubes, Menschenraubes oder eines gemeingefährlichen Verbrechens zu einer Zeit, in welcher die Verhütung des Verbrechens möglich ist, glaubhafte Kenntnis erhält und es unterläßt, hiervon der Behörde oder der durch das Verbrechen bedrohten Person zur rechten Zeit Anzeige zu machen, ist, wenn das Verbrechen oder ein strafbarer Versuch desselben begangen worden ist, mit Gefängnis zu bestrafen."

wenigen Idealkonkurrenzen durch Unterlassung) eine höhere Strafe zu erwarten.

Gruppe II, das Publikum. Diese zweite Gruppe wollen wir wieder in Unterabteilungen zerlegen:

a) Diejenigen, welche nur ungenaue und unglaubhafte Kenntnis haben. An diese wendet sich die Anzeigepflicht nur indirekt (formell sind sie sogar ausgeschlossen, indem die oben citierten Paragraphen sagen: „wer ... glaubhafte Kenntnis hat ..."). Unter ihnen bilden sich wieder zwei Gruppen. Die einen, denen das Gemeinwohl höher steht als ihr eignes Interesse, werden eine etwa gefundene Spur weiter verfolgen, oder sich wenigstens einer sich ihnen aufdrängenden Kenntnis nicht verschließen. Die andern, denen das eigene Interesse höher steht, werden absichtlich Augen und Ohren schließen, sowie sie vermuten, daß sie Kenntnis von dem Delikte erhalten könnten. Vorteil haben nämlich die Wisser des Deliktes von ihrer Kenntnis auf keinen Fall (abgesehen von einer etwaigen Erkenntlichkeit des Geretteten), eventuell dagegen verfallen sie der Strafe, nämlich wenn sie aus Furcht, Liebe zu den Thätern usw. keine Anzeige machen.

b) Diejenigen, welche glaubhafte Kenntnis haben. Diese werden zur Anzeige gezwungen; sie werden sozusagen als Polizei angestellt.[13])

Oft tritt aber der Furcht vor Strafe eine andre Kraft (außer Trägheit usw.) entgegen, nämlich die Furcht vor der Rache der Angezeigten. Personen, welche letztere zu fürchten haben, sind in der schlimmen Lage, zwischen zweien Übeln wählen zu müssen. Ist die Furcht vor dem Gesetze größer, so zeigen sie an, ist die Furcht vor den Verbrechern größer, so zeigen sie nicht an.[14])

Gruppe III, die Verbrecher. Diese Gruppe werden wir erst später bei der gegenseitigen Bekämpfung der Thäter behandeln. (S. 108.)

Wenden wir uns dem Auslande und der Vergangenheit zu, so können wir noch verschiedene Variationen zu der Anzeige-

[13]) Der Verletzte oder vielmehr der zu Verletzende, z. B. derjenige, gegen den ein Mord geplant wird, würde auch hierher gehören, jedoch ist wohl kaum anzunehmen, daß die Anzeigepflicht ihn mit betreffe. cf. Olshausen zu § 139 Nr. 6b.

[14]) Manche Gesetzgebungen suchen jene ungünstige Gegenkraft zu beseitigen, cf. (unten S. 111) das österr. M.G. § 338.

pflicht des deutschen Gesetzbuches konstatieren. Bald wird eine Zeitbestimmung hinzugefügt: 48, 24 Stunden, „mit möglichster Beschleunigung", bald nur Anzeige verlangt, wenn für den Anzeiger keine Gefahr vorhanden ist. Oft müssen auch bloße Vorbereitungshandlungen angezeigt werden, z. B. Komplott und Banden, oft bevorstehende Ereignisse, bei welchen eventuell ein Delikt verübt werden könnte, z. B. der Niederkunft (wegen Kindesmordes) usw.

Ein Beispiel für die Aufforderung zur Verhinderung bezw. Anzeige eines geplanten Verbrechens durch Belohnung ist mir nicht aufgestoßen. An und für sich könnte ja der Staat hierfür ebenso gut einen Preis aussetzen, als für die Anzeige eines Verbrechens, nachdem es stattgehabt hat; z. B. könnte er ebenso gut ausloben „300 Mark Belohnung für denjenigen, welcher eine geplante Brandstiftung so anzeigt, daß sie verhindert werden kann", wie er auslobt „300 Mark Belohnung für denjenigen, welcher den Brandstifter so und so der Polizei anzeigt".[15]) Auch eine private Auslobung für die Verhinderung eines Deliktes ist mir nicht bekannt, dagegen ist die private Auslobung für die Anzeige eines zukünftigen Deliktes, nachdem dasselbe begangen sein wird, etwas ganz Gewöhnliches. (cf. unten.)

§ 3. Auffspüren von That und Thäter.

Zur Verfolgung eines Deliktes ist vor allen Dingen natürlich notwendig, daß dasselbe sowie sein Urheber entdeckt werden. Speziell in Deutschland liegt der Staatsanwaltschaft (St.P.O. § 152) und den Behörden und Beamten des Polizei- und Sicherheitsdienstes (St.P.O. § 156) diese Ermittelung ob. In besondern Fällen auch noch andern Behörden, z. B. den Gemeindebehörden, wenn Anhaltspunkte dafür gegeben sind, daß jemand nicht eines natürlichen Todes gestorben sei, oder wenn der Leichnam eines Unbekannten gefunden wird (St.P.O. § 157). In vielen Fällen genügt dies aber nicht und alsdann sieht sich der Gesetzgeber gezwungen, wieder das Publikum heranzuziehen.

Was das deutsche Strafrecht anbetrifft, so liegt zwar nur eine indirekte, aber doch sehr nachdrückliche Anstelluug Dritter zur Polizei im Preßgesetz vom 7. Mai 1874:

---

[15]) Vielleicht sind mir derartige Stellen nur durch Zufall nicht begegnet, möglich ist es aber, daß es solche überhaupt nicht gibt, denn die Gefahr der Durchstecherei und Simulation wäre zu groß.

§ 21. „Begründet der Inhalt einer Druckschrift den Thatbestand einer strafbaren Handlung, so sind

der verantwortliche Redakteur,
der Verleger,
der Drucker,
derjenige, welcher die Druckschrift gewerbsmäßig vertrieben oder sonst öffentlich verbreitet hat (Verbreiter),

soweit sie nicht nach § 20 als Thäter oder Teilnehmer zu bestrafen sind, wegen Fahrlässigkeit mit Geldstrafe bis zu eintausend Mark oder mit Haft oder mit Festungshaft oder Gefängnis bis zu einem Jahre zu belegen, wenn sie nicht die Anwendung der pflichtgemäßen Sorgfalt oder Umstände nachweisen, welche diese Anwendung unmöglich gemacht haben.

Die Bestrafung bleibt jedoch für jede der benannten Personen ausgeschlossen, wenn sie als den Verfasser oder den Einsender, mit dessen Einwilligung die Veröffentlichung geschehen ist, oder, wenn es sich um eine nicht periodische Druckschrift handelt, als den Herausgeber derselben, oder als einen der in obiger Reihenfolge vor ihr Benannten eine Person bis zur Verkündigung des ersten Urteils nachweist, welche in dem Bereich der richterlichen Gewalt eines deutschen Bundesstaats sich befindet, oder falls sie verstorben ist, sich zur Zeit der Veröffentlichung befunden hat; hinsichtlich des Verbreiters ausländischer Druckschriften außerdem, wenn ihm dieselben im Wege des Buchhandels zugekommen sind."

Die Form dieser Aufforderung zur Anzeige ist zwar eine andere als die gewöhnliche, denn es wird nicht gesagt (wie z. B. im St.G.B. § 139): „wenn der A nicht anzeigt, wird er bestraft", sondern es heißt in Form des Straferlasses: „der A wird bestraft, die Bestrafung unterbleibt aber, wenn er anzeigt". Wir haben in dem obigen Paragraphen folgende Polizei-Anstellungen. Zur Verfolgung des Thäters werden vier Personen bestellt: Redakteur, Verleger, Drucker und Verbreiter; zur Verfolgung des Redakteurs drei: Verleger, Drucker und Verbreiter; zur Verfolgung des Verlegers zwei: Drucker und Verbreiter; zur Verfolgung des Druckers eine: Verbreiter.[16])

Ähnlich geht der C. pén. Art. 283, 284 und 287, 288 gegen diejenigen vor, welche Schriften, Lieder usw., durch die ein Delikt (mit Ausnahme der Aufforderung zu einem Verbrechen oder Vergehen, cf. S. 119, C. pén. Art. 285) begangen ist, er verheißt jedoch statt Straferlaß nur eine mildere, eine einfache Polizeistrafe.

Aber nicht nur durch Strafandrohung bezw. Erlaß, sondern auch durch Verheißung einer Belohnung kann das Publikum zur Anzeige aufgefordert werden.

Im deutschen St.G.B. sowie im M.G. findet sich keine solche Verheißung, in den Nebengesetzen und Landesgesetzen, besonders den früheren, erfreute sich jedoch bekanntlich der Anzeigerlohn (Denunziantengebühr) einer großen Beliebtheit. Man scheint jedoch sehr mit diesem gesetzlichen Anzeigerlohn aufzuräumen.

In einer besondern Form existiert die Belohnung des Anzeigers aber noch im gesamten Gebiete der deutschen Strafrechtspflege, nämlich in Form der Auslobung. Der Unterschied der beiden Belohnungsarten ist folgender. Der Anzeigerlohn ist allemal schon vor Begehung eines Deliktes (meist auch der Höhe nach) und zwar vom Gesetze bestimmt, die Auslobung dagegen pflegt erst nach Begehung eines Deliktes gegeben zu werden, und zwar nur dann, wenn es den Auslobern gutdünkt, und nicht nur von öffentlichen Behörden, sondern auch von Privatleuten.[17]) Am meisten wird die Auslobung angewendet bei gemeingefährlichen Verbrechen, z. B. bei Brandstiftungen oder da, wo durch Entdeckung des Thäters der Schaden noch repariert werden kann, z. B. bei durchgegangenen Kassierern, die man noch im Besitze des Geldes vermutet.

Bei Betrachtung der Wirkungen von Anzeigerlohn und Auslobung teilen wir wieder, wie schon oben bei der Anzeigepflicht, die betreffenden Personen in drei Gruppen: Beamte, Publikum und Mitschuldige.

---

[16]) Deutschland erkennt jene Personen ausdrücklich als an dem in der Presse begangenen Delikte unbeteiligt an, denn es bestraft sie „wegen Fahrlässigkeit", nicht z. B. wegen Beleidigung, R.G. 2. Februar 1886, und eben nur, „soweit sie nicht nach § 20 als Thäter oder Teilnehmer zu bestrafen sind". Andre Gesetzgebungen betrachten dieselben als Mitschuldige an dem Delikte. cf. z. B. S. 119.

[17]) cf. R.G. 26. September 1883.

Gruppe I, die Beamten. Für die Beamten ist die Auslobung ein Stachel zu größerem Pflichteifer, besonders für die niedern, da im Verhältnis zu deren Vermögenslage die Summe eine ziemlich bedeutende zu sein pflegt.

Gruppe II, das Publikum. Unter dem Publikum wirkt

a) auf diejenigen, welche ungenaue oder unglaubhafte Kenntnis haben, die Aufforderung zur Anzeige mittelst Auslobung günstiger als die mittelst Strafandrohung. Letztere läßt nämlich, wie wir oben (S. 10) sahen, die unegoistischen Staatsbürger unberührt, die egoistischen schreckt sie von der Bekämpfung ab. Die Auslobung läßt zwar die unegoistischen ebenfalls unberührt, die egoistischen dagegen stachelt sie an zur genaueren Nachforschung.

b) Diejenigen, welche glaubhafte Kenntnis haben, werden durch die Auslobung auf dieselbe Weise wie durch die Strafandrohung in den Dienst des Staates gestellt. Auch bei der Gegenkraft, der Furcht vor dem angezeigten Thäter oder seinen Genossen, ist hier dieselbe Sachlage, wie bei der Anzeigepflicht bei Strafe, nur kämpfen hier andre Kräfte um die Herrschaft; dort die Furcht vor Rache (der Thäter) mit der Furcht vor Srafe, hier die Furcht vor Rache mit der Hoffnung auf Belohnung; dort hatte der Schwankende auf der einen Seite das Übel (a), auf der andern Seite das Übel (b); hier hat er auf der einen Seite das Übel (a) nebst der Annehmlichkeit (α), auf der andern Seite das Fehlen des Übels (a) nebst dem Fehlen der Annehmlichkeit (α).

Gruppe III, die Verbrecher. Auf diese werden wir wieder erst später eingehen, cf. S. 113 f.

Wenden wir unsere Blicke auf die Gesetzgebung des Auslandes und der Vergangenheit, so finden wir eine reiche Auswahl von Gesetzen, welche sich mit der Entdeckung von Verbrechen und Verbrechern beschäftigen. Bald ist die Anzeigepflicht nur für spezielle Delikte, bald ganz allgemein bestimmt, bald fordert der Gesetzgeber bei Strafe, bald bei Verheißung eines Anzeigelohnes, bald bei beiden auf, bald mit einer Zeitbestimmung, bald nur, wenn ein Unschuldiger verdächtigt wird usw.[18]) Einige der

[18]) Sehr viele Variationen für Verhinderung und Anzeigepflicht vor wie nach einem Delikte findet man in den frühern deutschen Partikulargesetzen (cf. die Zusammenstellung der betreffenden Paragraphen bezw. Artikel bei Stenglein im Sachregister unter „Verhinderung eines Verbrechens“ und „Unterlassung der Anzeige“).

interessantesten Stellen, die sich mir geboten haben, mögen hier folgen.

Was die Belohnung anbetrifft, so besteht dieselbe oft in Quoten des Objektes, oft in absoluten Werten, oft mußte sie der Thäter noch außer der Strafe bezahlen,[19]) oft wurde sie von dem corpus delicti z. B. der gestohlenen Sache abgezogen und so fort.[20]) Folgendes Gesetz giebt die Belohnung mit Abzug einer Erbschaft, also ein Rechenexempel oder, wenn er die Höhe der vermachten Summe nicht kennt, ein Lotteriespiel für den Anzeiger.

> l. 1. D. 34, 9. „Divi Severus et Antoninus rescripserunt quasi indignum carere legato seu fideicommisso libertum, quae ei testamento patroni relicta erant, cum patronum suum post mortem eius quasi illicitae mercis negotiatorem detulerat, quamvis et praemium meruit.“

Den Sklaven wurde oft als Belohnung die Freiheit gewährt, l. 1 C. 9, 11. Eine besondere Methode besteht in England; dort bilden sich öfter Privatvereine, welche für die Anzeige eines an einem ihrer Mitglieder begangenen Verbrechens eine Belohnung aussetzen. (Mühry, S. 564.)

Folgende Gesetze arbeiten anstatt mit einer Belohnung mit einer Strafe.

> Ius pagi Xant. c. 29: „Si quis latronem viderit cum furto ambulantem et cognitum non fecerit in fredo dominico solvat sol. IV.“

In Rußland werden die der Nichtanzeige eines schon begangenen Verbrechens Schuldigen verurteilt, je nach der Wichtigkeit des Verbrechens und den Umständen, Art. 126. Bei Falschmünzerei wurde in Rom dem Hausbesitzer das Haus konfisziert, wenn er nicht anzeigte, l. 1, 4 c. 9, 24.

Bestrafung und Belohnung zu gleicher Zeit verwendet China, C. A. p. 94.

> „Si une personne, connaissant le coupable, en informe l'autorité, mais ne peut parvenir à semparer de lui, elle recevra comme récompense les biens et propriétés du coupable. Si cette personne

---

19) Z. B. der häufig in den deutschen St.G.Büchern des 19. Jahrhunderts wiederkehrende Art. 292 des sächs. altenburg. St.G.B.

20) cf. Wilda, S. 900 ff. über die delatura (Anzeigelohn).

n'informe pas l'autorité, bien qu'elle n'ait ni protégé ni caché le coupable, elle subira la peine de 100 coups de bâton et sera exilée à 3000 lis."

Oft wird das Interesse des Verletzten (falls ein solches vorhanden ist, cf. S. 22) durch eine Belohnung noch erhöht. Es geschieht dies bei allen Delikten, bei welchen der Verletzte mehr fordern kann, als sein Schaden beträgt, oder bei welchen er in sonstiger Weise Vorteil von dem Delikte hat. So z. B. in Rom beim Diebstahle, überhaupt bei allen strafbaren Handlungen, welche eine actio in duplum, triplum, quadruplum usw. erzeugten.

§ 4. Persönliche Verfolgung des Thäters.

Die Stellung des Publikums gegenüber der Person des Verbrechers kann eine dreifache sein: erstens es begünstigt ihn, zweitens es verhält sich ihm gegenüber neutral, drittens es geht aggressiv gegen ihn vor.

Die Begünstigung pflegt im Allgemeinen bestraft zu werden, in Deutschland z. B. im St.G.B. § 257 und § 258, straflos jedoch ist sie bei allen Übertretungen und ferner gegenüber einem Verwandten, wenn sie geschieht, um den Thäter der Bestrafung zu entziehen.

Das zweite Gebiet liegt zwischen der Bekämpfung und Begünstigung. Es kann doppelter Natur sein. Meistens pflegen die Gesetze, wie z. B. das deutsche St.G.B., hierüber nichts zu sagen; und dann hat das Publikum freie Hand. Es darf z. B. dem Verbrecher Nahrung, Kleidung, Herberge usw. gewähren (vorausgesetzt, daß hierin keine spezielle Begünstigungshandlung liegt, z. B. Verbergen vor der Verfolgung der Polizei). Viele Gesetze verlangen aber, daß das Publikum sich vollkommen von dem Verbrecher zurückzieht (nota bene, wenn es ihn nicht bekämpfen will), so z. B. das ungar. St.G.B.

> § 454. „Wer einem Angehörigen des Heeres, der Kriegsmarine oder der Landwehr, von dem er weiß, daß derselbe desertiert ist, während der Flucht bei sich oder an einem unter seiner Aufsicht stehenden Orte Unterkunft gibt, oder demselben auf irgend eine Art behilflich ist, sich zu verstecken und zu retten, unterliegt der im vorhergehenden Paragraphen erwähnten Strafe nach den daselbst festgesetzten Unterscheidungen."

Ähnlich war die aquae et ignis interdictio im römischen Rechte.

Im Allgemeinen pflegt das Zurückziehen des Publikums nicht so hart gegen den Thäter zu sein als die Verfolgung; unter Umständen kann sie jedoch bedeutend härter werden. Angenommen es kommt ein Deserteur bei 20° Kälte des Nachts müde und hungrig vor einem einsamen Hause an; muß ihn der Hausherr festnehmen, so ist sein Leben gerettet, darf er ihm dagegen keine Herberge, Nahrung und Kleidung gewähren, so wird derselbe wahrscheinlich umkommen.

Meistens ist es die Unterkunft, die der Gesetzgeber dem Verbrecher abschneidet, bald durch direkte Bezeichnung bestimmter Verbrecherkategorieen, z. B. des Deserteurs, bald durch das allgemeine Verbot, irgend Jemand ohne Ausweis seiner Person zu beherbergen. Das letztere Mittel benutzte z. B. der Gesetzgeber Schang-Yang in China (etwa 350 vor Christi Geburt).[21])

Die dritte Stellung des Publikums der Person des Verbrechers gegenüber ist die, daß es ihn bekämpft. Jetzt überläßt man, wie gesagt, in allen Kulturstaaten diese Bekämpfung regelmäßig einer bestimmten Gruppe von Menschen, welche man zu diesem Zwecke aus der Gesamtheit des Volkes aussondert. In frühern Zeiten war dies jedoch nicht der Fall. Wir wollen uns in folgendem ein kurzes Bild davon zu entwerfen versuchen, wie man allmählich von der Verfolgung durch das gesamte Volk zur Anstellung von Berufsverfolgern übergegangen ist.

Vor Beginn des Rechtslebens pflegt in einem Volke die Selbsthilfe, besonders in Form der Blutrache, zu herrschen, d. h. jeder schützt und rächt sich selbst oder, wenn er dazu nicht im Stande ist, treten seine Verwandten für ihn ein. In diesen Zeiten ist von einer Verfolgung der Verbrecher durch das Gesetz kaum die Rede.

Geht das Volk zu einem Rechtsleben über, so genügt es meistens, wenn der Gesetzgeber zu der Verfolgung oder Tötung eines Verbrechers die Erlaubnis beziehungsweise Aufforderung gibt. Hierher gehört z. B. die Friedloserklärung; der Friedlose durfte bekanntlich von jedem bußlos erschlagen werden, ferner folgendes Beispiel:[22])

---

[21]) Als dieser später fliehen mußte und selber Unterkunft suchte, fiel er seinem eignen Gesetze zum Opfer; patere legem, quam ipse tulisti. (Kohler, chines. St.R. S. 8 f.

[22]) Guta-Lagh cp. XLVIII. Von Haussuchung. Schildener, S. 71. Greifswald 1818.

§ 1. „Kommt jemand in eines andern Hof wegen Haussuchung, so mag niemand dem andern Haussuchung weigern. Will er seine Nachbarn dabei haben, so soll man ihrer warten, wenn man ihm nicht unredlicher Weise groß Unrecht thun will. „§ 2" Jeglicher ernenne seinen Mann zum Hineingehen ohne Gürtel und ohne Mantel zur Haussuchung."

In der Republik Gersau (der kleinsten Republik in Europa, selbstständig bis zum Jahre 1817) wurde der Familie des Getöteten durch Urteil des Totschlägers „Leib erteilt", wenn derselbe zu seiner Rechtfertigung nicht vor Gericht erschien.[23]) Der Gesetzgeber bediente sich bei dieser Behandlung als Triebfeder des Rachegefühls des Verletzten und der etwa im Volke noch lebenden Erinnerung an die heilige Pflicht der Blutrache.[24])

Als dieses aber nicht mehr genügte, griff man zur Strafe und zur Belohnung.

So fordert z. B. folgendes Gesetz bei Strafe auf:

Cnuts Gesetze I B. Kap. 23. Bei dreimaliger Kontumaz sollen beim vierten Gemote Leute ausgesucht werden, welche zu dem Angeklagten reiten, um ihn tot oder lebendig zu ergreifen,

(§ 3) „und wenn ein Mage oder ein fremder Mann den Ritt verweigert, gelte er dem Könige 120 Schilling".[25])

In China pflegt eine Frau nicht im Gefängnis in Untersuchungshaft gehalten, sondern ihrem Manne oder den Nachbarn

---

[23]) Osenbrüggen, Neue kulturhistorische Bilder, S. 78.

[24]) Diese bloße Erlaubnis an das Publikum taucht allerdings auch in zivilisierten Zeitaltern wieder auf, z. B. 1813 im bair. St.G.B. Art. 196. „. . . . Landstreicher, Bettler, flüchtige oder auf der That ertappte Verbrecher, und andere verdächtige Personen ist jeder Unterthan anzuhalten und bei sich zu verwahren befugt. Wer aber länger als 24 Stunden eine solche Person in seiner Gewalt behält, ohne die nächste Obrigkeit . . . . davon zu benachrichtigen, ist polizeilich zu strafen" (ähnlich bad. St.G.B. § 95). Sie trägt jedoch einen andern, einen mehr negativen Charakter; früher war nämlich der Gedanke des Gesetzgebers: „ich wünsche, daß die Verfolgung, soweit ich sie erlaube, auch ausgeführt wird", jetzt aber: ich wünsche bezw. gebiete, daß die Verfolgung, soweit ich sie nicht erlaube, unterbleibt.

[25]) cf. Edmunds Gesetze III 2 Gula-Things-Laug, Manhelgi Bolker caput VIII; Gragas II sect. VIIIa tit. 118. (Wer eine Haussuchung halten wollte, mußte 30 Männer aus seinem Wohnorte oder den Nachbargütern sammeln, und wer von diesen sich weigerte, zu folgen, der verfiel einer Strafe von 3 Mark.)

anvertraut zu werden,[26]) und diese sind dann dafür verantwortlich, daß sie zur Hand ist, wenn das Gericht ihr Erscheinen befiehlt. Ähnlich bewirken auch folgende beiden Gesetze eine direkte persönliche Bewachung bezw. Verfolgung:

> Aethelbirths Gesetze § 23. „Wenn ein Mörder, aus dem Lande entweicht, sollen die Magen den halben Leutis gelten."[27])
>
> Hlothars und Eadrics Gesetze § 1. „Wenn jemandes Knecht einen eorlkunden Mann erschlägt, so sei die Buße 300 Schillinge; der Herr liefere den Mörder aus und füge den Wert von 3 Mann hinzu." § 2. „Wenn der Mörder ausbricht, so thue er den Wert eines vierten Mannes hinzu und reinige sich mit guten Eideshelfern, daß er den Mörder nicht kriegen konnte." § 3. „Wenn jemandes Knecht einen freien Mann erschlägt, so betrage die Buße 100 Schillinge; der Herr liefere den Mörder aus und den Wert eines Mannes dazu." § 4. „Wenn der Mörder ausbricht, so gelte man ihn mit dem Werte von 2 Mann und erkläre sich mit guten Eideshelfern, daß er den Mörder nicht kriegen konnte."

Weit häufiger tritt uns als Mittel zur Heranziehung des Publikums die Belohnung entgegen. Einerseits mag man wohl häufig die Benutzung der Strafandrohung für unpassend gefunden haben, anderseits war derjenige, welcher faktisch durch seine Wissenschaft oder durch Zufall imstande war, einen Verbrecher zu verfolgen, nicht immer zur Verfolgung geneigt, da dieselbe doch meist mit Kosten und Aufwand aller Art verbunden war. Einige Beispiele mögen genügen. Gragas II sect. VIIIa tit. XLVII: auf den Kopf eines wegen eines schweren Verbrechens Proskribierten sind drei Mark gesetzt; die Tötung der übrigen Proskribierten wird mit acht Unzen pro Mann bezahlt. Gragas ib. tit. 109 Abs. 3: Wenn mehrere einen Proskribierten töten, so erhält derjenige die Belohnung, dessen Waffen ihn zuerst berühren; treiben sie ihn in fremde Waffen oder in unwegsame Sümpfe, dann wird die Belohnung nach Quoten geteilt; bringen sie ihn zu demjenigen, auf dessen Klage er verurteilt wurde, so wird das Loos um die Be-

[26]) Staunton, s. 420 p. 459.

[27]) Sonst gelten sie nämlich nichts.

lohnung gezogen. Eine sonderbare Art der Preisverteilung findet sich in einem englischen Gesetze:

> Wilhelms Gesetze I 31. „Wenn gestohlenes Gut gefunden wird und der Dieb mit, in wessen Gebiet das geschieht, da sollen der Herr des Landes und die Frau (des Diebes) die Hälfte von der Habe des Diebes haben und die Reklamanten ihr Gut, wenn sie es finden, und die andre Hälfte; wenn es innerhalb der Gerichtsbarkeit (Sac und Soc) gefunden wird, soll es die Frau verlieren und der Herr soll es haben."

In China soll ein mit Glück Verfolgender als Beamter angestellt werden.[28])

Das jetzige englische Recht gibt besondere Vorschriften über Belohnung und Schadenersatz eines Verfolgers.[29])

Wie wir oben bei der Bekämpfung von Unglücksfällen die Hoffnung auf Belohnung und die Furcht vor Strafe zu gleicher Zeit verwendet sahen, so kann man auch hier ein Lockmittel und ein Drohmittel gleichzeitig benutzen, z. B. Gula-Things-Laug, Landvarnar-Bolker Cap. XVI: wenn jemand, von Seeräubern überfallen, Hilfe gebraucht, so sendet er einen Pfeil zu seinen Nachbaren. Erscheinen diese dann nicht, so verfallen sie einer Strafe; erscheinen sie aber, so erhalten sie zur Belohnung die Beute der Seeräuber, soweit dieselbe nicht von den Beraubten vindiziert wird. (Als Sicherheit gegen eine mutwillige Aufforderung des Pfeilsenders haftet ihnen das Vermögen desselben.) Auch die Stelle des Staatsanwaltes als öffentlichen Anklägers finden wir durch speziell belohnte Personen vertreten: l. 3, pr. D. 48, 12.[30])

Mit steigender Kultur mag sich jedoch diese Art der Bekämpfung als zu unsicher erwiesen haben, und man schuf deshalb einen in sich geschlossenen Stand und übertrug ihm die Verfolgung der Verbrecher (und überhaupt die gesamte Bekämpfung des straf-

---

[28]) Staunton s. 254 p. 270.

[29]) Stephen. Digest of the law of criminel procedure. London 1883: Article 330. Compensation of family of person killed in arresting offenders.

[30]) Die Belohnung wurde, wenn es anging, wohl meistens aus dem Vermögen des Verbrechers genommen, wie einige der eben erwähnten Stellen zeigen, sonst aus dem Staatsschatze, z. B. Aethelstans Gesetze VI 7 § 1: „Und daß, wer einen Dieb niederstreckte vor andern Leuten, für die That und das Unternehmen aus unserm gemeinschaftlichen Gute 12 Pfennige gut haben solle."

rechtlichen Unrechts). An die Stelle der jedesmaligen Belohnung trat damit ein festes, meist jährliches Gehalt, und die Bestrafung für unterlassene Verfolgung ging in eine Strafe für Verletzung der Amtspflicht über.[31])

Speziell in Deutschland hat die Bekämpfung eines geschehenen Deliktes folgende Gestalt angenommen. Die Frage ob eine That und somit auch der Thäter überhaupt strafrechtlich verfolgt werden soll, wird von der Staatsanwaltschaft entschieden, und zwar ist dieselbe nach St.P.O. § 152 verpflichtet zur Verfolgung, wenn ein öffentliches Interesse zu derselben vorliegt. Was das Publikum anbetrifft, so kann dasselbe nur in geringfügigen Sachen aus eigener Macht eine Verfolgung herbeiführen, nämlich bei Beleidigung, leichter und fahrlässiger Körperverletzung (St.P.O. § 414, Privatklage). Im übrigen beschränkt sich seine Berechtigung (abgesehen von der „vorläufigen Festnahme" St.P.O. § 127) darauf, einen Antrag auf Strafverfolgung zu stellen (St.P.O. § 156). Wird dieser Antrag abgelehnt oder wird eine auf einen solchen Antrag hin angestellte Verfolgung wieder eingestellt, so hat der Antragsteller (nach St.P.O. § 169) nur einen Anspruch auf Angabe der Gründe hierfür, im übrigen ist er, falls er nicht zugleich Verletzter ist, machtlos. Personen, welche sich hiermit nicht zufrieden geben, greifen bekanntlich zu dem Mittel der Beleidigung und behaupten öffentlich so lange das vermeintliche Delikt, bis der Gegner sich gezwungen sieht, eine Beleidigungsklage anzustrengen. Alsdann erscheinen Verfolger und Verfolgter mit vertauschten Rollen vor Gericht und der Anzeiger des Deliktes, der jetzige (der Beleidigung) Angeklagte beweist das Delikt, indem er den Wahrheitsbeweis führt, den ihm St.G.B. § 186 zu seiner Verteidigung gewährt.

Etwas mehr Machtbefugnis haben diejenigen aus dem Publikum, welche durch die strafbare Handlung verletzt sind. Wird ihr Antrag auf Verfolgung von der Staatsanwaltschaft zurückgewiesen oder die schon begonnene Verfolgung eingestellt, so können sie bei dem der Staatsanwaltschaft vorgesetzten Beamten Beschwerde einlegen und gegen dessen ablehnenden Bescheid auf gerichtliche Entscheidung antragen (St.P.O. § 170).

---

[31]) In China verfällt die Polizei, sobald ein Verbrechen begangen ist, von vornherein einer Strafe, wenn sie den Schuldigen nicht innerhalb einer bestimmten Frist zur Stelle bringt. C. A. p. 381 f.; Staunton s. 394 p. 429.

Was die Durchführung einer strafrechtlichen Verfolgung anbetrifft, so ist das Publikum im allgemeinen ausgeschlossen, nur dem Verletzten steht sie in geringfügigen Sachen zu (Privatklage St.P.O. §§ 414ff.) und auch hier kann sie ihm der Staatsanwalt, sobald er öffentliches Interesse vermutet, in jeder Lage des Verfahrens aus der Hand nehmen und selbst fortführen. In einem solchen Falle, sowie in allen andern, in welchen dem Verletzten eine Beteiligung an dem Verfahren erlaubt ist, kann er nur neben dem Staatsanwalt als Nebenkläger auftreten.[32])

Dieses ungefähr sind die gesetzlichen Schranken, welche dem Publikum bei der Bekämpfung von Verbrechen und Verbrechern zu den verschiedenen Zeiten gesetzt sind, häufig wird und wurde dasselbe aber auch indirekt von der Verfolgung abgeschreckt und zwar selbst die Verletzten unter ihm. Ist z. B. bei Eigentumsdelikten der Thäter zahlungsunfähig, so hat die Verfolgung von That und Thäter öfter keinen Zweck für den Verletzten, im Gegenteil, er hat gewöhnlich sogar Interesse daran, daß die That nicht entdeckt oder nicht bestraft wird. Denn da der Thäter in Deutschland für den Verletzten den Schaden im Gefängnisse nicht abzuarbeiten braucht, wie es in manchen andern Ländern der Fall ist, so erhält der Verletzte auf keinen Fall den Schaden ersetzt, sondern er hat eventuell nur noch Zeitverlust, Kosten und Unbequemlichkeiten dadurch, daß er vor Gericht als Zeuge erscheinen muß usw.

In andern Rechten werden bisweilen ganze Klassen von Menschen (Familie, Hausgenossen, Sklaven) von der Verfolgung ausgeschlossen, indem ihnen einfach kein Gehör geschenkt wird, z. B. nach l. 18, D, 49, 14 dürfen Frauen, clarissimi viri, Bergwerksklaven, Veteranen usw. keine Delatoren sein. Oft werden diese nicht nur nicht gehört, sondern sogar bestraft, so z. B. in China die jüngern Verwandten, die Sklaven und Diener, wenn sie ihre Angehörigen oder Vorgesetzten anzeigen, (außer wenn es sich um Hochverrat und einige andre Delikte handelt) Staunton s. 337, p. 371 f., 373, C. A. I p. 92 f. Die anonyme Anzeige sucht man in China äußerst energisch zu unterdrücken. Wer eine solche an der Thür des Gerichts anschlägt oder dem Richter übersendet, wird mit dem Tode bestraft, selbst wenn die Anzeige begründet ist. Wer

---

[32]) Die Vollstreckung der Strafe ist ohne Ausnahme ausschließlich den Berufsbeamten übertragen.

eine solche Anzeige sieht, soll sie zerreißen oder verbrennen, übergibt er sie dem Richter, so wird er mit 80, letzterer, wenn er sie annimmt, mit 100 Hieben bestraft. Was die beschuldigte Person betrifft, so wird sie nicht für schuldig angesehen, selbst wenn die Anzeige begründet sein sollte (C. A. p. 276 f.).

§ 5. Besondere Rechtsinstitute.

Wir wollen nun noch einige besondere Rechtsinstitute betrachten, welche ebenfalls die Wirkung haben bezw. haben können, dritte Personen gegen That und Thäter in Bewegung zu setzen.

Die Haftung Dritter. Die juristische Natur der Haftung Dritter (Strafe, Privatgenugthuung, kriminelle Bürgschaft usw.) steht nicht fest, für die Wirkung ist sie aber auch ziemlich gleichgültig (cf. S. 32 über den Charakter der Einziehung) und nur für die Frage entscheidend, ob der Gesetzgeber sie überhaupt logisch zur Anwendung bringen darf (soll sie z. B. eine Strafe sein, so darf sie nur da gegeben werden, wo eine Schuld vorliegt.[33])

Die Kraft, welche die Haftung Dritter erzeugt, ist nicht immer die gleiche, ebenso richtet sie sich bald gegen die That, bald gegen den Thäter. Kann z. B. der Dritte durch Anzeige an den Staat oder das ausersehene Opfer die That noch verhindern, so deckt sich die Wirkung der Haftung mit der der Anzeigepflicht. Dies geht z. B. sehr deutlich aus folgendem Gesetze hervor, welches dem Dritten die Wahl stellt zwischen Anzeige und eventueller Haftung für etwaigen Schaden des Opfers:

> Russ. St.G.B. Art. 60. „Wenn das Verbrechen von mehreren Individuen verübt worden und die Hauptschuldigen nicht im stande sind, für verursachten Schaden oder entgangenen Gewinn Entschädigung zu leisten, so wird die als Schadenersatz zu leistende Geldsumme den andern Teilnehmern am Verbrechen zu zahlen auferlegt, oder aber, im Fall ihrer Zahlungsunfähigkeit, auch denjenigen, welche mit Sicherheit um den Vorsatz zu demselben wußten, dies aber nicht zur Kenntnis der Obrigkeit oder

---

[33]) Natürlich mit Ausnahmen, besonders in betreff der Familie, cf. Post, Bausteine I, S. 237 ff., welcher eine große Anzahl von Beispielen anführt, in welchen die Familie des Thäters für die That mithaftet, einerlei ob sie eine Schuld trifft oder nicht.

> des Individuums, gegen welches das Verbrechen beabsichtigt war, gebracht haben."

Sind die Vorbereitungen zum Delikte schon zu weit vorgeschritten oder kann der Dritte sonstwie die Anzeige nicht zur Verhinderung benutzen, so muß er auf andre Weise das Delikt zu verhüten suchen; in diesem Falle würde sich die Haftung Dritter der Verhinderungspflicht nähern. Ähnlich variiert die Wirkung, was die Stellungnahme zur Person des Thäters anbetrifft. Je nach Konstruktion der Haftung genügt es bald, wenn der Dritte den Thäter blos anzeigt, bald muß er aber auch dafür sorgen, daß derselbe wirklich in die Gewalt des Staates kommt und die Schuld abbüßt. Auf ein besonderes Ziel ist die Kraft gerichtet, die aus folgender Haftung hervorgeht:

> Aelfreds Gesetze Kap. 33. „Vom Wohnort"; „wenn jemand von seinem Wohnorte weg in einem andern Wohnorte einen Herrn suchen will, thue er dies mit Vorwissen des Ealdormannes, dem er früher in seiner Shire folgte. § 1. Wenn er es ohne dessen Vorwissen thut, so zahle der, welcher ihn zum Diener annimmt, 120 Schillinge zur Wette. Er teile jedoch das Halbe dem Könige in der Shire, wo er früher folgte; das Halbe in der, wo er nun hinkömmt. § 2. Wenn er da, wo er früher war, etwas Übles gethan hat, so büße das der, welcher ihn später zum Diener annimmt und zahle dem Könige 120 Schillinge zur Wette."

Das Ziel, welches der Gesetzgeber durch diese Haftung zu erreichen sucht, ist so zu sagen eine Konfinierung des Verbrechers; ruht irgend welcher Verdacht auf dem Knechte, so wird ihn kein auswärtiger Herr annehmen, ersterer muß also in seiner alten Stelle, die wohl meist auch der Thatort seines Deliktes ist, verbleiben und kann dort leichter entdeckt und gefaßt werden.

Was die Zeit anbetrifft, so erschöpft sich die gute Kraft der Haftung Dritter meistens schon mit dem Beginn bezw. der Vollendung eines Deliktes, sie kann aber auch je nach ihrer Konstruktion eine gute Kraft erzeugen, welche erst mit der Vollendung des Deliktes (n) existent wird, manche Haftungen erzeugen auch vor sowie nach der Begehung desselben eine solche. Für jeden dieser drei Fälle mag ein Beispiel angeführt werden.

Folgende Haftung erzeugt nur vor dem Delikte (n) eine gute Kraft:

> Russ. St.G.B. Art. 970. „Falls derjenige, welcher sich des oben in den Art. 967—969 angegebenen Hehlens schuldig gemacht, sich unfähig erweist, entweder die ganze Summe, oder nur einen gewissen Teil der ihm auferlegten Geldbuße zu bezahlen; so ist in einem solchen Falle dieser Rückstand von der ganzen Gemeinde derjenigen Staniza, desjenigen Vorpostens oder Oträds, oder desjenigen Dörfchens beizutreiben, in welchem der Hehler seinen Aufenthalt hat.“

Weiß das Dorf, daß jemand eine Hehlerei vor hat, so drängt sein Interesse dahin, denselben, falls er nicht reich genug ist, die Strafe selbst zu bezahlen, aus seinem Gebiete zu entfernen oder ihn anzuzeigen, oder sonst die That zu verhindern. Ist die That schon geschehen, so ist keine treibende Kraft gegen den Thäter (z. B. zur Anzeige desselben) mehr vorhanden, denn jetzt hängt die Haftung der Gemeinde nur noch von dem objektiven Umstande ab, ob der Thäter solvent ist. (Im Gegenteil, jetzt wird die Gemeinde Front machen gegen die Polizei, und im Verein mit dem Thäter das Delikt zu verheimlichen suchen, cf. unten).

Eine Kraft nach dem Delikte (n) wird in folgender Haftung erzeugt[34]). Wurde ein Ermordeter gefunden, so wurde das Dorf, bei dem er lag, nach dem Mörder gefragt. Konnte derselbe nicht gefunden werden, so hatte das Dorf einen Monat und einen Tag Zeit, um ihn herbeizuschaffen; gelang dieses nicht, so mußte es 46 marcae zahlen. Wenn diese Summe im Dorfe nicht aufzutreiben war, so wurde der Rest in dem nächst größeren Bezirke, „per hundredum“, eingetrieben, sodaß subsidiär letzterer ebenfalls haftete. Das Geld wurde von einem Baron versiegelt und nach der Schatzkammer des Königs gebracht, wo es ein Jahr und einen Tag aufbewahrt blieb. Fing man bis dahin den Mörder, so wurde die Summe zurückgegeben. (Wurde er nicht gefangen, so erhielten die Verwandten des Ermordeten 6, der König 40 marcae). Auf den ersten Blick erscheint diese Behandlung der vorigen ziemlich ähnlich, bei genauerer Betrachtung zeigt sich jedoch, daß sie eine gänzlich andere Wirkung hat. Die Kraft, die in ihr steckt, wirkt, wie

---

[34]) Leges Angliae Edowardi Confessori vulgo adscriptae, cap. 15.

gesagt nur, nachdem das Verbrechen (n) schon begangen ist, tritt also mit demselben Zeitpunkte erst in Wirksamkeit, mit welchem die im vorigen Beispiele geschilderte Kraft aufhört.[35]) Wenn nämlich das Dorf auch weiß, daß der und der einen andern ermorden will, so hat es an der Verhinderung vorläufig kein Interesse, da es nur für die Auslieferung des Mörders, nicht für den Mord selbst haftet. Ist die Flucht desselben wegen Vermögens-, Familien- oder andrer Verhältnisse nicht zu erwarten, so ist es dem Thäter gegenüber neutral.

Nach sowie vor dem Delikte (n) wirkt folgende Form der Haftung Dritter:

> A.L.R. II Tit. 20 § 331: „Vorgesetzte, welche jemanden gegen Geschenke, Vorteile oder Versprechungen zu einem Amte befördern, vorschlagen oder ihn sonst dazu verhelfen, sollen nicht nur für allen von einem solchen Offizianten verursachten Schaden selbst haften, sondern haben auch Kassation verwirkt."

Nach der Besetzung der Stelle wirkt sie zur Verhütung oder Wiedergutmachung des durch den Beförderten angerichteten Schadens; vor derselben wirkt sie als Furcht vor einer etwaigen Straferhöhung.

Was das Verhältnis des haftenden Dritten zum Thäter anbetrifft, so kann dasselbe dreierlei Art sein. Erstens, er haftet neben ihm, ein Beispiel dafür bietet die Bestrafung der unschuldigen Angehörigen cf. S. 23 Anm. 33, ferner die des nauta und caupo im römischen Rechte l. 1 pr. D. 4, 9 usw. (oft nähert sie sich hier schon der Strafe der Mitthäterschaft). Zweitens, er haftet nach ihm, es ist dies die bekannte „subsidiäre Haftung dritter Personen". Drittens, er haftet statt des Thäters, es wird sozusagen die Strafe des Thäters auf ihn übertragen. Diese letztere Art der Haftung findet sich zwar sehr selten im Recht, kommt aber doch immerhin vor. So z. B. will das russ. St.G.B. verhüten, daß der Kirgise sich in bestimmten Gegenden länger aufhält, als die Regierung es ihm besonders erlaubt. Zur Ordnung dieser Angelegenheit muß sich jeder Kirgise bei der Behörde ein Billet lösen, welches die Zeit seines erlaubten Aufenthalts angibt. Bleibt er nun länger oder

---

[35]) Auf das Verbrechen (n + 1) wirkt sie nur insofern, als sie die Hoffnung auf Unentdecktbleiben bei dem Mörder (n + 1) verringert.

hat er überhaupt kein Billet gelöst, so ist doch offenbar er allein der Schuldige; trotzdem finden sich in Art. 960 ff. Strafen, welche nicht ihn, sondern statt seiner andre Leute treffen, z. B. den Hauswirt, der ihn ohne Billet oder nach Ablauf der auf dem Billet angegebenen Zeit aufnimmt. Noch deutlicher ist folgende Pandekten-Stelle:

> l. 14, 1 D. 49, 16: „Arma alienasse grave crimen est . . . tironi in hoc crimine facilius parcetur, armarumque custodi ea culpa imputatur, si arma militi commisit non suo tempore."

Hier kann also der Thäter, der Rekrut, straffrei bleiben, während der Waffenwart für ein Delikt bestraft wird, mit dem er an und für sich nichts weiter zu thun hat, als daß er fahrlässig eine condicio sine qua non lieferte.

In betreff des Schuldmomentes, falls ein solches gefordert wird, können die Nüancierungen sehr verschieden sein. Bald wird das Vorwissen des Dritten als Thatbestandsmerkmal verlangt (z. B. G.O. § 151), bald „mit Wissen oder Willen des Dritten (z. B. § 28 des Branntwein-Gesetzes vom 24. Juni 1887 und § 51 des Zuckersteuer-Gesetzes vom 9. Juli 1887), bald ist jenes Thatbestandsmerkmal als exceptio dem Dritten gegeben (z. B. Spielkarten-Gesetz § 18, 2: „wird nachgewiesen, daß . . . ohne ihr Wissen . . .") usw.

Als Objekte der Haftung wählt natürlich mit Vorliebe der Gesetzgeber unter den schuldigen bezw. nichtschuldigen Personen solche, welche vermöge irgend welcher Verhältnisse eine besondere Macht zur Verhütung des Deliktes in Händen haben.[36])

Was die dem Dritten angedrohte Strafe anbetrifft, so ist sie meistens nur eine kleinere und besteht besonders häufig in einer Geldbuße. Zuweilen artet sie aber auch sehr aus, indem die Dritten, die doch meistens nur in geringem Grade, oft garnicht schuldig sind, mit den schwersten Strafen belegt werden, z. B.:

> C. A. p. 93 f. „L'aïeul paternel, le père, les fils, les frères et ceux qui demeurent avec le principal

---

[36]) cf. z. B. folgendes Gesetz aus dem russ. St.G.B. Art. 900. „Falls der Pharmaceut nicht im stande ist, die ihn treffende Geldbuße zu erlegen, so wird sie von dem Verwaltenden der Apotheke beigetrieben, abgesehen von der demselben für mangelhafte Beaufsichtigung auferlegten Geldbuße."

coupable (habitant la même demeure quoique non parents, grand-père maternel, beau-père, beau-fils), qu'ils portent ou non le même nom, seront décapités. Seront également décapités les oncles, les neveux (qu'ils demeurent ou non dans la même maison); les mâles seront exécutés à partir de 16 ans et au-dessus, sans considération pour leurs infirmités ni leurs maladies. Les mâles, à partir de 15 ans et au-dessous, ainsi que la mère, la femme, les filles, les concubines, les soeurs, les femmes légitimes ou concubines des fils du principal coupable, seront donnés comme esclaves aux mandarins méritants;"

ferner die berüchtigte „lex quisquis" l. 5. C. 9, 8 u. a.[37])

Eine besondere Beachtung verdient noch der bonae fidei emptor. Die moderne Zeit pflegt ihn, um nicht den Handelsverkehr zu stören, nicht zur Bekämpfung des Übelthäters zu benutzen, cf. z. B. seine Stellung im deutschen H.G., bei Auktionen usw. Das römische Recht dagegen ließ ihn für die ganze Sache haften, indem es den Satz aufstellte „ubi rem meam invenio, ibi vindico" und ihn so, wenn er nicht in Schaden kommen, bezw. seinen Schaden ersetzt erhalten wollte, zwang, gegen den Übelthäter Front zu machen. Zwischen diesen beiden Extremen, volle Haftung und volle Freiheit, gibt es nun Kombinationen und Mittelwege. Z. B. springt folgendes Gesetz von einem Extrem in das andere:

Capitular. lib. V cp. CCCXLIV. „Si quis de fure nesciens aliquid comparaverit, quaerat accepto spatio venditorem. Quem si non potuerit invenire, probet se cum sacramento et testibus innocentem, et quod apud eum cognoscitur restituat, et furem quaerere non desistat."

Es benutzt also, wie das röm. Recht, den b. f. emptor, um den Dieb aufzuspüren, läßt ihn aber, wenn ihm dies gelungen ist,

---

[37]) Im scharfen Gegensatze hierzu stehen die Gesetzgebungen des neunzehnten Jahrhunderts, z. B. bayer. St.G.B. Art. 32: „Wer den unschuldigen Verwandten oder dem Ehegatten eines Angeschuldigten oder Verurteilten aus dessen Verbrechen oder Strafe einen Vorwurf macht, oder denselben auf irgend eine Weise durch Worte oder Handlungen deshalb Verachtung zu erkennen gibt, soll mit acht- bis vierzehntägigem Gefängnisse bestraft werden."

ebenso wenig haften, wie das deutsche H.G. Eine ähnliche Haftung bestimmt ein andres Capitular:

> Capitular. lib. VI. Si de fure quis nesciens aliquid comparaverit CCCLI. „. . . et quod apud eum agnoscitur, accepta pretii medietate, restituat; atque ambo datis invicem sacramentis promittant quod furem fideliter quaerant.“ [38])

Bürgschaft. Eine besondere Form der Haftung Dritter ist die Bürgschaft. Als Beispiel nehmen wir Edgards Gesetze 1. (Concil. Andeferanense).

> B. 6. Von Bürgen. „Und jedermann sehe, daß er einen Bürgen habe, und der Bürge leite und halte ihn dann zu allem Recht, und wenn dann einer unrecht thut und ausbricht, so trage der Bürge, was er (jener) tragen sollte „§ 1.“ Wenn es ein Diebstahl ist und er ihn binnen 12 Monaten erlangen kann, so stelle er ihn zu Recht und man gebe ihm zurück, was er früher zahlte.“ [39])

Die Kraft, welche in dieser Bürgschaft steckt, ist eine etwas andre, als die der gewöhnlichen Haftung Dritter. Bei letzterer werden zwei Menschen aneinander gefesselt, unter denen die Rolle des Thäters und Aufpassers von vornherein verteilt ist; es entsteht somit nur eine Kraft: der Meister hält den Lehrling, der Gewerbe-

---

[38]) Außer dem gar nicht so üblen Gedanken, daß Eigentümer und b. f. Käufer den Verlust (der ja für beide, auch für den Eigentümer, unverschuldet kommen kann) gemeinsam tragen, liegt noch ein kleiner Unterschied in dem Verfolgungsinteresse des letzteren vor. Oben war derselbe ohne weiteres durch Auslieferung des Diebes gesichert, hier dagegen muß er sich (wegen der Hälfte des Wertes) an den Dieb halten. Die Kraft, die ihn zur Auffindung des Diebes treibt, abgesehen von der des Eides, erlischt also, sobald die Aussicht auf Entschädigung (durch Vermögenslosigkeit, Krankheit des Diebes, da dieser oft als Sklave verkauft wurde oder den Schaden abarbeiten mußte usw.) verloren geht. In dieser Hinsicht war das erstere Gesetz also wirkungsvoller.

[39]) Eine ähnliche Methode pflegen die Bauern anzuwenden, um das Vieh auf der Weide zu halten (und es ist nicht unmöglich, daß der Geber des obigen Gesetzes, der vermutlich jener Zeit gemäß selbst Landwirt gewesen ist, dieselbe direkt von der Landwirtschaft entlehnt hat). Es werden nämlich je zwei Stück aneinander gekoppelt, und will dann das eine aus der Umzäunung ausbrechen, so soll das andre es „leiten und zu allem Rechte halten“ (um den Ausdruck jenes Gesetzes zu gebrauchen).

treibende den Stellvertreter im Zaume, nicht aber umgekehrt der Lehrling den Meister, der Stellvertreter den Gewerbetreibenden. Da aber bei der Bürgschaft noch ungewiß ist, welcher von beiden eine strafbare Handlung begehen wird, so halten sich beide gegenseitig in Schach, der A den B und der B den A; es liegen also in ihr zwei Kräfte verborgen.

Diese gegenseitige Bürgschaft scheint eine spezielle Eigentümlichkeit des englischen Rechtes zu sein. Während ich nämlich bei andern Völkern (soweit ich deren Gesetze gelesen) nirgends eine Spur von ihr gefunden habe, findet sie sich im englischen Rechte sehr häufig und zwar in einer Ausdehnung über das ganze Volk:

> Cnuts Gesetze I. B. 19. . . . „Und jeder sei in eine Hundertschaft und unter Bürgschaft gebracht, und der Bürge halte und leite ihn zu allem Recht . . .“
>
> Aethelreds Gesetze I (Concil. Wodstockiense). 1. Von Bürgen. „Das ist, daß jeder freie Mann einen guten Bürgen haben soll, damit der Bürge ihn zu allem Recht anhalte, wenn er bezichtigt wird.“

Ebenso begegnet man im englischen Rechte auch häufig der einseitigen Bürgschaft; z. B. findet sich in dem zuletzt citierten Gesetz folgendes:

> § 10. „Und jeder habe seine Hausleute selbst in der Bürgschaft.“
>
> § 11. „Wenn er nun bezichtigt wird und er entflieht, gelte der Herr des Mannes Were dem Könige.“
>
> § 12. „Und wenn man den Herrn beschuldigt, daß er mit seinem Beistande entfloh, reinige er sich mit fünf Thanen und er selbst sei der sechste.“
>
> § 13. „Wenn ihm die Reinigung mißlingt, gelte er dem Könige sein Wergeld und der Mann sei geächtet.“[40])

Außerdem findet sie sich in manchen einzelnen Gesetzen, so z. B. konnte der König oft in der Art begnadigen, daß der Verbrecher den angerichteten Schaden nach Möglichkeit ausbessern

---

[40]) Ebenso Cnuts Gesetze I. B. 28. „Und es habe jeder Herr seine Hausleute in seiner eignen Bürgschaft. „§ 2.“ Und wenn er bezichtigt wird, gelte der Herr dieses Mannes Were dem Könige.“

mußte und „fidejussores de pace et legalitate tenenda“ gab.[41]) Auch jetzt noch findet sich im englischen Recht diese Bürgschaft. Wer z. B. wissentlich eine nachgemachte fremde Münze veräußert oder als Zahlung anbietet oder zahlt, wird das erste Mal mit sechsmonatigem Gefängnis bestraft und muß wegen seines guten Verhaltens während der sechs nächsten Monate einen Bürgen stellen (Mühry S. 72). Ferner müssen bei der Friedensbürgschaft, recognizances to keep the peace (cf. S. 90 f.), eine oder mehrere Personen dafür Bürgschaft leisten, daß der Betreffende sich zu einer gewissen Zeit dem Gerichte stelle und bis dahin den Frieden wahre.

Im außerenglischen Rechte tritt die einseitige Bürgschaft nur in ganz untergeordneter Bedeutung auf, z. B. in Deutschland nur bei Verschonung mit der Untersuchungshaft (St.P.O. §§ 117 u. 118). Ferner liegt eine ähnliche Kraft in folgendem Artikel des griechischen St.G.B. verborgen:

> Art. 508. „Haben die im vorhergehenden Art. 507 genannten untergeordneten Personen die Polizeiübertretung ohne Wissen des Gewerbsinhabers oder ihres Vorgesetzten begangen, so wird ihnen dieses als ein besonders erschwerender Umstand angerechnet.“

Hier treibt „ein besonders erschwerender Umstand“ dazu, einen andern als Mitwisser zu nehmen, und dieser haftet dann, wenn der Thäter die That ausführt (Art. 507). Also wird sozusagen der Thäter gedrängt, sich einen Bürgen zu verschaffen, der für ihn haftet und ihn „leite und zu allem Rechte halte“.

Einziehung und Unbrauchbarmachung. Eine Haftung Dritter und somit Polizeianstellung liegt ferner sehr häufig in der Einziehung und Unbrauchbarmachung von Vermögensgegenständen. Wir wollen bei der Behandlung desselben im deutschen Rechte bleiben, da dasselbe genügendes Material bietet.

Die Wirkung der Einziehung (beziehentlich Unbrauchbarmachung) auf Thäter und Teilnehmer wird weiter unten betrachtet werden (mit einer solchen beschäftigen sich ausschließlich St.G.B. §§ 40 bis 42). Eine Einziehung, welche auch dritte unbeteiligte Personen betrifft, liegt in folgenden Paragraphen des deutschen St.G.B.: 152, 295, 296a, 335, 360_2, 367_2 (in Bezug auf 369_2 ist Streit).

---

[41]) Leges Angliae Edowardi Confessori vulgo adscriptae cp. 18.

Außerdem ist die Konfiskation über das ganze Gebiet der Reichs- und Landes-Nebenstrafgesetze verbreitet.

Der Charakter der Einziehung ist sehr bestritten (cf. Berner, S. 225). Drei Ansichten stehen sich gegenüber: Schadenersatz für den Verletzten, Sicherung vor zukünftigen Verbrechen und Strafe.[42]) Dieser Charakter der Einziehung, wie überhaupt eines Wertverlustes würde aber einen in Betracht kommenden Einfluß nur bei kleinen Sachen haben. Wird z. B. dem Thäter eine geliehene Angel konfisziert, so wird dies auf den Eigentümer derselben vielleicht etwas mehr Eindruck machen, wenn er weiß, daß eine Strafe, also ein Tadel für ihn in der Einziehung liegen, als wenn es blos eine Maßregel gegen den Thäter sein soll. (Im letztern Falle würde er eventuell außerdem noch auf zivilrechtlichem Wege Regreß haben.) Wird dagegen z. B. eine Schiffsladung oder gar das ganze Schiff eingezogen, so ist es dem Betroffenen wohl gleichgültig, unter welchen Gesichtspunkten dies geschieht. Wir betrachten deshalb nur die Wirkungen des materiellen Verlustes.

Angenommen, es will jemand auf die Jagd gehen, und bittet einen Bekannten, ihm sein Gewehr oder seinen Jagdhund zu leihen. Für andre Zwecke als zur Jagd, würde der Eigentümer (falls er sonst Vertrauen zu dem Entleiher hat) ohne Gefahr diesem Wunsche willfahren können; in unserm Falle aber droht ihm St.G.B. § 295 mit dem Verluste seines Eigentums. Ist ihm daher Hund oder Gewehr lieb, so wird er entweder die Bitte ganz abschlagen, oder sich der Vorsicht halber erst den Jagdschein zeigen, sich versprechen lassen, daß der Entleiher nicht die Grenzen seines Jagdgebietes übertreten will usw., kurz der § 295 stellt ihn dem Jäger als Aufpasser an die Seite.

Je größer der Wert der Sache ist, desto mehr wird natürlich der Eigentümer auf die Verhinderung etwaiger Delikte aufpassen müssen. So ist z. B. einem deutschen Kaufmanne, dem sich gerade eine günstige Gelegenheit bietet, seine Ware von einem deutschen Hafen zum andern durch ein ausländisches Schiff befördern zu lassen, die größte Vorsicht anzuempfehlen; denn nach dem Gesetze vom 22. Mai 1881, betreffend die Küstenfrachtfahrt (§ 3), riskiert er den Verlust der gesamten Fracht.

---

[42]) Der Gesichtspunkt der Strafe ist, wie die Rechtsgeschichte zeigt, bedeutend im Abnehmen (cf. Berner a. O.).

§ 6. Die Angehörigen des Thäters.

Die Frage, ob man auch die Angehörigen des Thäters zum Kampfe gegen denselben benutzen soll oder nicht, hat vielfach die Gesetzgebungen beschäftigt.[43])

Auch wenn der Gesetzgeber das Gemeinwohl, d. h. das Wohl der menschlichen Gesellschaft, dem Spezialwohle des Verbrechers und seiner Angehörigen vorgehen lassen will[44]), kann er zwei Richtungen folgen. Die eine wird von der Vermutung getragen, daß die Gesamtheit der menschlichen Gesellschaft besser dabei fährt, wenn das Verbrechen bis zur äußersten Möglichkeit verfolgt wird, die andre von derjenigen, daß das Gemeinwohl mehr gefördert wird, wenn der Thäter etwas weniger scharf verfolgt, dafür aber im Volke das Bewußtsein gestärkt wird, daß der Staat die Familienbande, selbst bei Verbrechern, möglichst unangetastet läßt.

Den ersten Standpunkt finden wir im deutschen Strafrecht § 139 vertreten. Es ist hier eine Ausnahme der Angehörigen des Thäters von der Anzeigepflicht nicht ausgesprochen, also sind dieselben, wie auch Praxis und Theorie mit ganz wenigen Ausnahmen (cf. Olshausen § 139 Nr. 6b) anerkennen, ebenfalls zur Anzeige verpflichtet. Ferner steht auf jenem Standpunkte die l. 2 D. 48, 9 indem sie jemanden mit dem Tode bedroht, weil er von dem Hochverrat des Bruders keine Anzeige gemacht hat. (Ähnlich l. 6 und 7 C. 9, 8; Lex Burg. XLVII usw.)

Der zweite Gesichtspunkt wird ebenfalls im deutschen Recht vertreten, nämlich durch St.P.O. §§ 51, 52_2, welche den Verwandten bis zu einem gewissen Grade die Zeugnispflicht erlassen (cf. St.G.B. § 157, 2), China geht noch bedeutend weiter, indem es in einem solchen Falle überhaupt das Erfragen des Zeugnisses verbietet C. A. s. 404 p. 442. Ferner ist zu erwähnen St.G.B. § 259, welcher die Begünstigung eines Verwandten, um denselben der Strafe zu entziehen, für straflos erklärt.

---

[43]) Das A.L.R. II Tit. 20 widmet z. B. 12 Artikel (art. 483—494) der Ehefrau des Deserteurs.

[44]) Bekanntlich hält den Richter wie den Gesetzgeber hiervon oft eine verkannte oder übertriebene Humanität zurück, denn der Schaden, den er durch die Bestrafung dem Verbrecher und dessen Familie zufügt, springt mehr in die Augen, als derjenige, welchen er durch fehlende oder zu milde Bestrafung an dem Gemeinwohle anrichtet.

Weit mehr wurde in den früheren deutschen Partikulargesetzgebungen die Zusammengehörigkeit der Familie betont. Ein Anzeigepflicht der Verwandten war ausgeschlossen[45]), Gefangenenbefreiung durch Angehörige pflegte milder bestraft zu werden[46]); das bad. St.G.B. § 491 ließ sogar den Meineid straflos, wenn er Thatsachen betraf, welche Angehörige der gerichtlichen Verfolgung oder der öffentlichen Verachtung preisgegeben haben würden.

Ausländische Gesetzgebungen gehen zum Teil noch weiter. Bald sind die Verwandten straffrei bei Nichtanzeige, bald sogar werden sie abgewiesen mit ihrer Anzeige, bald außerdem noch bestraft und zwar bisweilen selbst mit dem Tode[47]).

Ähnlich wie bei der Pflicht zur Anzeige der That wird auch die Familie behandelt bei der persönlichen Verfolgung des Thäters z. B.:

> Gulathings-Laug. Manhelgi-Bolkr cp. VIII. „Consanguinitate vel affinitate quarto gradu juncti homicidae, aut propinquiores iure non teneantur reum persequi nisi ipsi voluerint[48]).

Belgien sieht sogar den Verwandten die Gefangenenbefreiung nach.

> C. pén. Belge Art. 335, 2. „Sont exceptés de la présente disposition[49]) les ascendants ou descendants, époux et épouses même divorcés, frères ou soeurs des détenus évadés, ou leurs alliés aux mêmes degrés.“

Was die Auslobung und den Anzeigerlohn betrifft, so ist mir weder im deutschen noch in anderen Rechten eine Stelle begegnet, nach welcher die Angehörigen des Thäters von dem Empfange des Geldes ausgeschlossen wären. Trotzdem scheint es hier wohl noch mehr angezeigt, die Zusammengehörigkeit der Familie in Erwägung zu ziehen. Denn, wenn jemand für die Anzeige seines Vaters,

---

[45]) cf. Stenglein im Sachregister die unter „Blutsverwandte sind nicht zur Anzeige verpflichtet" angegebenen Stellen.

[46]) Württemb. St.G.B. Art. 180, bad. St.G.B. § 637.

[47]) Auf folgende Gesetze mag hingewiesen werden: l. 20 C. 9, 1, l. 6 C. 9, 41 (sogar Sklaven und Freigelassene des früheren Herrn, l. 14 C. h. t.) C. pén. Art. 107, 113, 618, 656, griech. St.G.B. Art. 242.

[48]) Ähnlich cp. XVI ib.

[49]) Strafe für Gefangenenbefreiung durch Leute, welche nicht zur Bewachung bestellt sind.

Bruders, Ehegatten usw. belohnt wird, so scheint dieses noch viel verderblicher für die Hochhaltung der Familienbande und folgeweise auch für das Wohl der Gesamtheit, als wenn jene Anzeige aus Furcht vor Strafe geschieht.

Ob es für den Gesetzgeber rätlich ist, sich bei der Behandlung der Familie des Verbrechers ganz auf den einen, oder ganz auf den andern der oben angegebenen Standpunkte zu stellen oder einen Mittelweg einzuschlagen, soll hier nicht erörtert werden; es sei nur noch darauf hingewiesen, daß die Aufforderung zur Anzeige, sei es durch Strafe, sei es durch Belohnung, sowie überhaupt die Bekämpfung durch die Verwandten leicht zur Übertreibung kommen kann. Beispiele hierfür liefern uns besonders die Gesetzgebungen solcher Länder, in welchen verschiedene Volksstämme oder Rassen miteinander kämpfen. Dies war z. B. der Fall in den durch Waffengewalt gegründeten germanischen Eroberungsstaaten. Die Eroberer pflegten den Besiegten einen Teil ihres Eigentums, vom Landbesitz meistens zwei Drittel (z. B. Ariovist in Gallien) wegzunehmen, und die Besiegten suchten sich dann, da sie zu offener Gewalt zu schwach geworden waren, durch Brandstiftung, Raub, Diebstahl usw. an ihren Besiegern zu rächen bezw. einen Teil ihres frühern Eigentums wiederzunehmen. Gegen diesen Guerillakrieg der Unterjochten suchten sich die Eroberer wiederum, da sie mit der Macht auch die Gesetzgebung in der Hand hatten, durch Gesetze zu schützen, welche zum Teil mit der Gerechtigkeit wenig in Einklang standen. Hören wir z. B. was Wilda darüber sagt S. 905 f.: „Das Überhandnehmen von Verbrechen gegen das Eigentum in den durch Eroberung begründeten Staaten rief, wie schon bemerkt worden, eine Menge auf die Unterdrückung derselben abzielende und zum Teil mit der Gerechtigkeit wenig verträgliche Maßregeln hervor. Die schon an sich strengen Grundsätze des germanischen Rechtes über die Begünstigung, besonders beim Diebstahl wurden gesetzlich erneuert und geschärft. Die ganze Hausgenossenschaft eines Diebes wurde bis auf die Kinder herab für die Missethat verantwortlich gemacht; Weibern und Kindern wurde die Pflicht auferlegt, ihren Gatten und Vater zu denunzieren.“ Ferner pflegen derartige Ausartungen bei Völkern aufzutreten, in denen die herrschende Klasse (oder auch das ganze Volk) dem sittlichen Verfall entgegengeht. So sagt z. B. v. Bar (Handbuch S. 33) in betreff der Vermögenskonfiskation und des Anzeigerlohnes im römischen Rechte: „... und nicht zu gedenken der mannigfachen Vorteile, welche selbstsüchtigen Beamten aus dem Verkaufe konfiszierter Güter zu erwachsen pflegten, zogen die Prämien, welche man der Denunziation gewährte, die bekannte Pest des Delatorenunwesens groß. Vertrauensverhältnisse, geheiligt durch Sitte und Religion, zersetzten sich unter dem Einflusse dieses Giftes, und die Strenge, die man gegen ungegründete Delationen und Anklagen und dadurch ermöglichte Erpressungen zeitweilig zu üben sich veranlaßt fand, wurde der Rechtspflege wieder in anderer Weise verderblich ...". In solchen Fällen erscheint die Gefahr noch größer als in den Eroberungsstaaten; denn hier konnte sich die Ausartung Jahrhunderte lang halten, in den Eroberungsstaaten pflegte sie dagegen bei dem allmählichen Aussterben der unterjochten Nation oder bei ihrer Gewöhnung an die Herrschaft der Sieger oder ihrer Vermischung mit ihnen aufzuhören.

Kapitel II.

Bekämpfung durch Strafe.

Nachdem wir nun gesehen haben, welche Personen der Gesetzgeber ins Feld führt, gehen wir zur Betrachtung der Bekämpfung des Feindes selbst über.

Diese kann doppelter Art sein. Einmal kann der Gesetzgeber sein Augenmerk auf den Thäter richten, z. B. indem er ihm Strafe androht, thätige Reue durch Straferlaß belohnt, bei Mehrthäterschaft den einen Genossen gegen den anderen ausspielt usw. Zweitens kann er seine Angriffe auf die That richten, z. B. indem er einen verbotenen Vertrag durch zivilrechtliche Behandlung bekämpft, ein Delikt zwecklos macht. Diese beiden Methoden stehen natürlich meist in Wechselbeziehung, indem die Behandlung des Thäters auf die That, die Behandlung der That auf den Thäter nicht ohne Einfluß bleibt, und verschmelzen deshalb häufig zusammen, oft lassen sie sich dagegen scharf von einander trennen. Die Behandlung des Thäters wollen wir als die „persönliche", die der That als die „sachliche" Methode bezeichnen.

Die bei weitem gebräuchlichere Bekämpfungsmethode ist die persönliche, man kümmert sich nämlich weniger um die That als um den Thäter.

§ 1. Das Strafübel selbst (Vollstreckung).

Das Hauptmittel dieser Methode liefert die Strafe.

Das Wesen der Strafe besteht darin, daß dem Thäter irgend eine Unannehmlichkeit, ein Übel, zugefügt wird. Dieses Übel braucht jedoch nur nach der Ansicht des Gesetzgebers bezw. der herrschenden Volksanschauung ein solches zu sein, ob im konkreten Falle der Thäter dasselbe als Unannehmlichkeit empfindet, ist gleichgültig. Einerseits läßt nämlich der Gesetzgeber Übel über einen Menschen kommen, welche nicht Strafe genannt werden, z. B. die Thatsache, daß oft nur ein Kind fast die ganze Erbschaft des Vaters bekommt, während die Übrigen, die an und für sich ebenso viel (oder ebenso wenig) Anspruch darauf haben, mit einer kleinen Summe abgefunden werden (Majorat, Minorat usw.); andererseits nennt man viele Dinge Strafe, welche vom Thäter nicht als Übel empfunden werden, z. B. die Verurteilung eines Millionärs zur Zahlung von 3 Mark. Die Strafe kann unter Umständen sogar für den Thäter eine Annehmlichkeit sein, z. B. die Freiheitsstrafe für Leute, welche in Freiheit ein dürftigeres Leben führen als im Gefängnisse.[1])

Schon in der Wahl des Strafübels kann der Gesetzgeber ein wichtiges Mittel zur Verhütung von Delikten schaffen. Betrachten wir deshalb zunächst die kriminalpolitischen Wirkungen des Übels selbst, d. h. der Vollstreckung desselben.

Betroffen werden durch ein Delikt: erstens der Staat, indem seine Gesetze mißachtet werden; zweitens: das Publikum, indem es, selbst gegen seinen Willen, an dem Schicksal seiner Nebenmenschen Anteil nimmt, (besonders Delikte, in denen sich Raffiniertheit, Grausamkeit und andere Gefühlsrohheiten offenbaren, sind im stande, allgemeine Entrüstung hervorzurufen) und schließlich als Hauptperson der unmittelbar von dem Verbrechen Verletzte.

Die beiden ersten Schäden werden meistens durch die Straf-

[1]) Bekanntlich kommt es häufig vor, daß derartige Leute im Herbst irgend ein Delikt begehen, für welches sie etwa sechs Monate Gefängnis vermuten, um für den Winter sicheres und für ihre Verhältnisse behäbiges Unterkommen zu haben.

vollstreckung vollständig wieder ausgeglichen, denn das Ansehen des Staates wird durch die Unterdrückung des entgegenstehenden Willens wieder hergestellt, und was das Publikum anbetrifft, so fühlt es sich im großen Ganzen durch die Bestrafung des Verbrechers befriedigt (der Schaden des Verletzten gilt ihm dann nur noch als Unglück). Bei der Hauptperson, dem unmittelbar durch das Verbrechen Betroffenen, hat die Ausbesserung durch Vollstreckung des Strafübels schon größere Schwierigkeiten. Manchmal ist sie unmöglich, z. B. beim Morde, denn was man auch als Strafübel wählen mag, die Vollstreckung desselben giebt dem Ermordeten das Leben nicht wieder; manchmal wird nur der intellektuelle Schaden ausgebessert, indem das Gerechtigkeits- bezw. Rachegefühl des Verletzten befriedigt wird. In vielen Fällen ist es auch möglich, daß dem Verletzten durch ein Dulden (oder Handeln) des Thäters der materielle Schaden wieder gut gemacht wird, teils nur unvollständig durch ein Surrogat z. B. Buße für ein zerbrochenes Glied, Geld für eine gestohlene Sache, teils aber auch vollständig durch Wiederherstellung des Zustandes vor dem Delikt, z. B. durch Rückgabe der Sache in specie. In diesen sämtlichen Fällen ist es aber, wie man sich durch ein beliebiges Lehrbuch des Strafrechts überzeugen kann, sehr zweifelhaft, ob das Übel überhaupt noch für den Thäter den Charakter einer Strafe besitzt, oder nicht vielmehr den einer zivilrechtlichen Entschädigung.

Auch auf das Verbrechen (n + 1), das zukünftige Verbrechen, kann die Strafvollstreckung wirken.

Eine Abschreckung kann sie auf dasselbe allerdings nicht ausüben, wenigstens nicht sie allein. Auf den ersten Blick freilich scheint es sehr einleuchtend, daß zukünftige Verbrecher sich einschüchtern lassen, wenn sie der Konkretisierung eines Strafübels beiwohnen, und es hat sich seiner Zeit eine eigene Theorie, die sogenannte Abschreckungstheorie oder Generalprävention (Abschreckung durch Vollstreckung der Strafe) darauf gegründet. Aber die Enthauptung des Mörders A an und für sich kümmert den zukünftigen Mörder B ebensowenig als wenn der A vom Baume fällt und sich das Genick bricht; sie macht nur deshalb auf ihn Eindruck, weil er weiß, daß es ihm gerade so gehen wird, wenn er den geplanten Mord ausführt. Also nicht die Vollstreckung des Übels ist es, die abschreckt, sondern, wie auch F e u e r b a c h (Lehrbuch §§ 13, 14) hervorhebt, die Androhung desselben.

Wohl aber kann die Strafvollstreckung auf andere Weise die Verhinderung des Verbrechens (n + 1) bewirken, allerdings fast nur mit der Beschränkung auf den Thäter des Verbrechens (n), also im Sinne des Spezialprävention. Das Strafübel kann nämlich derart sein, daß es den von ihm Betroffenen an seinem folgenden Verbrechen hindert.

Die edelste Art ist die, daß der Verbrecher durch das ihm zugefügte Übel gebessert und dadurch in ihm überhaupt der Wille zu neuen Verbrechen getötet wird. (Dieses Ziel wird schon von Plato und Protagoras als das hauptsächlichste bei der Strafvollstreckung hingestellt, später wurde es von Steltzer, Groos, Schleiermacher u. a. zu der sogenannten Besserungstheorie ausgebaut.)

Tritt keine Besserung ein, so hält die Strafe, d. h. die durch das Verbrechen (n) verwirkte, — nicht die für das Verbrechen (n + 1) angedrohte, — den Thäter von weiteren Delikten nur ab, wenn sie in ganz bestimmten, besonders gearteten Übeln besteht.

Das sicherste Mittel dafür, daß der Thäter nicht nur nicht das gleiche Verbrechen noch einmal begeht, sondern überhaupt auch kein anderes, ist natürlich die Todesstrafe. Sie ist, abgesehen von derjenigen Strafvollstreckung, durch welche eine vollständige und allgemeine Besserung des Thäters erreicht wird, die einzige, welche das Verbrechen (n + 1) unabhängig von seiner Gattung unmöglich macht.

Fast dieselbe Wirkung hat die lebenslängliche Freiheitsstrafe, jedoch ist hier die Möglichkeit vorhanden, daß der Thäter ausbricht und dann wieder Verbrechen begeht. Ferner kann er in dem Gefängnis andere Delikte begehen, z. B. Entweichung (wo diese bestraft wird), Meuterei, Verletzung oder Tötung eines Gefängnisbeamten usw.

Verhütung des Verbrechens (n + 1) durch Verbannung, Deportation bezw. Landesverweisung ist schon sehr zweifelhafter Natur. Meist haben diese Strafmittel zur Folge, daß Thatort und Objekt des Verbrechens (n + 1) wechseln. So z. B. hatten die früheren Landesverweisungen der Landstreicher im Grunde genommen nur die Wirkung, daß die Ausgewiesenen im Ländchen B bettelten und stahlen, während sie sonst im Ländchen A gebettelt und gestohlen hätten. Auch Polizeiaufsicht und Aufenthaltsbeschränkung (z. B. Sozialistengesetz § 22) könnte man hierherziehen.

In vielen Fällen kann jedoch wirklich eine solche gezwungene Ortsveränderung das Verbrechen (n + 1) verhindern. Hat z B. der Thäter gesündigt im Vertrauen auf seine mächtige Stellung, die er am Thatorte des Verbrechens (n) einnimmt, so fällt diese Stütze für ihn fort, wenn er verbannt wird und er unterläßt dann vielleicht das Verbrechen (n + 1). Diese Methode ist in einem englischen Rechte benutzt:

> Aethlstans Gesetze IV 6. „Sextum, Si aliquis homo sit adeo dives vel tantae parentelae, quod castigari non possit, vel aliud cessare nolit, ut efficias, qualiter abstrahatur in aliam partem regni tui, sicut dictum est, in occiduis partibus, sit alterutrum quod sit, sit comitum, sit villanorum.“ [2])

Ebenso verwendet sie das A.L.R. in Bezug auf ein Schadenfeuer.

> II tit. 20 § 1534: „Ist der Thäter durch persönliche Rache oder Feindschaft zu der versuchten Brandstiftung bewogen worden, so soll er, nach ausgestandener Strafe, aus dem Orte oder der Provinz, wo er das Feuer angelegt hat, auf immer verbannt werden.“

Ferner gehört hierher ein Teil der verstümmelnden Strafen. Diese können gewisse Arten von Delikten in Zukunft beim Bestraften unmöglich machen, so z. B. die von Kant befürwortete Kastration,[3]) die Bestrafung der Falschmünzerei mit Abhauen beider Hände[4]), Diebstahl mit Abhauen beider Füße[5]), Einbruchsdiebstahl mit Blendung oder Abhauen einer Hand.[6])

Auch Vermögenskonfiskation oder allgemeiner die Vernichtung der wirtschaftlichen Existenz kann den Thäter an künftigen Delikten hindern, nämlich an allen denjenigen, deren Thäter über ein gewisses Vermögen oder einen entsprechenden Kredit verfügen muß; z. B. hat in Deutschland der Besitzer einer Spielkartenfabrik, welcher einige Tausend Spiele in Räumen lagern läßt, die

---

[2]) Ähnlich V 3 ib.

[3]) Sie war bei manchen Völkern als Strafe wirklich in Gebrauch z. B. in Ägypten (Scheidemantel S. 76) „stupratori violenti virilia exsecanda“, ebenso nach einem Kommentar des Schuking bei den Chinesen (Kohler chines. St.R. S. 38 n. 2) und nach der L. Sal. Herold. XIII 2 bei den Franken.

[4]) Scheidemantel S. 28.

[5]) Kommentar des Schuking (Kohler chines. St.R. S. 44 Note 3).

[6]) CCC. Art. 159.

nicht dazu bestimmt sind, eine so große Strafsumme zu erlegen (§ 13 des Spielk.-Ges.), daß er die Fabrik unter Umständen verkaufen muß. Alsdann ist er (wenigstens vorläufig) nicht mehr in der Lage, das Delikt wiederholen zu können.

Ähnlich wirkt die Entziehung der Verwaltung. So sagt z. B. das preußische Gesetz betreffend die Erhebung einer Abgabe von Salz vom 12. Oktober 1867:

> § 14. „Ein Salzwerkbesitzer, welcher zum zweiten Male wegen einer von ihm selbst verübten Salzabgaben-Defraudation rechtskräftig verurteilt wird, verliert mit der Rechtskraft der Entscheidung die Befugnis zur eigenen Verwaltung seines Salzwerkes."

Noch schärfer wirkt die Entziehung des Berufes, z. B. sagt die preuß. „Ordnung zum Gesetz wegen Besteuerung des inländischen Branntweins usw." vom 8. Februar 1849 § 63, der schuldige Brenner oder Brauer dürfe sein Gewerbe „nie und zu keinen Zeiten weder selbst ausüben noch durch einen anderen zu seinem Vorteile ausüben lassen."

Ebenso verhält es sich mit Unfähigkeit „zu einer Beschäftigung im Eisenbahn- oder Telegraphendienst, oder in bestimmten Zweigen dieser Dienste (St.G.B. § 319), dahin gehören auch Unfähigkeit zum Eide (§ 161) und ähnliche Bestimmungen.

Schließlich mag noch die Entziehung oder Unbrauchbarmachung von Gegenständen, welche zur Begehung eines Deliktes gebraucht oder bestimmt sind, erwähnt werden (z. B. St.G.B. §§ 40—42, 295 usw.). Die Vollstreckung dieser Strafe wirkt allgemeiner, als die der vorigen, weil sie nicht nur den Thäter des Verbrechens (n), sondern auch andere am Verbrechen (n + 1) verhindert. Wird z. B. das Jagdgerät eingezogen, so kann nicht nur der Thäter, sondern, wenn es zufällig einem Dritten gehört, auch dieser Dritte, so lange er sich nicht ein neues Gerät angeschafft hat, kein Jagdvergehen mehr verüben. Besonders scharf wirkt zur Verhütung des Deliktes (n + 1) die Einziehung von Gegenständen, welche schwieriger zu ersetzen sind, z. B. von Maschinen zur Herstellung falschen Geldes usw.

Der Gesetzgeber verwendet nun aber nicht nur das Strafübel selbst, nämlich die Vollstreckung, sondern noch weit häufiger die Furcht vor demselben, nämlich die Androhung. Bevor wir jedoch zu letzterer übergehen, mag einiges über das gegenseitige Verhältnis von Strafvollstreckung und Strafandrohung gesagt sein.

Unter dem Worte „Strafe" versteht man (abgesehen davon, daß man auch das abstrakte Übel, z. B. den Tod, damit bezeichnet), einmal die Vollstreckung und andermal die Androhung eines Übels. Beide Dinge sind jedoch in Bezug auf ihr Wirkungsgebiet, sowie auch in ihren Wirkungen selbst sehr verschieden. Will z. B. ein noch unbescholtener Mensch sein Erstlingsdelikt begehen, so wirkt auf ihn nur die Strafandrohung, denn der Strafvollstreckung ist er noch nicht unterworfen gewesen; ist er aber für das Erstlingsdelikt bestraft, so wirken bei dem folgenden Verbrechen zwei Kräfte, nämlich einmal die für letzteres gegebene Strafandrohung und zweitens die Vollstreckung der für das vorhergehende Delikt verwirkten Strafe, z. B. ein Ansatz zur Besserung, erhöhte Furcht vor der Strafe usw. Bei ein und demselben Thäter haben wir demnach den Unterschied, daß die Androhung immer auf ein Delikt mehr wirkt, als die Vollstreckung, also, wenn wir die gesamte Reihe der Delikte eines Individuums betrachten, wirkt die Strafandrohung auf die ganze Reihe, die Vollstreckung auf die ganze Reihe mit Ausnahme des Erstlingsverbrechens. Auch was die Zahl der Thäter betrifft, so hat die Strafandrohung ein weiteres Wirkungsgebiet. Die Vollstreckung berührt nämlich nur solche Leute, welche erstens schon ein Delikt begangen haben, und welche zweitens dafür bestraft sind. Von beiden Beschränkungen ist die Androhung unabhängig, sie wendet sich auch an solche Personen, welche vor dem Erstlingsdelikte stehen und zweitens auch an solche, welche zwar schon ein Delikt begangen, dem Arme der Gerechtigkeit sich aber entzogen haben. Außerdem giebt es noch eine Anzahl anderer Unterscheidungen. So kann z. B. „abschrecken", wie wir oben sahen, nur die Androhung der Strafe; „Besserung des Thäters", „Wiederherstellung des ideellen Schadens" kann dagegen nur von der Vollstreckung erwartet werden; „sichern", „die Rechtsordnung verteidigen" können beide. Dieser Unterschied der Vollstreckung und der Androhung einer Strafe wird noch vielfach nicht beachtet.[7]) Besonders bei den sogenannten Strafrechtstheorieen zeigt sich oft die ungenügende Trennung. Z. B. sagt man,

[7]) Ähnlich unterscheidet auch erst das moderne Recht bei der Verjährung zwischen Strafverfolgung und Strafvollstreckung.

„die Strafe will bessern", „die Strafe will abschrecken", „die Strafe will sichern" usw. und beachtet nicht, daß man es hier mit zwei verschiedenen Dingen zu thun hat, nämlich Androhung und Vollstreckung.[8])

Über die gegenseitige Abhängigkeit der beiden Strafrechtsmittel von einander ist folgendes zu bemerken. Ihrer Natur nach ist die Strafvollstreckung von der Strafandrohung vollständig unabhängig, denn es kann eine Strafe vollstreckt werden, ohne daß sie vorher gesetzlich fixiert war. Dies ist z. B. bei der Bestrafung nach Analogie der Fall, wie sie in China geübt wird, und in vielen despotisch regierten Reichen. Die Kulturstaaten pflegen aber jetzt die Vollstreckung einer Strafe von einer vorherigen gesetzlichen Androhung derselben abhängig zu machen (cf. z. B. deutsches St.G.B. § 2, 1). Diese Abhängigkeit ist aber, wie gesagt, nur eine formelle und dient nur zur Beseitigung der Unsicherheit der Rechtspflege. Umgekehrt ist die Strafandrohung an und für sich von der Strafvollstreckung ebenso unabhängig. Wie z. B. bei der Nötigung das wirkliche Geladensein einer Pistole gleichgültig ist, wenn nur der Bedrohte glaubt, daß sie geladen sei, so ist es an und für sich auch gleichgültig, ob die angedrohte Strafe späterhin, nachdem die Androhung sich als erfolglos erwiesen hat, wirklich vollstreckt wird. Die Strafvollstreckung ist eben nur deshalb untrennbar von der Strafandrohung, weil ohne sie der Glaube an den Ernst der letzteren (wenigstens auf die Dauer) nicht aufrecht erhalten werden kann.

Eine Geldstrafe wirkt anders als eine Freiheitsstrafe, eine Freiheitsstrafe wieder anders als eine Körperstrafe usw., ferner wirkt, wie wir oben sahen, ein und dasselbe Strafübel auf die eine Person mehr, auf die andere weniger. Die verschiedene Wirkung dieser Übel selbst hat natürlich auch eine verschiedene Wirkung ihrer Androhung zur Folge. Auf diese Unterschiede wollen wir jedoch nicht eingehen, sondern die Strafandrohung nur insofern betrachten, als sie die Furcht vor einem Übel hervorbringt.

---

[8]) cf. z. B. v. Liszt, Lehrbuch S. 9. „Einer der möglichen Zwecke der Strafe — Abschreckung (psychologischer Zwang), Besserung, Verteidigung der Rechtsordnung, Wiederherstellung des ideellen Schadens — wird zum einzigen Prinzip der Strafe gemacht."

§ 2. Das Wissensverhältnis des Thäters zur Strafandrohung.

Das Wissensverhältnis des Thäters zur Strafandrohung kann dreierlei Art sein.

Wissensverhältnis I. Der Thäter weiß nicht, daß seine That mit Strafe bedroht ist, bezw. er glaubt zu wissen, daß sie nicht bedroht ist. In diesem Falle kann die Strafandrohung keine Wirkung auf den Thäter ausüben, sie ist für ihn, was eine Warnungstafel für einen Blinden ist.

Wissensverhältnis II. Der Thäter weiß nur, daß auf ungefähr die und die That ungefähr die und die Strafe oder doch irgend eine Strafe folgen wird. Bei diesem Verhältnis wird derselbe, wenn er die Strafe vermeiden will, gezwungen, sein Gewissen als Richtschnur zu nehmen, d. h. sein durch Erziehung, Rasse, Religion usw. bedingtes Gefühl von Gut und Böse. Er wird nämlich hierbei durch die Vermutung getrieben, daß diejenigen Handlungen, die ihm sein Gewissen als böse anzeigt, auch mit Strafe bedroht sind, zum wenigsten weiß er, daß, wenn er gegen sein Gewissen handelt, er sich auf gefährlichem Boden befindet. Das Gute dieser Sachlage liegt darin, daß eine Reihe von Handlungen, die das Gesetz zwar verhindern möchte (z. B. Geldleihen mit dem Bewußtsein, es nicht zurückgeben zu können oder zu wollen, unsaubere Spekulationen, manche sogenannte Geschäftskniffe), die es aber aus irgend einem Grunde nicht mit Strafe bedrohen kann, unterbleiben, weil sie für strafbar gehalten werden (es bilden diese Handlungen die sogenannten Putativdelikte, wenn sie begangen werden). Die schlechte Seite besteht darin, daß mancher die vom Gesetz mit Strafe bedrohten Handlungen doch begeht, weil sie ihm nicht von seinem Gewissen als böse angezeigt werden.

Wissensverhältnis III. Das dritte Verhältnis, die genaue Kenntnis des Thäters vom Gesetze, hat ebenfalls seine Licht- und Schattenseiten. Die gute Seite ist die, daß Leute, welche dem Gesetze folgen wollen, die von demselben verbotenen Handlungen nicht begehen, die schlechte besteht darin, daß böse Menschen die Lücken und schwachen Stellen des Gesetzes herausfinden und sich zu nutze machen. Die schlechte Seite ist hier um so gefährlicher, als ein Gesetz, selbst wenn es bei seiner Erschaffung vollkommen sein sollte, doch immer wieder durch Änderung der religiösen oder moralischen Anschauungen, der Rassenmischung, der Beschäftigungsweise, durch neue Erfindungen usw. wieder lückenhaft wird (man denke nur an die große Zahl neuer Zivil- und Strafbestimmungen über Eheschließung, Aktien-Unternehmen, Handels-Gesellschaften, Telegraphen- und Eisenbahn-Verkehr usw.).[9])

Diese drei Verhältnisse des Thäters zum Rechte sind besonders wichtig bei den sogenannten kriminalpolitischen Gesetzen, d. h. bei solchen, bei welchen der Gesetzgeber durch besondere Bestimmungen eine besondere Wirkung auf den Thäter ausüben will. Weiß z. B. der Thäter nichts von dem Institute der „thätigen Reue" (Wissensverhältnis I) so wird er bei der Ausführung der That auch nicht durch sie beeinflußt; hat er eine dunkle Ahnung von der Existenz desselben (Wissensverhältnis II), so wird er thätige Reue bald da anerkannt vermuten und in Rechnung ziehen, wo sie nicht anerkannt ist, bald da nicht, wo sie anerkannt ist; weiß er ganz genau, bei welchen Delikten und wie weit der Gesetzgeber es angewandt hat (Wissensverhältnis III), so wird jenes Institut an diesen Stellen auch (bald mit, bald ohne Erfolg) auf ihn einwirken. Für eine derartige kriminalpolitische Behandlung muß also der Thäter sozusagen erst präpariert werden, d. h. er muß dadurch, daß ihm die Bestimmungen auf irgend eine Weise zur Kenntnis gebracht werden, für die Wirkungen derselben empfänglich gemacht werden.[10]) Es muß sich

---

[9]) Diese beiden Wirkungen einer genauen Kenntnis der Gesetze hatte man auch schon seiner Zeit in China erkannt (Kohler, chines. St.R. S. 6). Als nämlich im 6. Jahrhunderte vor Christi Geburt die Staatsgesetze kodifiziert und auf Erztafeln zur dauernden Kenntnis des Volkes gebracht werden sollten, bildeten sich zwei entgegengesetzte Ansichten, die eine war für die Publikation, die andere dagegen. Die Vertreter der letzteren, unter ihnen verschiedene chinesische Staatsmänner und Weise (auch der große Confutse) fürchteten, daß das Volk, wenn es das Gesetz kenne, zwischen den Maschen hindurchschlüpfen würde, statt sich darin zu verwickeln.

[10]) Es schrieb deshalb z. B. das bair. St.G.B. Art. 16 und das oldenburg. Art. 21 da, wo es dem Rückfalle durch Straferhöhung vorbeugen wollte, vor, daß der Sträfling vor seiner Entlassung ausdrücklich auf die Straferhöhung aufmerksam gemacht werden sollte. Ähnlich verfährt das ungar. Wuchergesetz vom 27. April 1883 in Betreff derjenigen kriminalpolitischen Bestimmungen, mit welchen es dem Wucher der Schankwirte zu Leibe geht: § 26. „Der Text dieses Abschnittes ist in jeder Gemeinde jährlich in der üblichen Weise kundzumachen und in jedem Schanklokale an einer, den Gästen leicht sichtbaren Stelle in der ungarischen und in der Protokollsprache der betreffenden Gemeinde anzu-

also bei kriminalpolitischen Bestimmungen der Gesetzgeber immer vergewissern, welches der drei Wissensverhältnisse er vor sich hat. In den bei weitem meisten Fällen wird es wohl das zweite sein; bei manchen Paragraphen kann er dagegen bei der überwiegenden Zahl von Thätern auf das dritte rechnen, z. B. bei denjenigen Delikten, welche von Leuten aus den höheren Ständen begangen werden oder welche besondere Raffiniertheit oder Schlauheit voraussetzen, wie Wucher, Wechselfälschung, Delikte gegen Aktiengesetze usw.[11]) Weiß er also, daß fast ausschließlich das Wissensverhältnis I für den betreffenden Paragraphen vorliege, so kann er seine Bemühungen sparen; vermutet er, daß das Wissensverhältnis II vorliegt, so muß er sich sagen, daß alsdann die Einführung sowie die Fortlassung kriminalpolitischer Bestimmungen ihre zwei Seiten hat; erst wenn das Wissensverhältnis III vorliegt, bezw. herstellbar ist, kann der Gesetzgeber mit Sicherheit darauf rechnen, daß seine kriminalpolitischen Bestimmungen ihre Kraft an dem Thäter erproben werden.

Nunmehr können wir zu den Wirkungen der Strafandrohung übergehen. Dabei ist vorweg zu bemerken, daß die fahrlässigen Delikte hier, wie auch in den folgenden Kapiteln außer Acht bleiben. Da sich nämlich die Strafandrohung, überhaupt die Kriminalpolitik

---

schlagen und in leserlichem Zustande zu erhalten. Der Gastgeber, Wirt oder Getränke-Ausschenkende, welcher der Vorschrift dieses Paragraphen nicht entspricht, ist von der betreffenden Administrativbehörde zu Gunsten der Gemeinde-Armenkasse mit einer Geldstrafe bis zum Betrage von 50 Gulden zu bestrafen."

[11]) Ferner kann man hierherziehen diejenigen Gesetze, deren Kenntnisnahme von Seiten des Volks sich der Staat besonders angelegen sein läßt, in Deutschland z. B. diejenigen, welche auf den Kontrollversammlungen vorgelesen werden, ebenso die S.O. vom 27. Dezember 1872. Nach den §§ 108 und 99 Nr. 8 der letzteren soll nämlich bei Strafe ein Exemplar „im Volkslogie zur jederzeitigen Einsicht der Schiffsleute vorhanden sein" (die Strafbestimmungen bestehen aus nur 23 Paragraphen).

Früher konnte man das Wissensverhältnis III oft bei ganzen Völkern und für die ganze Gesetzgebung annehmen. So wurden in Island jeden Sommer die Regeln über die Dingordnung und den Rechtsgang auf dem Mahlberge von dem Lögsökmann vorgelesen, und zwar sollte dies so gut geschehen, „daß nicht leicht einer es besser thuen möchte". (Wilda S. 18.) Die deutschen Stadtrechte wurden jährlich auf dem Rathause vorgelesen (Bursprakеn). In China wurden alljährlich die Gesetzestafeln 10 Tage lang öffentlich ausgestellt (Kohler, chines. St.R S. 5) und es galt (wahrscheinlich um beim Publikum das Studium der Gesetze zu befördern) bei Zufallsdelikten die Rechtskenntnis von Privatleuten als Begnadigungsgrund. C. A. s. 61 p. 64.

an das Wissen und Wollen des verbrecherischen Erfolges wendet, das Wissen aber bei den fahrlässigen Delikten nur in untergeordnetem Maße, das Wollen garnicht vorhanden ist, so findet sie hier einen verhältnismäßig sehr ungünstigen Boden.[12])

§ 3. Die in der Seele des Thäters durch die Strafandrohung erzeugte Kraft und ihre Gegenkräfte.

Vor dem Wirklichwerden eines Verbrechens entwickeln sich in der Seele des Thäters zwei Arten von Kräften, die eine treibt ihn hin zur That und besteht z. B. in Rachsucht, Not, Geldgier, die andere hält ihn ab und besteht in Religiösität, Moral, Mitleid usw. Man kann diese „Kräfte" mit verschiedenen Namen belegen, Motive und Gegenmotive, positive und negative, antreibende und abstoßende Kräfte usw. In folgendem wollen wir, das Wohl der menschlichen Gesellschaft als Gesichtspunkt wählend, alle Kräfte, welche für dasselbe wirken als „gute" oder „nützliche", und alle welche gegen dasselbe wirken, als „schlechte" oder „schädliche" bezeichnen. Die Summe (Resultante) dieser Kräfte auf jeder Seite wollen wir „Macht" nennen. Z. B. kann beim Raubmorde die gute Macht sich aus den Kräften: Gewissensangst, Furcht vor Strafe usw. zusammensetzen, die schlechte Macht aus den Kräften: Rache, Mordlust, Geldnot usw.

Zunächst mag einiges über das Wesen dieser beiden Kräfte bezw. Mächte gesagt sein. Die sogenannte „Balanciertheorie" vergleicht sie mit zwei Gewichtsstücken, „tamquam in bilancio

---

[12]) Die fahrlässigen Delikte zerfallen in drei Klassen. Nehmen wir als Beispiel an, es habe ein herabfallender Blumentopf einen Menschen getötet, ohne daß dies beabsichtigt gewesen ist. Erstens: der Thäter hat die Handlung, das gefährliche Hinstellen des Blumentopfes, fahrlässig begangen, z. B. er hat ihn vor ein anderes Fenster setzen wollen, welches nach dem Balkon hin geht. Zweitens: er hat die Handlung vorsätzlich begangen — die Handlung, nicht das Delikt, nicht: (Handlung + Erfolg) —, dachte aber nicht daran, daß sie ein Unglück herbeiführen könnte. In diesen beiden Fällen ist die kriminalpolitische Wirkung der Strafandrohung nur schwach, das höchste, was sie erreichen kann, ist, daß sie zu mehr Vorsicht und Nachdenken anregt. Drittens: der Thäter hat die Handlung vorsätzlich begangen, hat auch an die Möglichkeit der Folgen gedacht, den Eintritt derselben jedoch für höchst unwahrscheinlich gehalten, z. B. war das Fensterbrett so breit und die Luft so ruhig, daß der Thäter annahm, der Blumentopf würde nicht herunterfallen. Diese dritte Gattung fahrlässiger Delikte steht in kriminalpolitischer Beziehung ungefähr der Gattung der Verletzungsdelikte ohne strafbaren Versuch gleich.

ponderatio". Dieser Vergleich könnte leicht zu der Ansicht Veranlassung geben, daß die Kräfte konstant wären; das ist aber nicht der Fall. Nehmen wir folgendes Beispiel: Einem Familienvater ist in einem kalten Winter das Feuerungsmaterial ausgegangen, und es steigt in ihm der Gedanke eines Holzdiebstahles auf. Die schädliche Kraft (wir wollen auf jeder Seite nur eine Kraft annehmen) bestehe in dem Willen, seiner Familie zu helfen, die gute, falls eine solche vorhanden ist, mag von dem Gebote ausgehen „Du sollst nicht stehlen". Angenommen die schlechte Kraft wächst über die gute hinaus, dann entschließt sich der Mann zum Diebstahl.[13]) Diese augenblicklichen Größenverhältnisse der beiden Kräfte bleiben nun aber nicht in allen Fällen konstant. Erklingen z. B. beim Diebstahle plötzlich die Kirchenglocken und verschärfen das Gewissen des Diebes, so wächst wieder die gute Kraft. Wenn dann nicht die schlechte, der Wille, seiner Familie zu helfen, entsprechend mitwächst, so kann es kommen, daß erstere wieder die Oberhand gewinnt und der Dieb sein Vorhaben aufgibt. Auf diese Weise kann jede der beiden Kräfte wachsen, fallen oder konstant bleiben, während ihre Gegenkraft unabhängig von ihr ebenfalls wächst, fällt oder konstant bleibt, mit anderen Worten, die beiden Kräfte sind unabhängig von einander variabel.

Dasselbe, was über die beiden sich bekämpfenden Kräfte gesagt ist, gilt auch für die beiden sich bekämpfenden Mächte. Hier hat man aber außer ihrer absoluten und relativen Veränderlichkeit noch eine zweite Veränderlichkeit zu beachten, nämlich das Wachsen und Fallen der einzelnen Kräfte innerhalb jeder der beiden Mächte. Wir haben also zu fragen, erstens: ändert sich die einzelne Kraft? zweitens: ändert sich infolgedessen absolut die Macht, welcher jene Kraft angehört? und drittens: ändert sich diese Macht dadurch auch relativ, d. h. im Verhältnis zu ihrer Gegenmacht? So hat das Fallen oder Steigen einer guten Kraft nicht einmal immer das absolute Fallen oder Steigen der guten Macht zur Folge, geschweige denn das relative. Es kann z. B. die gute Kraft α steigen und zugleich die gute Kraft β in demselben Maße abnehmen, so daß die gute Macht unverändert bleibt; wächst dann die schlechte

[13]) Umgekehrt kann man auch sagen: angenommen der Mann entschließt sich zu dem Diebstahle, dann ist das ein Beweis, daß die schlechte Kraft über die gute hinweggewachsen ist.

Kraft zu derselben Zeit, so haben wir trotz des Wachsens der guten Kraft α ein relatives Abnehmen der guten Macht zu konstatieren.[14])

Fassen wir nun den Kampf der beiden Mächte näher ins Auge und zwar von den ersten Anfängen des Verbrechens bis zu seinem vollständigen Abschlusse.

§ 4. Zerlegung des Deliktes in Stadien.

Als ersten Anfang des Deliktes wollen wir den Zeitpunkt ansetzen, in welchem der verbrecherische Gedanke in der Seele des Thäters aufsteigt, als Ende des Deliktes den Augenblick, in welchem die Folgen des Deliktes unabänderlich geworden sind. Die Zeit vorher wollen wir das „Vorstadium", die Zeit nachher das „Nachstadium" nennen. In dem Delikte selbst sind folgende sechs Fortschrittspunkte der Vollendung anzunehmen: Aufsteigen des verbrecherischen Entschlusses und Fassen desselben, Beginn der Ausführung und Vollendung derselben, Eintritt der Folgen und Eintritt der Unabänderlichkeit derselben. Es gruppieren sich also je zwei um Entschluß, Ausführung und Folgen des Deliktes. Den Zeitraum zwischen je zwei auf einander folgenden Fortschrittspunkten bezeichnen wir mit dem Worte „Stadium". Es liegen alsdann folgende fünf Stadien eines Deliktes vor:

Stadium I: Vom Aufsteigen des Entschlusses bis zum Fassen desselben,

Stadium II: Vom Fassen des Entschlusses bis zum Beginn der Ausführung,

---

14) Nehmen wir ein praktisches Beispiel. Der A geht mit dem Gedanken um, den B zu berauben, und die gute Macht bestehe aus den beiden Kräften: Furcht vor Strafe und Mitleid mit dem B, welcher für einen fleißigen aber armen Mann gilt. Es führt nun den A der Weg an dem Zuchthause vorbei und der Anblick desselben erhöht die Furcht vor der Strafe (die gute Kraft α wächst); zu gleicher Zeit erfährt er aber von seinem Begleiter, daß der B ein reicher Geizhals ist (die gute Kraft β nimmt ab). Ob nun die gute Macht steigt, fällt oder konstant bleibt, hängt von der neu entstehenden Summe der Kräfte α und β ab; ist diese dieselbe geblieben, so bleibt auch die gute Macht dieselbe, hat dagegen die Kraft α nur wenig zugenommen, während die andere sich bedeutend verringert hat, so ist auch die gute Macht dadurch verringert, im umgekehrten Falle ist sie vermehrt worden. Das definitive Resultat, das Aufgeben oder Beibehalten des Entschlusses, hängt dann wieder noch nicht von dieser absoluten, sondern erst von der relativen Veränderung der guten Macht ab, nämlich von dem gleichzeitigen Stande der schlechten Macht.

Stadium III: Vom Beginn der Ausführung bis zur Vollendung derselben,

Stadium IV: Von der Vollendung der Ausführung bis zum Eintritt der Folgen,

Stadium V: Vom Eintritt der Folgen bis zum Eintritt der Unabänderlichkeit derselben.

Entschluß		Ausführung		Folgen	
Aufsteigen	Fassen	Beginn	Ende	Eintritt	Unabänderlichkeit

Vorstadium	I	II	III	IV	V	Nachstadium

Diese fünf Stadien eines Deliktes können zeitlich auf wenige Augenblicke zusammengedrängt werden, d. h. das Nachstadium kann fast unmittelbar auf das Vorstadium folgen. Nehmen wir z. B. ein Delikt im Affekt. Der Zimmermann A macht sich, sein Beil über die Schulter gehängt, auf den Heimweg; als er um eine Straßenecke biegt, gibt ihm der B, der einem anderen aufgelauert hat, unverhofft eine Ohrfeige; in einer Aufwallung des Zornes schlägt der A mit dem Beile zu und der B bricht zusammen. — Als der A um die Ecke bog, befand sich das Delikt noch im Vorstadium, wenige Sekunden später ist das Nachstadium eingetreten. Im Übrigen kann jedes der fünf Stadien bald eine kurze, bald eine lange Dauer haben, bei manchen Delikten können einzelne sogar ganz fehlen. Die ersten drei Stadien müssen bei jedem Delikte (falls es nicht unterbrochen wird) vorliegen: bei jedem perfekten Delikte ist der Gedanke desselben im Kopfe seines Urhebers aufgestiegen und zum Entschluß gediehen, seine Ausführung begonnen und vollendet worden. Auch sind je zwei dieser vier Fortschrittspunkte durch einen Zeitraum von einander getrennt, derselbe kann allerdings so klein sein, daß er der Strafandrohung keine Zeit gibt, ihre Kraft zu entfalten, und infolgedessen für sie als nicht existent angenommen werden kann. Das Stadium IV, der Zeitraum zwischen Beendigung der Ausführung und Eintritt der Folgen, kann dagegen nicht nur sehr klein sein, sondern es kann sogar gänzlich fehlen. Sehr klein ist es z. B. beim Morde durch einen

Schuß ins Herz (hier beträgt es die kurze Zeit, während welcher die Kugel den Gewehrlauf und die Luft passiert, und diejenige, welche ein Herzschuß nötig hat, um den Tod herbeizuführen); gänzlich kann es dagegen fehlen beim Morde durch Erwürgen: der A schnürt dem B vier Minuten lang die Kehle zu, während nach der dritten Minute der Tod schon eingetreten ist; hier besteht kein Zeitraum mehr zwischen der Beendigung der Handlung und dem Eintritt der Folgen. Ebenso kann das letzte Stadium von beliebiger Dauer sein oder auch ganz fehlen. Bei der Kindesunterschiebung kann es sich z. B. über Jahrhunderte erstrecken, denn faßt man die um die Krone, das Fideikommis usw. betrogene Familie als verletzte Person auf, so kann das Delikt ihr gegenüber noch repariert werden, bis ihr letztes Glied gestorben ist. Ganz fehlt das Stadium V z. B. bei Tötungsdelikten. Es kann sogar (mit oder ohne Überschlagung des Stadiums IV) zu einem Bruchteile schon in das Stadium III hineinragen. Mißhandelt z. B. A den B indem er ihm wiederholt auf den Arm schlägt, so tritt vielleicht die eigentliche Folge, die gänzliche Lähmung des Armes erst nach einigen Tagen ein, während eine teilweise Lähmung schon mit dem ersten Schlage, also gleichzeitig mit dem Beginn des Stadiums III eintreten kann.

||||| = Eintritt der Folgen.

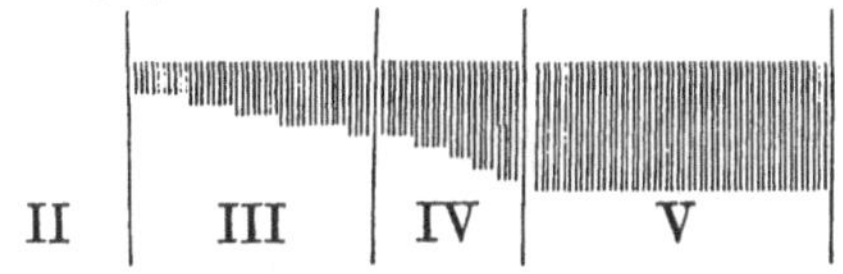

Vorstadium und Nachstadium sind beide nach einer Seite hin unendlich, das Vorstadium nach der Vergangenheit hin, das Nachstadium nach der Zukunft hin. Was den Beginn des letzteren anbetrifft, so kann es unter Umständen, gerade wie das Stadium V, mit der Beendigung des Stadiums III und zu einem Bruchteile schon mit dem Beginn desselben zusammenfallen. Z. B. kann bei einer irreparabelen Sachbeschädigung ein Teil der Folgen sowie die Unabänderlichkeit dieses Teiles schon mit dem Beginn der Ausführung, sagen wir wieder mit dem ersten Schlage, eintreten.

Eine Besonderheit zeigen diejenigen Delikte, bei denen eine Vorbereitungshandlung unter Strafe gestellt, bei denen also sozusagen vor dem eigentlichen, dem „Hauptdelikte" ein „Vordelikt" eingeschaltet ist. Betrachten wir z. B. den Hochverrat nebst einer seiner Vorbereitungshandlungen. Das erste Stadium, die Zeit vom Aufsteigen des Entschlusses zum Hochverrat bis zur Fassung desselben erleidet keine Veränderung, ebenso die Stadien vom Beginn der Hochverratshandlung ab (Stadien III, IV, V). Das Stadium II, vom Fassen des Entschlusses bis zum Beginn der Hochverratshandlung wird aber alteriert, da durch die Einschiebung des Vordeliktes die Strafandrohung verändert wird. Wir wollen das Stadium II wieder in drei neue Abschnitte zerlegen: erstens von der Entschlußfassung zum Hochverrat bis zum Beginn der Vorbereitungshandlung, zweitens vom Beginn der Vorbereitungshandlung bis zu ihrer Vollendung, drittens von der Vollendung der Vorbereitungshandlung bis zum Beginn der Ausführung des Hochverrats. Es sollen diese Unterstadien, da sie alle im Stadium II des Hauptdeliktes liegen, mit Stadium IIa, IIb, IIc bezeichnet werden, daneben mag aber die Bezeichnung Stadium II (ohne Buchstaben) als allgemeines zweites Stadium festgehalten werden.

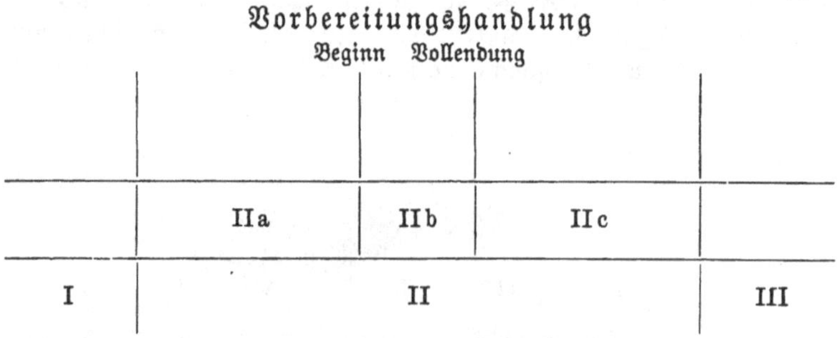

§ 5. Die Wirkungen der Strafandrohung in den einzelnen Stadien.

Vorstadium. Vor dem Aufsteigen des Entschlusses ruhen alle Kräfte. Der Thäter hat noch kein Verbrechen in Aussicht genommen, — die Motive, Gelegenheiten, Möglichkeits-Bedingungen usw. mögen schon vorhanden sein, sie wirken aber noch nicht zu einem bestimmten Delikte hin — infolgedessen hält ihn auch noch keine Strafandrohung oder sonstige Kraft zurück.

Stadium I. Sobald jedoch eine der schlummernden, schlechten Kräfte geweckt wird und nun zu einem Verbrechen hintreibt, z. B.

der A bemerkt, daß der B ein unerfahrener Geschäftsmann ist, und die Habsucht gibt ihm den Gedanken ein: „vielleicht könntest du ihm sein Vermögen abschwindeln", sobald diese Kraft entsteht, entsteht auch die Gegenkraft, die Furcht vor der Strafe. Auf beiden Seiten schließen sich möglicherweise noch andere Kräfte an, z. B. auf der einen Seite Rache, Geldnot, Mißgunst usw., auf der anderen Moral, Mitleid mit der Familie des Opfers usw., und der Kampf der beiden Mächte beginnt. Solange die gute Macht größer bleibt als die schlechte, solange kommt es nicht zum Entschluß und infolgedessen nicht zum Delikte. Dasselbe ist der Fall, wenn beide Mächte gleich sind, denn dann ist keine Kraft vorhanden, welche den Entschluß hervorrufen könnte oder vielmehr die Kraft, welche ihn hervorrufen könnte, ist durch eine Gegenkraft gebunden. Ist aber die schlechte Macht größer, so entsteht der Entschluß zum Verbrechen, und hiermit sind wir im zweiten Stadium angelangt.

Stadium II. Der Kampf im zweiten Stadium ist genau so, wie der im ersten, nur besteht der Unterschied, daß im ersten die gute Macht die größere ist, im zweiten die schlechte. Wird bei den Schwankungen, denen die einzelnen Kräfte und Mächte während dieses Zeitabschnittes ausgesetzt sind [15]), die gute Macht wieder größer als die schlechte, so wird der Entschluß wieder aufgegeben. Bleibt die schlechte Macht größer bis zu dem Momente der Ausführung des Deliktes, so beginnt letztere und wir treten in das dritte Stadium.

Stadium III. Dieses dritte Stadium sowie die Zeit unmittelbar vor ihm hat die psychologische Eigenschaft, daß es von einer besonderen, größeren oder geringeren Gemütsbewegung des Thäters begleitet zu sein pflegt. Je unverderbter derselbe noch ist, desto größer ist sie gewöhnlich. [16]) Wegen der größeren Gemütsbewegung in der Seele des Thäters ist natürlich auch der Kampf der guten und schlechten Kräfte ein heftiger. [17])

---

[15]) Z. B. die Habsucht des Thäters bekommt neue Nahrung oder der Thäter wohnt einer Hinrichtung bei, wodurch die Kraft der Strafandrohung wächst.

[16]) Viele Gesetzbücher nehmen deshalb die Kaltblütigkeit des Thäters bei der Ausführung des Verbrechens als Grund für eine härtere Bestrafung. Das deutsche St.G.B. bestraft z. B. die vorsätzliche Tötung mit dem Tode, wenn sie mit Überlegung ausgeführt (§ 211 Mord), mit Zuchthaus von 5—15 Jahren, wenn sie ohne Überlegung ausgeführt ist (§ 212 Totschlag).

[17]) Bei manchem Verbrecher mag deshalb die gute Macht unmittelbar vor oder in dem Stadium III leichter den Sieg erringen als im Stadium II; dies

Wir müssen für das dritte Stadium zwei Arten von Delikten unterscheiden, nämlich solche, welche der Gesetzgeber erst mit ihrer Vollendung und solche, deren Versuch d. h. Beginn der Ausführung er schon für strafbar erklärt.

Bei der ersten Gattung[18]) ist die Situation im Stadium III dieselbe wie im Stadium II, denn der Gesetzgeber sagt noch immer: „wenn du das Delikt vollendest, erhälst du die ganze Strafe, wenn du es nicht vollendest, keine Strafe."

Bei den Delikten jedoch, deren Versuch für strafbar erklärt ist[19]), tritt eine Änderung der Strafandrohung im Stadium III ein.

Um dieses klar zu machen, müssen wir zunächst eine Zerlegung des Begriffes „Drohen" vornehmen[20]). Man braucht dieses Wort dem Thäter gegenüber sowohl vor seiner That, z. B. „das Gesetz bedroht den Mörder" (richtiger den Mordlustigen) „mit dem Tode", als auch nach der That, z. B. „dem Herrn so und so droht Gefängnis, weil er mit der Kasse durchgebrannt ist". Im Sinne des Gesetzgebers ist letzteres aber kein Drohen mehr, denn er hat die Strafe schon verhängt, es ist nur noch Sache der Polizei, den Thäter zu ergreifen, des Richters, die Strafe formell auszusprechen, und der Vollstreckungsbehörden, sie zu vollstrecken. Diesen letzteren Zustand wollen wir nicht mehr mit dem Worte „Strafandrohung" sondern mit dem Worte „Straffsicherheit" bezeichnen. Also ist z. B. für den Mörder nach der That die Hinrichtung nicht mehr „Strafandrohung", sondern „Straffsicherheit"[21]).

Betrachten wir nun die Strafandrohung bei einem Delikte, dessen Versuch für strafbar erklärt ist, im Stadium III gleich an

---

hat, wie es scheint, John in seinem Entwurf zu einem St.G.B. (1868) nicht genügend berücksichtigt, indem er S. 222 f. meint, daß wenn der Verbrecher durch die Strafandrohung sich vor Beginn der Ausführung nicht hätte abschrecken lassen, nach Beginn derselben noch weniger Hoffnung dafür vorhanden sei.

[18]) Im deutschen St.G.B. alle Übertretungen und 20 von den 49 Vergehen.

[19]) Im deutschen St.G.B. 29 unter den 49 Vergehen und sämtliche Verbrechen.

[20]) cf. auch die Zerlegung des Wortes „Strafe" in „Strafvollstreckung" und „Strafandrohung" oben S. 42 f.

[21]) Man könnte vielleicht jenen Unterschied in die Worte hineinlegen: „jemandem etwas androhen", „jemandem drohen mit", „jemanden bedrohen mit", dabei hat man aber den Sprachgebrauch nicht zur Seite und außerdem würde der Unterschied zu wenig hervortretend sein.

einem praktischen Beispiele. Der A begeht ein Verbrechen, dessen Vollendung mit 5 Jahren Zuchthaus, dessen Versuch mit 3 Jahren bestraft wird. Vor Beginn der Ausführung schreckt den Thäter eine Strafandrohung von 5 Jahren, mit Beginn der Ausführung geht ein Scheidungsprozeß in der Androhung vor sich, drei von den 5 Jahren gehen von Strafandrohung in Straffsicherheit über, erstere besteht also nur noch in dem Reste, in 2 Jahren. Im Stadium I und II ruft nämlich der Gesetzgeber dem Thäter zu, „5 Jahre, wenn du die That begehst, keine Strafe, wenn du sie unterläßt!" Im Stadium III dagegen (z. B. der Einbrechende ist schon ins Fenster gestiegen) ruft er ihm zu „5 Jahre, wenn du die That vollendest, 3 Jahre, wenn du abläßt!" seine Drohung besteht also nur noch in 2 Jahren[22]). Die Strafandrohung wirkt nun zwar im Stadium III im allgemeinen energischer als in den Stadien I und II, weil der Thäter, wie schon bemerkt, in einer größeren Aufregung zu sein pflegt; die schlechten Kräfte nehmen aber aus demselben Grunde oft ebenfalls zu. Da nun jedoch die gute Macht bei den Delikten mit strafbarem Versuch durch die Verminderung der Strafandrohung schon

[22]) Der größeren Klarheit wegen haben wir im obigen Beispiele zwei absolut bestimmte Strafen gewählt (5 und 3 Jahre); das Prinzip bleibt bei der Androhung von Strafrahmen dasselbe, es wird aber durch die Kompliziertheit der Rechnung sehr verdunkelt. So ist z. B. der Strafrahmen für Raub auf öffentlichem Wege 5—15 Jahre Zuchthaus (St.G.B. § 250 Nr. 3). Der Rahmen des Versuchs für dasselbe Delikt ist 1¼ Jahr bis 14 Jahre 11 Monate Zuchthaus (nach § 44 Abs. 3, § 14 Abs. 2 und 3, § 19 Abs. 2). Die Angabe der Differenz beider Rahmen macht Schwierigkeit. Ist der Thäter überzeugt, daß das mildeste Urteil gefällt werden wird, so gehen für ihn von den 5 Jahren der Strafandrohung 1¼ Jahr in Straffsicherheit über, glaubt er, daß ihn das härteste treffen wird, so geht fast die ganze Strafandrohung nämlich 14 Jahre 11 Monate in Straffsicherheit über. Vermutet er, daß das Urteil keine der beiden Grenzen berühren wird, so wird er nur das allgemeine Gefühl haben, daß mit dem Beginn der Ausführung ein Teil der Strafe verfallen ist und nur noch ein Rest der Androhung bleibt. Wie groß letzterer ist, kann er auch nicht einmal bei genauer Kenntnis des Gesetzes wissen, denn dieses sagt selbst nur: „das versuchte Verbrechen oder Vergehen ist milder zu bestrafen als das vollendete" (§ 44, 1). (Was die Differenz an der oberen Grenze anbetrifft, nämlich bei Zuchthaus 1 Monat, bei Gefängnis und Festung 1 Tag, so erscheint sie etwas gering und manche wollen sie deshalb vergrößert wissen, z. B. H. Meyer, Lehrb. § 43 not. 16, v. Buri G.-S. S. 191 u. a. Für die gute Macht wäre dies im Stadium III günstig, es würde dadurch die Kraft der Strafandrohung oder vielmehr des Restes derselben erhöht.)

geschwächt ist, so wird sie im allgemeinen wohl keinen Erfolg mehr haben, denn wenn den Thäter vor Beginn der That die ganze Strafandrohung nicht abgeschreckt hat, so wird ihn nach Beginn der That die Restandrohung auch wohl nicht mehr abhalten.[23]) Bei inkommensurablen Strafen pflegt jedoch die Differenz noch groß genug zu bleiben, z. B. wenn die Vollendung mit lebenslänglicher, der Versuch mit zeitlicher Freiheitsstrafe, oder wenn die Vollendung mit dem Tode, der Versuch mit einer beliebigen anderen Strafe bedroht ist.

Stadium IV. Noch ungünstiger ist die Lage der guten Kräfte im Stadium IV, besonders, wenn die angedrohte Strafe eine absolut bestimmte ist. Auch hier haben wir wieder zwei Arten von Delikten zu unterscheiden.

Wir betrachten zuerst die sogenannten Verletzungsdelikte, d. h. solche, zu deren Thatbestand der Eintritt eines Schadens verlangt wird. Wir haben dann beim Eintritt in das Stadium IV einen Zeitpunkt, in welchem die Handlung des Verbrechens vollendet, das Verbrechen selbst aber nur begonnen ist, z. B. der Mörder hat sein Opfer ins Wasser gestürzt und dasselbe kämpft noch mit den Wellen. (Wo mit Vollendung der Handlung zugleich die Folgen eintreten, fällt das Stadium IV natürlich fort, z. B. bei Tötung durch Erwürgen, cf. S. 51.) Die Lage ist hier dieselbe wie im Stadium III, denn treten die Folgen ein, so haben wir Vollendungsstrafe, treten sie nicht ein, Versuchsstrafe (falls der Versuch strafbar ist); es wirkt also wiederum nur dieselbe Strafandrohung wie im Stadium III, oder mit anderen Worten bei den

---

[23]) Oben S. 53 Amk. 17 wurde gesagt, daß nach Beginn der That die ganze Strafandrohung noch ziemlich bedeutende Aussicht auf Abschreckung habe. Eine ganze Strafandrohung wirkt nämlich im Verhältnis zu einer Restandrohung nicht nur um den absoluten Teil, um welchen sie größer ist, mehr, sondern sie ist ihr außerdem auch relativ noch bedeutend überlegen. Es wirkt z. B. die ganze Strafandrohung„ du erhälst 4 Jahre Zuchthaus, wenn du die That vollendest, keine Strafe, wenn du sie nicht vollendest" nicht nur doppelt so stark, wie die halb so große Restandrohung „du erhälst zu den 2 Jahren Zuchthaus noch 2 Jahre hinzu, wenn du die That vollendest", sondern weit stärker. Denn mit den 2 Jahren, die dem Thäter sicher sind, hat er schon die bürgerlichen Ehrenrechte, Achtung seiner Mitmenschen, eventuell Broderwerb, Aussicht auf Carriere usw. verloren, und deshalb hat der Zusatz von 2 Jahren relativ viel weniger Bedeutung, als seiner absoluten Größe nach zu erwarten wäre.

Verletzungsdelikten bleibt beim Beginn des sogenannten beendigten Versuches[24]) die Strafandrohung dieselbe. Das Stadium IV ist also sozusagen bloß eine Verlängerung des Stadiums III.

Ähnlich liegt die Sache bei solchen Delikten, bei denen mit der Handlung des Thäters zugleich das juristische Delikt vollendet ist, einerlei ob späterhin ein Schaden entsteht oder nicht. Setzt z. B. jemand vorsätzlich durch Beschädigung der Eisenbahnschienen einen Eisenbahntransport in Gefahr, so ist das Delikt zugleich mit dieser Beschädigungshandlung perfekt (wenigstens nach A. M. cf. Olshausen zu § 315, Nr. 13, 2) und die Strafandrohung erlischt, indem sie zur Straffsicherheit wird. Da nun aber keine Strafandrohung zur Verhinderung der Folgen wirken würde und der Thäter (abgesehen von der Strafzumessung innerhalb des Strafrahmens) ungestraft den Zug entgleisen lassen könnte, so pflegt der Eintritt der Beschädigung bei den Gefährdungsdelikten regelmäßig einen Qualifikationsgrund zu bilden. Nehmen wir z. B. an, die Strafe für das Gefährdungsdelikt sei mit 5 Jahren bedroht und der Eintritt einer schweren Körperverletzung bewirke eine Erhöhung auf 10 Jahre. Es würde dann bei Vollendung des einfachen Deliktes die Hälfte der ganzen Strafandrohung, nämlich 5 Jahre, in Straffsicherheit übergehen und nur den Rest als Kraft zur Verhinderung der Folgen übrig bleiben.[25])

Stadium V. Der Zeitraum zwischen dem Eintritt der Folgen und dem Eintritt der Unabänderlichkeit der Folgen, bietet bei vielen Delikten noch ein weites Feld für die Bekämpfung des

---

[24]) Man pflegt in der deutschen Strafrechtslitteratur das Stadium III den unbeendigten und das Stadium IV den beendigten Versuch zu nennen (cf. z. B. v. Liszt, Lehrbuch § 45, IV). Dieser Name ist jedoch unglücklich gewählt, denn der Versuch als „Anfang der Ausführung" (§ 46) ist in beiden Fällen ein beendigter, ein perfekter, man würde vielleicht richtiger sagen: „Versuch mit unbeendigter Handlung" und „Versuch mit beendigter Handlung".

[25]) Man kann auch das Gefährdungsdelikt und seine Qualifikation als Ein Ganzes auffassen und als Verletzungsdelikt betrachten. Alsdann würde aber der Unterschied bestehen, daß der conatus propinquus, Beginn der Ausführungshandlung, eine erste und der conatus proximus, Vollendung der Ausführungshandlung, als Perfektion des einfachen Deliktes, eine zweite Reduktion der Strafandrohung herbeiführt, während bei den gewöhnlichen Verletzungsdelikten nur der conatus propinquus (sc. falls der Versuch für strafbar erklärt ist) eine Reduktion der Strafandrohung zur Folge hat.

Deliktes und den Schutz des Verletzten, z. B. zur Wiedererlangung einer gestohlenen Sache, zur Befreiung aus widerrechtlicher Gefangenhaltung usw.

Mit Eintritt der Folgen geht bei dem größten Teile der Delikte die Strafandrohung in Straffsicherheit über und zwar nicht bloß zum Teil, sondern ganz. Ist z. B. die Körperverletzung, der Krieg, die Vermögensbeschädigung eingetreten, so ist der für das betreffende Verbrechen festgesetzte Strafrahmen dem Thäter sicher und die Vollstreckung hängt nur noch von seiner Ergreifung ab. Die Strafandrohung kann also nicht mehr wirken, weil sie nicht mehr existiert. Wie wirkt nun die Straffsicherheit? Ist die Bestrafung absolut sicher, d. h. ist der Thäter schon ergriffen, so wirkt sie überhaupt nicht mehr, wenigstens nicht mehr auf das Delikt (n), oder sie wirkt gar in schlechtem Sinne. Der Dieb sagt sich z. B.: „Gefängnis bekomme ich doch, nun will ich wenigstens auch den Vorteil meiner That haben und nicht verraten, wo das gestohlene Geld liegt.“ Es treibt also, abgesehen von der Kraft, welche in dem Strafrahmen, in den mildernden Umständen usw. liegt, nichts mehr dahin, das Delikt wieder gut zu machen. Noch schlimmer steht die Sache, wenn die Strafandrohung noch im allgemeinen Sinne eine „Drohung“ geblieben ist, nämlich: „wenn du gefaßt wirst, wirst du bestraft“, z. B. der A hat dem B Geld gestohlen und ist noch nicht entdeckt. Die Wirkung der früheren Strafandrohung ist hier in Gestalt der Straffsicherheit zu einer rein schädlichen Kraft geworden. Jetzt hindert sie nämlich den Thäter, die Folgen seiner That wieder gut zu machen, denn Vorteil hat er nicht von der Ausbesserung des Schadens, im Gegenteil, er setzt sich der Gefahr aus, entdeckt und bestraft zu werden. Es läßt sich zwar einwenden, er könne die That im geheimen wieder gut machen, aber auch dieses kann ihm nur Schaden bringen, z. B. bei Rücksendung durch die Post leitet der Poststempel die Verfolger auf seine Spur, wenn er das Geld seinem Seelsorger gibt, kann ihn jemand zu diesem hingehen sehen, oder er begeht irgend eine Unvorsichtigkeit oder irgend ein Zufall ist ihm ungünstig und verrät ihn. Diese schlechte Kraft hört erst auf mit der Verjährung der Strafverfolgung (bezw. der Strafvollstreckung).[26])

---

[26]) Über die Beseitigung bezw. Verringerung derselben cf. Strafmodifikationen im Stadium V S. 233 ff.

Nachstadium. Ist das Delikt bis zum Nachstadium gelangt, d. h. sind die Folgen eines Deliktes unabänderlich geworden, so kann es, abgesehen von der Hilfsausbesserung des Schadens durch ein Surrogat, überhaupt nicht mehr bekämpft werden und nur die ideellen Folgen oder „Nebenfolgen", wie wir sie nennen wollen, können noch gebessert oder beseitigt werden. Solche sind z. B. das beleidigte Rechtsgefühl des Volkes, das Rachegefühl des Verletzten usw., zum Teil Kräfte, welche, wenn der Staat sie nicht berücksichtigt, leicht zur Selbsthilfe treiben und dann ausarten können. Der Hauptwert der Behandlung, welche das Delikt (n) im Nachstadium erfährt, liegt aber in ihrer Wirkung auf die Delikte (n + 1) (n + 2) . . . Ein Teil derselben kann, wie wir oben sahen, durch die Vollstreckung der Strafe des Deliktes (n) verhindert werden, z. B. durch Hinrichtung; ferner können dadurch, daß das Delikt (n) vollständig aufgedeckt wird, leichter etwaige Lücken in der Gesetzgebung oder anderer staatlicher oder privater Einrichtungen ausgebessert oder sonstwie Verhütungsmaßregeln ergriffen werden. Schließlich wird auch durch die Entdeckung des Deliktes (n) die Hoffnung des Thäters des Deliktes (n + 1) auf Unentdecktbleiben verringert und dadurch die Wirksamkeit der Strafandrohung des Deliktes (n + 1) erhöht. In diesen Beziehungen kann die Straffsicherheit ebenfalls schädlich wirken. Angenommen, es hat jemand eine Lücke in irgend einem Steuergesetze entdeckt und diese zur Steuerdefraudation benutzt. Das vorliegende eine Delikt hat nun wenig Bedeutung im Verhältnis zu der Gefahr, daß später noch hundert oder tausend andere Personen die Lücke entdecken und den Staat um Hunderttausende schädigen, ohne daß derselbe die Defraudation entdeckt. Zeigt nun der Thäter des Deliktes (n) seine That an, so kann die Lücke ausgebessert werden und alle zukünftigen Delikte dieser Art sind damit verhindert. Fühlt ein solcher Thäter Reue und möchte sein Vergehen anzeigen, so tritt dieser guten Kraft, welche sich in ihm regt, die schlechte entgegen: „wenn du dich anzeigst wirst du bestraft."[27]) Besonders schwerwiegend ist dies, wenn bei der Mehrthäterschaft einer der Beteiligten Reue fühlt und mit dem

---

[27]) Nehmen wir ferner die ägyptische Erzählung von dem Schatzhause des Ramses. Hier kommt alles darauf an, Klarheit über den ganzen Diebstahl zu erhalten. Gelingt dies, so wird der geheime Gang zugemauert, gelingt es nicht, so kann der Dieb selbst noch großen Schaden anrichten, sowie auch andere, welche etwa den losen Stein in der Mauer noch entdecken.

Gedanken umgeht, die ganze That und sämtliche Mitschuldige dem Gerichte zu entdecken.

Einiges ist noch über die Delikte mit strafbaren Vorbereitungshandlungen zu sagen, da bei ihnen, wie wir oben sahen, das Stadium II in mehrere Unterstadien zerfällt.

Stadium IIa. Im Stadium IIa haben wir zwei Strafandrohungen; erstens, weil es zugleich ein Teil vom Stadium II ist, die diesem letzteren eigentümliche, sagen wir z. B. von 12 Jahren, und zweitens die spezielle für das Vordelikt, sagen wir von vier Jahren. Beide sind jedoch nicht kumulativ, sondern alternativ, denn 12 + 4 Jahre werden nicht angedroht.

Stadium IIb. Ist der Versuch des Vordeliktes strafbar,[28]) so geht die Hälfte seiner Strafandrohung in Straffsicherheit über — wir nehmen wieder für den Versuch die Hälfte — und es bleiben nur noch 2 Jahre. Zugleich wird aber auch die Androhung des Hauptdeliktes betroffen, denn von ihr müssen die zur Straffsicherheit gewordenen 2 Jahre ebenfalls abgerechnet werden; formell lautet sie zwar noch auf 12 Jahre, materiell heißt es jedoch: „zwei Jahre erhältst du jetzt auf jeden Fall, wenn du aber das Hauptdelikt begehst, bekommst du noch zehn Jahre dazu". Ist der Versuch nicht strafbar, so bleiben beide Strafandrohungen unverändert; es bildet dann das Stadium IIb nur eine Verlängerung des Stadiums IIa.

Stadium IIc. Mit Vollendung des Vordeliktes geht dessen ganze Strafandrohung in Straffsicherheit über, zugleich aber muß dann diese Sicherheit auch von der Strafandrohung für das Hauptdelikt abgerechnet werden, letzteres ist also nur noch mit 12 — 4 = 8 Jahren bedroht. Ist der Versuch des Hauptdeliktes aber strafbar, so erlischt im Stadium III die Straffsicherheit des Vordeliktes und an dessen Stelle tritt die Straffsicherheit des Versuchs zum Hauptdelikt. In unserem Falle würde also die Straffsicherheit von 4 Jahren erlöschen und eine neue von $\frac{12}{2} = 6$ Jahren an ihre Stelle treten.[29])

---

[28]) In Bezug auf das deutsche St.R. herrscht bekanntlich Streit hierüber, cf. Olshausen § 83 Nr. 2.

[29]) Es können auch mehrere Vorbereitungshandlungen für strafbar erklärt und dadurch mehrere Unterstadien eingeschoben werden. Ein gutes Beispiel liefert hierfür das deutsche Sp.G. Hat jemand die Absicht, eine Tötung durch

Kapitel III.

Modifikationen der Strafandrohung.

Wir haben nun die Strafandrohung (bezw. Straffsicherheit) nebst ihren Wirkungen durch sämtliche Stadien des Verbrechens hindurch verfolgt, und haben gefunden, daß sie bald ganz, bald nur mit einem Teile ihrer Kraft, bald überhaupt nicht, und bald sogar als schlechte Kraft wirkt. Es giebt nun verschiedene Mittel, um die Wirkungen derselben, wo sie im guten Sinne thätig ist, zu erhöhen, wo sie im schlechten Sinne thätig ist, zu verringern oder gar zu beseitigen. Solche Mittel sind z. B. der gänzliche Erlaß der Strafe, besonders in Form der thätigen Reue und des freiwilligen Rücktritts; ferner alle Abstufungen, als mildernde Umstände, erschwerende Umstände, Strafrahmen usw. kurz die verschiedenen Modifikationen der Strafe.

§ 1. Die Formen der Modifikationen.

Diese Strafabstufungen treten uns (außerdem abgesehen von besonderen indirekten Modifikationen) in verschiedenen Formen entgegen. Je nach der Größe derjenigen Strafe, welche man als Normalstrafe annimmt, kann man die Abstufungen bald als Erhöhung, bald als Milderung betrachten und benennen[1]). Denken

Dynamit zu vollführen, so kann er in dem Stadium II dieses beabsichtigten Deliktes folgende Vordelikte begehen. Erstens, er erfährt, daß ein anderer „Sprengstoffe .... in seinem Besitz hat, in der Absicht .... andere Personen zur Begehung dieses Verbrechens (sc. Gefahr für Leib und Leben herbeizuführen) in Stand zu setzen" (§ 7 Sp.G.) und unterläßt die Anzeige (Strafe aus § 1, 3 Sp.G. Gefängnis von 1—5 Jahren); zweitens, er schafft sich diesen Sprengstoff in der angegebenen Absicht an (§ 7 Sp.G. Zuchthaus von 1—10 Jahren); drittens, er verabredet die Ausführung der Tötung mit anderen (§ 6 Zuchthaus von 5—15 Jahren); viertens, er führt Gefahr für das Eigentum .... herbei (§ 5 im Verein mit § 6 Zuchthaus 5—15 Jahren, nicht 1—15 Jahren wegen des Wörtchens „auch", cf. unten); als fünftes Delikt würde dann im Stadium III das Hauptdelikt, die Tötung, beginnen. Wir haben also neun Unterstadien, IIa bis IIi. (Erkennt man bei den drei letzten Vordelikten einen strafbaren Versuch an, so hat jedes Unterstadium mit Ausnahme von IIb seine besondere Strafandrohung. Ziehen wir noch das Stadium III mit in Betracht, so kann die Strafandrohung des Hauptdeliktes, ehe sie zur Straffsicherheit wird, einen neunfachen Wechsel erleiden.)

[1]) Auf die feineren Unterschiede in der Benennung (und die an sie geknüpften Folgen) als Strafausschließung, Strafaufhebung, Minderung, Milderung, Erhöhung, Verschärfung usw. kommt es hier nicht an.

wir uns z. B. drei Strafen für Tötung eines Menschen, um nach dem deutschen St.G.B. zu gehen, folgende: Gefängnis bis zu 3 Jahren (fahrlässige Tötung § 222), Zuchthaus von 5—15 Jahren (Totschlag § 212) und Todesstrafe (Mord § 211). Wollen wir das gegenseitige Verhältnis der drei Strafen bezeichnen, so können wir jede von ihnen herausgreifen und von ihr aus die beiden anderen betrachten[2]). Wählt man die Gefängnisstrafe als Standpunkt, so erscheinen die beiden anderen als Erhöhungen, wählt man die Todesstrafe, so sind die beiden anderen Milderungen, wählt man die Zuchthausstrafe, so muß man die eine als Erhöhung, die andere als Milderung betrachten. Diese Benennungen sind aber nur formeller Natur, für die kriminalpolitischen Wirkungen sind sie ohne oder nur von äußerst geringem Einfluß. So z. B. ist es ziemlich gleichgültig, ob das Gesetz sagt: „Wer einen Menschen in Sklaverei bringt, wird mit zehn Jahren Zuchthaus bestraft und, wenn der Verletzte nicht mehr zurückgebracht werden kann, mit 15 Jahren" (Straferhöhung), oder ob es sagt: „wer einen Menschen in Sklaverei bringt, wird mit 15 Jahren Zuchthaus bestraft, aber wenn der Verletzte wieder zurückgebracht wird, nur mit 10 Jahren" (Strafmilderung). Ebenso verhält es sich mit dem Straferlaß. Z. B. dasselbe Resultat, welches das Institut der thätigen Reue liefert, kann in verschiedenen Formen erscheinen erstens: „wenn du die Vollendung nicht hinderst, trifft dich die ganze Strafe, bis jetzt bist du straffrei" (so im deutschen St.G.B. bei allen Übertretungen und denjenigen Vergehen, deren Versuch nicht strafbar ist), zweitens: „ein Teil der Strafe ist schon verfallen, wenn du die Vollendung nicht hinderst, erhälst du noch den Rest dazu, verhinderst du sie aber, so erhälst du den Rest nicht und außerdem wird dir der schon verfallene Teil erlassen" (so im deutschen St.G.B. bei allen Verbrechen und denjenigen Vergehen, deren Versuch strafbar ist), drittens: „die ganze Strafe ist verfallen, wenn du aber die Vollendung hinderst, so wird sie dir erlassen" (so im deutschen St.G.B. z. B. beim Königsmorde § 80, falls man für diesen thätigen Reue anerkennt, bei Brandstiftung § 310 usw.). In allen drei Fällen steht der Thäter vor der Thatsache: „wenn du die Vollendung hinderst, bist du straffrei, wenn du sie nicht

---

[2]) Steht man unten an einer Felswand, so spricht man von der „Höhe" derselben, steht man oben, von ihrer „Tiefe" (der Lateiner abstrahiert von dem eingenommenen Standpunkte und gebraucht in beiden Fällen das Wort „altus").

hinderst, wird die ganze Strafe verwirkt". Welche Formen vorliegen, ist also ziemlich gleichgültig, das Entscheidende ist immer die Differenz der beiden Lagen, in welche der Thäter versetzt wird, wenn er dem Befehle bezw. Verbote des Gesetzgebers folgt, und wenn er ihm nicht folgt.

§ 2. Die Modifikationen in den verschiedenen Stadien des Deliktes.

Wir wollen bei der Betrachtung der Wirkungen der einzelnen Strafmodifikationen wieder den einzelnen Stadien des Deliktes folgen.

Stadium I und II. In den beiden ersten Stadien des Deliktes, also vom Aufsteigen des Entschlusses bis zum Beginn der Ausführung lassen die Gesetze keine Modifikationen der Strafandrohung eintreten, weil hier die Androhung immer voll und im guten Sinne wirkt.

Neben dieser guten Kraft machen sich aber oft schon Vorauswirkungen von Modifikationen bemerkbar, welche an und für sich erst in späteren Stadien eintreten. So wird z. B. die Verheißung des Straferlasses bei Rückgabe der gestohlenen Sache erst existent im Stadium V, nämlich die Norm „du sollst die gestohlene Sache zurückerstatten" kann nicht eher gegeben werden, als bis die Sache gestohlen ist. Trotzdem kann diese später eintretende Verheißung bis ins Stadium I und II hineinwirken und zwar wirkt sie dann als schlechte Kraft. Z. B. ist es leicht möglich, daß ein Dieb, welcher ohne jene Modifikation des Stadiums V den Diebstahl nicht begehen würde, denselben doch beschließt bezw. den Entschluß festhält und ausführt, weil er sich sagt: „nimm nur erst die Kassette, wenn sie leer ist oder man zu sehr auf deine Spur kommt, wirst du sie ja wohl noch rechtzeitig zurückgeben können". Die schlechte Kraft der Vorauswirkung besteht hier also in der Erhöhung der Hoffnung auf Straflosigkeit und somit in der Verringerung der Kraft der Strafandrohung. Diese „Vorauswirkungen" sollen aber erst in denjenigen Stadien betrachtet werden, wo die Modifikationen, von denen sie ausgehen, selbst eintreten. Im Verhältnis zu diesen erscheinen sie nämlich doch nur als Reflexwirkungen, wenn sie dieselben an kriminalpolitischer Bedeutung auch oft übertreffen.

Stadium III und IV. Wir sahen, daß in diesen Stadien die Strafandrohung eine Verringerung erfährt, indem ein Teil derselben in Straffsicherheit übergeht, nämlich bei Verletzungsdelikten mit strafbarem Versuch schon im Stadium III, bei den Gefährdungsdelikten mit strafbarem Versuch ebenfalls schon im Stadium III und dann noch einmal in Stadium IV, bei Gefährdungsdelikten ohne strafbaren Versuch erst in Stadium IV.

Wir wollen das Mittel, wodurch die Strafandrohung wieder in ihrer vollen Größe hergestellt wird, nun näher betrachten, und zwar zuerst im deutschen St.G.B. und M.G.

Dieses Mittel besteht darin, daß man die Straffsicherheit durch Straferlaß wieder beseitigt (bezw. durch Strafmilderung verringert). Im Stadium III, zwischen Beginn und Vollendung der Handlung, nennt man jenes Institut „freiwilligen Rücktritt". Derselbe findet sich im St.G.B. § 46, 1 [3]) und wird auf Verbrechen und Vergehen des M.G. übertragen durch M.G. § 2. Im Stadium IV, also bei dem sogenannten beendigten Versuch, wird jenes Instistut „thätige Reue" genannt, St.G.B. § 46, 2 [4]), und ist ebenfalls übertragen auf das M.G. durch den oben erwähnten § 2 desselben.

Außerdem findet sich die thätige Reue noch in folgenden Fällen: § 163 beim fahrlässigen Falscheide, § 204 bei der Herausforderung zum Zweikampfe und § 310 bei der Brandstiftung; M.G. § 61 beim Vorhaben eines Kriegsverrates und § 105 bei Meuterei. Die Klassifizierung dieser Fälle macht einige Schwierigkeiten, da die betreffenden Delikte teils Vorbereitungshandlungen, teils Gefährdungs-, teils Verletzungsdelikte sind. Sie haben aber alle das Gemeinsame, daß die Lockung des Thäters vor der Beendigung des Stadiums IV liegt, daß also mit dem Eintritt der eigentlichen Folgen des Deliktes die thätige Reue nicht mehr anerkannt wird (mit dem Brennen des Hauses bei Brandstiftung, mit dem Beginn des Duells bei der Herausforderung usw.).

Welches sind die psychologischen Wirkungen dieser Institute? Nehmen wir wieder, um die komplizierte Rechnung mit Strafrahmen zu vermeiden, feste Strafen, z. B. 5 Jahre Zuchthaus für das

[3]) „Der Versuch als solcher bleibt straflos, wenn der Thäter 1) die Ausführung der beabsichtigten Handlung aufgegeben hat, ohne daß er an dieser Ausführung durch Umstände gehindert worden ist, welche von seinem Willen unabhängig waren."

[4]) „Der Versuch als solcher bleibt straflos, wenn der Thäter ... 2) zu einer Zeit, zu welcher die Handlung noch nicht entdeckt war, den Eintritt des zur Vollendung des Verbrechens oder Vergehens gehörigen Erfolges durch eigene Thätigkeit abgewendet hat".

Hauptdelikt, 4 Jahre für den Versuch. In den vorhergehenden Stadien (I und II) war die Drohung 5 Jahre, im jetzigen (III. bezw. IV.) sind 4 Jahre zur Strafsicherheit geworden, es wirkt also nur noch 1 Jahr. Da nun die beiden Mächte, wie oben nachgewiesen, fortwährenden Änderungen unterworfen sind, so kann es kommen, daß in dem Stadium mit reduzierter Strafandrohung die gute Macht plötzlich steigt im Verhältnis zur schlechten, z. B. dadurch, daß eine der guten Kräfte wächst oder eine der schlechten abnimmt. Wäre die Strafandrohung noch die volle, so würde der Thäter jetzt vielleicht vom Delikt ablassen, so aber sagt er sich: „vier Jahre sind mir sicher, auf ein Jahr mehr oder weniger kommt es mir auch nicht an, denn Carriere, Broderwerb, Achtung der Mitmenschen usw. ist mit den vier Jahren doch schon verloren.“ Dadurch aber, daß ihm für den Fall des freiwilligen Rücktritts oder der thätigen Reue Straflosigkeit verheißen wird, wird die alte Strafandrohung wieder in voller Kraft hergestellt.

Man könnte nun meinen, daß es auf dasselbe herauskomme, wenn man ein Delikt nur bei seiner Vollendung straft wie die Übertretungen, oder wenn man den Versuch bestraft, aber für thätige Reue Straferlaß verheißt wie bei den Verbrechen. Bei näherer Betrachtung zeigt sich jedoch folgendes. Beide Konstruktionen sind darin einander gleich, daß die Strafandrohung bis zum Schluß des Stadiums III bezw. IV in ihrer ganzen Größe wirkt. Im Übrigen steht aber die erste Gattung der Delikte schlechter. Bei ihnen schreckt nämlich den Thäter nichts von dem Beginn der Ausführung ab, da er sich mit Sicherheit Straflosigkeit bis zur Vollendung des Deliktes bezw. bis zum Eintritt der Folgen bereiten kann. Bei den Delikten mit strafbarem Versuch bildet aber der Beginn der Ausführung eine markierte Scheidelinie, denn sobald der Thäter soweit vorgeschritten ist, muß er sich sagen, daß er vielleicht nicht mehr Straflosigkeit erringen kann wegen der verschiedenen Bedingungen, an welche der Erlaß der Strafe geknüpft ist.[5])

---

[5]) Diese Wirkung scheint v. Buri G.S. XXVIII S. 187 nicht zu beachten oder für zu gering anzusehen; denn er sagt, es sei „nicht einzusehen, warum der strafbefreiende Rücktritt gerade ein freiwilliger gewesen sein muß, und nicht vielmehr jeder mißlungene Versuch als für das Strafrecht ohne Interesse straflos sein soll, zumal da auf Reue nicht reflektiert wird.“

Was die Teilnehmer anbetrifft, so ist die Wirkung auf dieselben folgende.[6])

Der Mitthäter kann, wie allgemein anerkannt wird, dadurch sich Straflosigkeit erwerben, daß er bei seiner Handlung freiwilligen Rücktritt oder thätige Reue übt;[7]) er steht also gerade so wie der Alleinthäter.

Beim Anstifter ist die Sache verwickelter und auch nicht ohne Meinungsverschiedenheit.[8]) Wir haben bei der Anstiftung zwei Handlungen und zwei Erfolge zu unterscheiden: die Handlung des Anstifters (Handlung a), den Erfolg dieser Handlung (Erfolg α), nämlich die Entschließung des Angestifteten zum Verbrechen, die Handlung des Angestifteten (Handlung b) und den Erfolg dieser Handlung (Erfolg β). Der A redet z. B. auf den B ein (Handlung a), er solle den C ermorden; B entschließt sich dazu (Erfolg α), er begeht die Tötungshandlung (Handlung b), der Tod tritt ein (Erfolg β). Der Anstifter kann nun erstens von seiner Handlung (Handlung a) freiwillig zurücktreten, indem er vom Überreden absteht; zweitens kann er, wenn diese Handlung schon beendet ist, den Eintritt des Erfolges (α) abwenden, indem er sein Anraten widerruft, ehe der B den Entschluß zum Morde gefaßt hat; drittens, kann er, wenn der Erfolg (α) schon eingetreten ist, diesen wieder vernichten, indem er dem Angestifteten das Verbrechen wieder ausredet. Zu diesen drei Thätigkeiten treibt ihn aber nicht die Verheißung der Straflosigkeit, sondern die Strafandrohung, denn nach gemeiner Meinung (cf. Olshausen § 48 Nr. 2) ist der Anstifter bis zu einem strafbaren Versuch des Thäters (Beginn der Handlung b, bezw. Eintritt des Erfolges β)

---

[6]) Die Frage, ob der Rücktritt und die thätige Reue des Thäters, auch die Teilnehmer, also die That als solche straflos macht (die in Betreff von § 46 fast allgemein bejaht, bei den drei übrigen Fällen aber vielfach bestritten wird, cf. Olshausen zu diesen Paragraphen) berührt uns nicht, weil hier keine Kraft in der Seele des Thäters erzeugt wird; denn der Zweck, die Teilnehmer straflos zu machen, wird nur einen sehr geringen Druck auf den Thäter ausüben im Verhältnis zur Erringung seiner eigenen Straflosigkeit. Mehr Wichtigkeit für uns hat die Frage, ob und auf welche Weise sich die Teilnehmer durch eigenen freiwilligen Rücktritt und thätige Reue straflos machen können.

[7]) Olshausen § 47 Nr. 27, Hälschner, I, S. 435.

[8]) Größere Klarheit über diesen Punkt gaben manche der früheren deutschen Partikulargesetzgebungen, z. B. das baden. St.G.B. § 123 und das königl. sächs. St.G.B. Art. 64.

noch nicht strafbar geworden, also kann vom freiwilligen Rücktritt und thätiger Reue noch keine Rede sein.[9])

Wie steht es mit dem freiwilligen Rücktritt und der thätigen Reue des Anstifters, wenn das Delikt, zu welchem er angestiftet hat, sich schon im Stadium III oder IV befindet und der Versuch desselben mit Strafe bedroht ist, z. B. er hindert den Angestifteten, den Thäter, gegen oder ohne dessen Willen an der Beendigung von dessen Handlung (der Handlung b) oder (wenn diese schon beendet) er wendet den Erfolg derselben (Erfolg β) ab? Wir wollen ein praktisches Beispiel nehmen. A überredet den B eine Schleuse zu schließen und dadurch eine Überschwemmung herbeizuführen, B thut dieses und beide trennen sich. Nach einiger Zeit ergreift den A Reue, er kehrt, ohne den B zu benachrichtigen, um, und schließt die Schleuse wieder, ehe die Überschwemmung eingetreten ist. Im ersten Augenblick hat man das Gefühl, daß Straflosigkeit für ihn, den A, eintreten müsse. Das Gesetz gibt dieses aber nicht zu. Den Thäter B bestraft es, weil die Überschwemmung nicht durch dessen Thätigkeit abgewendet ist (§ 46). Nach § 48 muß dann aber auch der A bestraft werden, weil er den B „zu der von demselben begangenen strafbaren Handlung ...... bestimmt hat". Bei genauerer Betrachtung findet man nun wohl auch, daß sowohl dem Gerechtigkeitsgefühl nicht widersprochen wird, als auch die §§ 48 und 46 in Einklang stehen; nämlich die Überschwemmung (Erfolg β) hat der Anstifter zwar abgewendet, im übrigen sind aber die Folgen seiner Handlungen (a) geblieben. Diese sind erstens: ein Übel, welches in der Handlungsweise des A seinen Ursprung hat, nämlich das, daß die Gegend einmal in Gefahr geschwebt hat (womöglich noch nachträgliche Panik unter der Bevölkerung usw.); zweitens: zwei Übel, welche zwar vom Staate ausgehen, aber so lange die einmal bestehenden Gesetze nicht geändert sind, ebenfalls durch die Handlung (a) des Anstifters hervorgerufen werden, nämlich die Thatsachen, daß der B ins Gefängnis oder Zuchthaus wandert, und der Staat die Kosten und Mühen dieser Vollstreckung tragen muß[10]).

[9]) Der Anstifter befindet sich hier in derselben Lage, in welcher sich der Thäter im Stadium II und III bei einem Delikte befindet, dessen Versuch nicht für strafbar erklärt ist.

[10]) Die Ansicht, den Thäter zu bestrafen und den Anstifter straflos zu lassen, wie sie z. B. v. Schwarze, Lehrbuch, S. 160, 194, v. Liszt, Lehrbuch, § 47 N 2, § 51 V 3 u. a. vertreten, dürfte demnach sowohl ungerecht wie unrichtig erscheinen.

Die kriminalpolitische Bedeutung des § 46 wird hierdurch zwar verringert, aber nicht vernichtet, denn den Anstifter treibt noch der Gesichtspunkt zur Abwendung des Erfolges (β), der Überschwemmung, daß er (nicht nur für den Thäter, sondern auch für sich selbst) die Vollendungsstrafe in eine Versuchsstrafe verwandelt. Übrigens kann der Anstifter auch in III und IV noch gänzlich frei werden durch thätige Reue, nämlich dann, wenn er die Wirkung seiner Handlung (a) in der Weise rückgängig macht, daß er den B zum freiwilligen Rücktritt oder zur thätigen Reue bringt; in diesem Falle ist „der Versuch als solcher" straflos und infolgedessen werden Thäter und Anstifter frei. Ist ihm das aber nicht mehr möglich, so kann er eben nicht mehr alle Folgen seiner Handlung abwenden, er befindet sich dann in einer ähnlichen Lage, wie z. B. der Mörder nach dem Tode des Opfers: das Unglück ist nicht mehr zu ändern.

Auch bei der Beihilfe sind zwei Handlungen und zwei Erfolge zu unterscheiden: die Handlung des Gehilfen (Handlung a), deren Erfolg (Erfolg α), die Handlung des Thäters (Handlung b) und deren Erfolg (Erfolg β). Vor Beendigung seiner eigenen Handlung, Handlung a, und vor dem Eintritt des Erfolges derselben, des Erfolges β, treibt den Gehilfen wiederum nicht die Verheißung der Straflosigkeit, sondern die direkte Strafdrohung zur Umkehr; es ist dies die analoge Lage, wie wir sie oben beim Anstifter sahen. Im Stadium III und IV kann er, falls die Sachlage nicht derart ist, daß der Gehilfe den Erfolg seiner Handlung (Erfolg α) noch abwenden kann, ebenfalls nur dadurch Straflosigkeit erringen, daß er den Thäter zum freiwilligen Rücktritt oder zur thätigen Reue bewegt. Im übrigen kann er durch direkte Verhinderung des Erfolges (β) nur dessen Strafe in die Versuchsstrafe verwandeln und dadurch auch seine eigene Strafe mildern (indem diese nach §§ 44 und 49, 2 noch einmal, allerdings nur sehr schwach, reduziert wird).

Die Bestrafung des Versuchs mit untauglichen Mitteln oder am untauglichen Objekte würde nur insofern für die Kriminalpolitik von Wichtigkeit sein, als eventuell durch seine Bestrafung die Wiederholung des Deliktes (n), also das Delikt (n + 1) verhindert werden könnte[11]).

---

[11]) Interessant wäre der Fall der thätigen Reue allerdings bei einem solchen Versuche; z. B. A gibt dem B ein Pulver ein, um ihn zu vergiften; nach kurzer

Wir wenden uns nun denjenigen Delikten zu, welche formell zwar als Delikte erscheinen, materiell aber nur als Vorstufen eines Deliktes zu betrachten sind. Z. B. bestraft § 146 mit Zuchthaus „wer inländisches oder ausländisches .... Geld nachmacht, um dieses nachgemachte Geld als echtes zu gebrauchen oder sonst in Verkehr zu bringen ......"; der Schwerpunkt liegt offenbar in dem Kursieren des nachgemachten Geldes, das Nachmachen ist gleichgültig, und wird z. B., wenn es zu Schmuckgegenständen, Aprilscherzen usw. geschieht, nicht bestraft. Es ist überhaupt sehr häufig, daß das St.G.B. irgend eine mehr oder weniger gleichgültige Handlung zum Mittelpunkt des verbrecherischen Thatbestandes macht und den eigentlichen Kern des Deliktes in einen Satz mit „um zu", „um dadurch", „in der Absicht" bringt. Ferner gehören hierher die strafbaren Vorbereitungshandlungen sowie das „Unternehmen". Bei allen diesen Delikten ist streitig (cf. Olshausen, § 46, Nr. 5), ob § 46 auf sie Anwendung findet, ob also z. B. der Münzverbrecher straflos wird, wenn er das falsche Geld zwar angefertigt hat, um es als echtes in Gebrauch zu bringen, diesen Gebrauch aber freiwillig, und ohne daß die Anfertigung entdeckt wäre, unterläßt.[12]) Vom kriminalpolitischen Standpunkte aus ist folgender Gesichtspunkt der maßgebende. Ist die Wirkung des § 46 eine schlechte, dann ist die Nichtanwendung desselben bei den oben genannten Delikten (aber auch bei allen übrigen) wünschenswert. Ist sie aber gut, so sollte man sie auch auf diejenigen Delikte ausdehnen, welche absichtlich oder zufällig eine andere Konstruktion des Thatbestandes erhalten haben, als diejenigen, für welche § 46 unbestrittene Gültigkeit hat. Wenn z. B. beim Mordversuch auf einen gewöhnlichen Sterblichen dem Mörder vom Gesetzgeber zugerufen wird: „wenn du abstehst oder den tötlichen Erfolg verhinderst, so will ich die Strafe erlassen", warum soll dieses letzte Schutzmittel nicht auch beim Mordversuch auf ein gekröntes Haupt gegeben werden?

Zeit bereut er die That, und als er ein Gegengift geben will, merkt er, daß er dem B statt des Giftes ein unschuldiges Pulver beigebracht hat. Wie ist ihm nun zu helfen? Er darf doch nicht schlechter stehen als jemand in derselben Lage, welcher wirkliches Gift gegeben hat, und dem deshalb noch die Ausübung der thätigen Reue möglich ist!

[12]) Nicht zu verwechseln mit der Frage, ob die oben angegebenen Delikte materiell und logisch einen Versuch darstellen, ist die Frage, ob es einen gesetzlich-technischen Versuch zu ihnen gibt.

So haben wir nun die Straflosigkeit durch den freiwilligen Rücktritt und die thätige Reue im deutschen St.G.B. und M.G. verfolgt. Es gibt nun noch einige Paragraphen, wo jene Institute nur Strafmilderung bewirken, nämlich St.G.B. § 158, M.G. § 75 und § 109. Die psychologische Wirkung derselben ist gerade so wie die oben geschilderte, nur in abgeschwächtem Maße. Denn da keine Straflosigkeit sondern nur Strafermäßigung verheißen wird, so wird im Stadium III und IV nicht die ganze Strafandrohung, sondern nur ein Teil derselben wiederhergestellt.

Die Vorauswirkungen dieser beiden Institute auf die ihnen vorhergehenden Stadien, also die vom freiwilligen Rücktritt auf Stadium I und II, die von der thätigen Reue auf Stadium I, II und III sind schlechte, denn sie vergrößern das Hemmnis, welches der Strafandrohung bezüglich ihrer vollen Wirkung anhaftet, nämlich die Hoffnung auf Straflosigkeit. Z. B. wird mancher die Ausführung des Deliktes beginnen und vollenden mit dem Nebengedanken, daß es vorläufig noch niemand merken werde und er sich bis zum Eintritt der Folgen noch immer besinnen und bei Änderung seines Entschlusses diese verhindern könne.

Zum Schluß mag noch eine sehr geschickte Kombinierung von thätiger Reue und Straferhöhung aus dem preuß. Gesetz über das Mobiliar-Feuer-Versicherungswesen vom 8. Mai 1837 erwähnt werden:

> § 20. „Wer Mobiliar-Vermögensgegenstände gegen Feuersgefahr wissentlich zu einem höheren als dem gemeinen Wert versichert, hat, außer der Zurückführung der Versicherungssumme auf diesen Wert (§ 4) eine dem Betrage der Überschreitung gleichkommende Geldbuße verwirkt, welche, wenn die Entdeckung der Überversicherung erst nach eingetretenem Brande geschehen, verdoppelt wird. . ."
>
> § 22. „Wird von dem Versicherten die erfolgte Überschreitung entweder noch vor dem eingetretenen Brande oder wenigstens vor dem erhobenen Anspruche auf die Vergütung freiwillig angezeigt, so findet nur eine Geldbuße bis zu zehn Thalern statt."

Nehmen wir an, es habe jemand den Wert des versicherten Gegenstandes um 1000 Thaler zu hoch angegeben. Es wirken dann in der Zeit zwischen Überversicherung und Entstehung des Brandes[13]) folgende zwei guten Kräfte in der Seele des Thäters: erstens als Drohmittel (außer der regulären Strafe von 1000 Thalern) die Erhöhung der Strafe auf das Doppelte, also um 1000 Thaler, zweitens als Lockmittel die Verheißung eines (teilweisen) Straferlasses, nämlich von 990 Thalern.[14]) Im Ganzen wirkt also ein Druck von 1990 Thalern.[15])

Was den legislatorischen Gesichtspunkt der Institute des freiwilligen Rücktritts und der thätigen Reue anbetrifft, so herrscht Streit in der Litteratur, besonders über das der thätigen Reue. Manche nennen letzteres ein kriminalpolitisch glücklich gewähltes Institut, andere dagegen halten es für unberechtigt und verlangen seine Abschaffung. Zu den letzteren gehört z. B. Meves,[17]) indem er sagt: „Fassen wir unsere Erwägungen zusammen, so gelangen wir zu dem Resultate, daß die Vorschriften der §§ 46, 2 und 310 St.G.B. eines Rechtsgrundes entbehren, und daß die Kriminalpolitik zu ihrer Rechtfertigung kein genügendes Material beibringt, und daß der letzteren der Vorwurf einer Willkür nicht erspart werden kann." Näher auf diesen Streit einzugehen, würde uns zu weit führen, wir wollen uns deshalb mit der rein konstatierenden Betrachtung der guten und schlechten Kräfte jener Rechtsinstitute begnügen.

---

[13]) Wird die Überversicherung als Vorbereitungshandlung gefaßt, so haben wir Stadium II c, cf. S. 52.

[14]) Diese Summe 1000 Thaler — 10 Thaler ist derjenige Teil der Strafsicherheit, welcher durch die Einführung der thätigen Reue wieder zur Strafdrohung wird, durch die Überversicherung ist nämlich die ganze Summe von 1000 Thalern zur Straffsicherheit geworden und 990 Thaler davon werden wieder zurückverwandelt in Strafandrohung.

[15]) Nach dem Eintreten des Brandes bleibt (bis zur Erhebung des Anspruches*) zwar der Druck von 1990 Thalern derselbe, die Form ändert sich aber. Die Androhung der (Strafe und) Straferhöhung verschwindet nämlich, indem sie in Straffsicherheit übergeht, durch die Anerkennung der thätigen Reue taucht aber ihre Kraft in Form eines Lockmittels wieder auf, sodaß jetzt im Ganzen ein Straferlaß von 1990 Thalern statt von 990 Thalern verheißen wird.

*) Ebenfalls noch Stadium II c.

[17]) G.S. XXIV S. 170.

Wir wenden unsere Blicke nun der Gesetzgebung der Vergangenheit und des Auslandes zu.

Zunächst finden wir hier die oben citierten Paragraphen des deutschen St.R. wieder, bald mit mehr, bald mit weniger Abweichungen.[18])

Manche Gesetze haben das Institut der thätigen Reue sehr vernachlässigt, so fehlt z. B. beim Meineide eine unseren §§ 158, 163 analoge Bestimmung im St.G.B. von New-York[19]), ebenso im niederländ. St.G.B.[20]) und im bair. St.G.B.[21]) Im Gegensatz zum deutschen M.G. § 75 verzichten folgende Pandektenstellen auf die Wiederkehr eines Fahnenflüchtlings insofern, als sie ihn durch direktes Verneinen der Straflosigkeit oder Strafmilderung von der freiwilligen Rückkehr abschrecken. l. 3 § 6 D. 48, 8 und l. 3 § 10 D. 49, 16.

Andere Gesetze dagegen haben freiwilligen Rücktritt und thätige Reue auch auf weitere Delikte ausgedehnt, so verheißt z. B. das italien. St.G.B. Art. 262 bei Faschmünzerei oder Inumlaufsetzen falschen Geldes volle Straflosigkeit, bei „Brandstiftung, Überschwemmung, Sinkenlassen von Schiffen und anderen gemeingefährlichen Verbrechen" und bei „Verbrechen gegen die Sicherheit der Beförderungs- und Verkehrsmittel" (Art. 330) eine Strafmilderung. Ferner gewährt es eine Herabsetzung der Strafe bei falscher Anschuldigung, wenn die Vorspiegelung widerrufen oder geoffenbart

---

[18]) Z. B. entspricht dem § 46 ungefähr der § 76 des ungar. St.G.B., ferner aus dem russ. St.G.B. Art. 113 usw. Den §§ 158, 163 ist analog ungar. St.G.B. § 225. Das italien. St.G.B. Art. 216 gibt verschiedene Abstufungen je nach dem Stadium, in welchem sich der Prozeß zur Zeit des Widerrufes schon befindet. In betreff der früheren deutschen Strafgesetzbücher, cf. Stenglein im Sachregister unter „Widerruf beim Meineid". Der § 204 des deutschen St.G.B. oder richtiger § 46 in Anwendung auf den Zweikampf (§ 205) ist in Rußland insofern ausgedehnt, als freiwilliger Rücktritt berücksichtigt wird bis zum Blutvergießen Art. 1506. Dem § 310 des deutschen St.G.B. entsprechen ungefähr A.L.R. II tit. 20 Art. 1531 bis 1533, österr. St.G.B. § 168 u. a. Das norweg. St.G.B. Kapitel 23 § 5 läßt nur eine Strafmilderung, nicht Straffreiheit zu. Dem deutschen M.G. § 109 entsprechen ungar. St.G.B. § 159, russ. St.G.B. Art. 118; dem deutschen M.G. § 75 das österr. M.G. § 195a und italien. St.G.B. Art. 232 usw.

[19]) cf. ib. §§ 96 ff.

[20]) cf. Art. 207.

[21]) cf. §§ 263 ff.

wird, und zwar eine größere, wenn dies vor der Eröffnung des Verfahrens gegen den Verleumdeten, eine kleinere, wenn es vor der Entscheidung desselben geschieht (Art. 213). Auch bei Delikten, welche in Deutschland nicht als solche anerkannt sind, findet sich thätige Reue. Z. B. bestraft Art. 232 des italien. St.G.B. die Entweichung von Gefangenen und mildert die Strafe bei freiwilliger Rückkehr.

Bisweilen kommt die Straflosigkeit bei thätiger Reue auch in anderer Form vor als im deutschen St.G.B. z. B. verleiht das A.L.R. (II. Tit. 20 §§ 61, 62 u. a.) einen Anspruch auf Begnadigung, Rußland (Art. 292) empfiehlt den Thäter der Gnade des Monarchen, nach bair. St.G.B. Art. 304 hatte der Thäter „die Begnadigung zu hoffen"; l. 1 C. 9, 34 läßt bei doloser doppelter Verpfändung ein und derselben Sache an zwei Gläubiger den Prozeß niederschlagen, wenn beide ihre Schuldforderung erhalten haben usw.

Stadium V. Wir gehen nun zu den Strafmodifikationen des Stadiums V über, nämlich zu den Veränderungen, welche die Strafandrohung aufzuweisen hat während der Zeit vom Eintritt der Folgen bis zum Eintritt der Unabänderlichkeit derselben. Hier ist, wie wir oben sahen, die Strafandrohung zur Straffsicherheit und somit für das Delikt (n) zu einer rein schlechten Kraft geworden. Es finden sich deshalb eine Reihe Modifikationen, welche diese Kraft bald verringern, bald gänzlich aufheben.

Zunächst wollen wir das deutsche Strafrecht betrachten.

Eine thätige Reue kennt dasselbe im Stadium V nicht mehr[22]).

---

[22]) Bei einzelnen seiner Paragraphen über dieses Institut könnte man allerdings zweifelhaft sein, z. B. bei denen über den Meineid. Eine genauere Betrachtung zeigt aber, daß hier das Stadium V gar nicht vorhanden ist. Nimmt man nämlich den Meineid als Verbrechen gegen die Religion oder die publica fides, so ist mit der Perfektion des Eides das Stadium V schon überschritten. Es gehört bei dieser Auffassung der Meineid zu denjenigen Delikten, bei denen der Eintritt der Folgen und der Eintritt der Unabänderlichkeit derselben zeitlich zusammenfallen. Faßt man den Meineid auf als Verbrechen gegen den durch ihn unmittelbar Geschädigten, so charakterisiert er sich als Gefährdungsdelikt und es liegt wiederum nicht das Stadium V, sondern IV vor, denn die eigentlichen Folgen (Vermögensverlust, Einsperrung des Verletzten usw.) treten erst eine Zeitlang später ein. Ferner könnte man auch wohl die thätige Reue bei Fahnenflucht M.G. § 75 als thätige Reue in Stadium V auffassen, aber hier ist wohl nicht die Entfernung, obgleich M.G. § 69 dies Wort zur Definition der Fahnen-

Verschiedene andere Institute haben jedoch die Wirkung (und zum Teil auch den Zweck), der schlechten Kraft der Straffsicherheit im Stadium V entgegenzuarbeiten.

Hierher gehört zunächst die Abhängigmachung der Verfolgung von dem Antrage des Verletzten. Die Wissenschaft zeigt in betreff des Strafantrages zwei Strömungen. Das Extrem der einen verweist ihn ganz in das materielle Recht, z. B. v. Bar[23]), nach ihm gehört der Antrag zum gesetzlichen Thatbestande des Deliktes, also ohne denselben liege keine strafbare Handlung vor. Von diesem Standpunkte aus ist es kein Straferlaß, wenn der Staat ohne Antrag nicht verfolgt, denn wo keine Strafe verwirkt ist, kann auch keine erlassen werden. Die andere Strömung z. B. Hälschner (I 711 f.), v. Liszt (S. 186 wenigstens de lege lata) geht dahin, daß eine strafbare Handlung vorliegt, ganz unabhängig davon, ob ein Antrag auf Bestrafung gestellt werde oder nicht. Von diesem Standpunkte aus haben wir also einen Erlaß der Strafe darin zu erblicken, daß der Staat ohne Antrag nicht straft. Mag man nun den Antrag von dem einen oder dem anderen Standpunkte aus betrachten, seine materiellen Wirkungen auf die (strafbare oder nicht strafbare) That sind dieselben. Sie äußern sich in zwei Richtungen, einmal, indem sie dem Verletzten (bezw. seinen Vertretern) allgemein ein Mittel an die Hand geben, das Größerwerden der Folgen, bezw. überhaupt den Eintritt derselben zu verhindern, und zweitens, indem sie speziell in dem Thäter eine Kraft zur Ausbesserung seiner That erzeugen. Unter Umständen kann nämlich das Bekanntwerden des Deliktes und besonders des strepitus fori (cf. Liszt S. 185) für den Verletzten einen größeren Schaden enthalten, als das Delikt selbst. Nehmen wir z. B. an, der A entführt gewaltsam eine Frauensperson gegen ihren Willen, um sie zur Unzucht oder zur Ehe zu bringen (§ 236). Die Verhaftung des A sei da eingetreten, wo das Delikt, die Entführung, perfekt die zum Thatbestande gehörige Absicht (Unzucht oder Ehe) aber noch nicht ausgeführt war. Bleibt die That geheim, so hat sie direkt keinen weiteren Schaden angerichtet, als vielleicht einige Zeit Freiheitsentziehung. Wird sie dagegen durch den Staatsanwalt an die Öffentlichkeit gezogen, so

---

flucht benutzt, die eigentliche Folge des Deliktes, sondern die dauernde Abwesenheit vom Heere (es deutet hierauf auch der Zeitraum von 6 Wochen für die thätige Reue hin) und dann liegt auch hier Stadium IV vor.

[23]) G. 19, S. 645.

kann das Bekanntwerden, der Stadtklatsch usw. der Verletzten und deren Familie weit unangenehmer sein, als das Delikt selbst[24]). Die zweite Wirkung des Antrages, nämlich die auf den Thäter besteht darin, daß auf ihn vom Antragsberechtigten ein Druck zur Wiedergutmachung der That ausgeübt werden kann, z. B. zur Abarbeitung des Schadens, wenn er nicht solvent ist, oder zu irgend einer anderen durch das Gesetz schwer oder überhaupt nicht zu erreichenden Leistung, z. B. Rückgabe der verborgenen Sache, womöglich Eingehung der Ehe usw.[25])

Auf das Ausland und die Vergangenheit wollen wir bezüglich des Antrages nicht weiter eingehen, da sie wohl kaum etwas Neues bieten werden. Nur folgendes Gesetz mag erwähnt sein, da es eine interessante Abart des Antrages enthält.

> Russ. St.G.B. Art. 1549. „Wer ein unverheiratetes Frauenzimmer entführt, um wider ihren Willen mit ihr die Ehe einzugehen, unterliegt auf eine von ihr, oder aber von ihren Eltern oder Vormündern hierüber angebrachte Klage ....
>
> Auf Bitte der Eltern oder Vormünder, welche die Klage geführt haben, kann den Schuldigen die Dauer ihrer Haft verkürzt werden."

Ferner sind im deutschen St.R. zu erwähnen die mildernden und erschwerenden Umstände, Strafrahmen, Umstände, welche die Strafbarkeit besonders vermindern oder erhöhen, auch § 209, überhaupt alle Strafabstufungen, sofern sie der Thäter nach der Perfektion der That durch sein Verhalten noch herbeiführen kann. Wie es scheint, hat der Gesetzgeber die Strafmodifikationen allein in Rücksicht auf den Thäter eingeführt, denn alles dreht sich nur um die Größe seiner Schuld, während von dem Verletzten gar nicht die Rede ist. Gehen wir jedoch näher ein auf die Wirkungen, welche die Strafabstufungen bei dem Thäter ausüben können, so

---

[24]) In Bezug auf diese Wirkung haben wir noch das Stadium IV vor uns, nämlich die Folgen (Nebenfolgen) sind noch nicht ganz eingetreten, sondern stellen sich erst mit der Strafverfolgung ein.

[25]) Dieser Druck kann natürlich auch mißbraucht werden, indem das Drohen mit Stellung eines Antrages bezw. das Locken mit Zurücknahme desselben, zu Erpressung und verwerflicher Ausbeutung benutzt wird. Bekanntlich wurde dieses Mißbrauchs wegen in der Novelle vom 26. Februar 1876 die Berechtigung zum Antrage sowie zur Zurücknahme desselben sehr beschnitten.

finden wir, daß dieselben eine Kraft erzeugen, welche ähnlich wie thätige Reue und freiwilliger Rücktritt zu Gunsten des Verletzten wirkt. Z. B. ist es sehr leicht möglich, daß ein Einbrecher das gestohlene oder vergrabene Geld nach Entdeckung der That nur aus dem Grunde zurückgibt, weil er hofft, wegen mildernder Umstände aus § 243, Abs. 2 Gefängnis von 3 bis 5 Jahren, statt aus § 243, Abs. 1 Zuchthaus von 1 bis 15 Jahren zu erhalten. Dieselbe Kraft kann durch eine Qualifikation erzeugt werden. Merkt z. B. ein Brandstifter, daß in dem angezündeten Hause sich ein Mensch befindet, so erregt die Furcht vor der Straferhöhung eine Kraft zur Errettung desselben in ihm; § 307 Nr. 1 erhöht nämlich das Minimum des Strafrahmens von 1 Jahre Zuchthaus auf 10 Jahre und das Maximum von fünfzehnjährigem Zuchthause auf lebenslängliches (die Qualifikationen Nr. 2 und Nr. 3 in § 307 erzeugen dagegen keine Kraft, weil in Bezug auf sie der Thäter nichts mehr ändern kann). Ebenso kann auch der Strafrahmen wirken, da er dem Thäter die Möglichkeit gibt, durch eigene Thätigkeit, z. B. Rückgabe des Unterschlagenen, die Strafe bis zur unteren Grenze des Rahmens zu mildern.

Da körperliche Zwangsmittel nicht mehr erlaubt sind, so sind jene Strafabstufungen, welche der Thäter durch sein Benehmen nach der That noch herbeiführen kann, in vielen Fällen das einzige Mittel, denselben zur Herausgabe der gestohlenen Sache oder zur sonstigen Ausbesserung seines Deliktes zu bewegen. Es hat also der Gesetzgeber (sei es bewußt, sei es unbewußt) in jenen Instituten eine Art von thätiger Reue für das Stadium V geschaffen.

Aber nicht nur im Stadium V wirken jene Strafabstufungen, sondern auch schon in früheren. Im Stadium I und II vermindern sie die auf das Delikt angesetzte Strafandrohung, sind demnach schlechte Kräfte. So lautet z. B. die Strafandrohung aus § 81 für einen Hochverräter, welcher sich darauf verläßt, daß ihm mildernde Umstände zuerkannt werden, nicht auf lebenslängliches Zuchthaus oder lebenslängliche Festungshaft, sondern nur auf Festungshaft von 5 bis 10 Jahren. Im Stadium III und IV entwickeln jene Abstufungen dagegen eine gute Kraft: Bleiben wir beim § 81 und nehmen an, der A beginne die Ausführung, z. B. die Auslieferung des Bundesfürsten in die feindliche Macht. Diese kann auf sehr verschiedene Weise geschehen, z. B. der A holt den Fürsten des Nachts aus dem Bette und läßt ihn hungernd und frierend von einer rohen Horde über die Grenze schleppen, er kann aber umgekehrt sorgfältig darüber wachen, daß die Person des Fürsten in keiner Weise Mangel leide oder Kränkungen erfahre; für beide Behandlungen bietet die Geschichte ja Beispiele genug. Ist der Thäter persönlich ein Ehrenmann, so wird er schon so wie so möglichst zart mit seinem Opfer umgehen, aber auch ein gemeiner Verbrecher kann ähnlich handeln und zwar, was für uns die Hauptsache ist, allein in Hinsicht auf die mildernden Umstände.

Einiges muß noch in Bezug auf diese Kräfte über das Prozessuale gesagt werden. Die Kraft, welche der Strafrahmen erzeugt, erleidet dadurch eine Einbuße, daß die Wahl der Strafe innerhalb desselben in das Ermessen des Richters gestellt ist. Angenommen, ein Dieb gibt die gestohlene Sache freiwillig zurück oder hat bei der Ausführung des Diebstahls schon ein derartiges Benehmen gezeigt, daß er wohl mit einer geringeren Strafe davon kommen könnte, so kann (bezw. muß) der Richter doch aus irgend welchem Grunde, z. B. weil das betreffende Delikt in jener Gegend epidemisch zu werden beginnt, trotzdem das Maximum des Strafrahmens geben. Wenn der Thäter diese Möglichkeit vorher weiß, so wird sie natürlich einen schlechten Einfluß auf ihn üben. Was die mildernden Umstände anbetrifft, so kann bei ihnen jene Verringerung der guten Kraft aus demselben Grunde eintreten, nämlich da, wo die Wahl des neuen Strafrahmens fakultativ für den Richter ist[26]. Der Thäter sagt sich hier, daß der Richter trotz mildernder Umstände aus irgend einem Grunde, nehmen wir wieder die Überhandnahme des betreffenden Deliktes, bei dem höheren Strafrahmen beharren kann. Ferner liegt diese Sachlage da vor, wo das Gesetz den einzelnen mildernden Umstand nicht bestimmt angibt. Will z. B. der Thäter durch Anzeige seiner Komplicen sich einen mildernden Umstand schaffen, so muß er, um sicher zu gehen, zugleich in dem Richter den Glauben an seine Reue erwecken. Wenn nämlich konstatiert wird, daß die Anzeige nur in der Hoffnung auf eine mildere Strafe oder gar aus Bosheit gegen die Genossen geschehen ist, so wird sie bei manchem Richter wohl nicht als mildernder Umstand gelten; und zwar mit Recht, es müßte sogar vom Standpnnkte der Schuld und der Moral aus ein solcher Anzeiger nicht milder, sondern härter bestraft werden als seine Genossen, denn gegen die mensch-

---

[26]) Im deutschen St.G.B. die §§ 187, 189, 246, 263, 333, 340 Abs. 1.

liche Gesellschaft haben beide gleich gesündigt, er hat jedoch außerdem noch gegen seine Kameraden selbstsüchtig oder böswillig gehandelt. Aber auch angenommen, der betreffende Umstand würde an und für sich als ein mildernder gelten, so können neben ihm noch andere Umstände (Rachsucht, Rohheit usw.) vorliegen, welche den Richter beziehentlich die Geschworenen bewegen, doch nicht „mildernde Umstände" zuzuerkennen. Ist diese Sachlage dem Thäter vorher bekannt, so wird er sich natürlich weniger leicht zu Geständnis, Anzeige der Genossen usw. entschließen. Diejenigen mildernden Umstände sind deshalb kriminalpolitisch die wirksamsten, welche dem Thäter die meiste Garantie auf eine mildere Strafe bieten, z. B. die in folgender Form abgefaßten: „wer die gestohlene Sache freiwillig zurückgibt, ist straffrei" (womöglich noch, um allen Zweifel zu beseitigen mit dem Zusatze „mag dies aus Reue oder aus anderen Gründen geschehen").[27]) Bei den Qualifikationen ist analog diejenige Form die wirksamste, welche den Richter am meisten bindet, denn eine solche verkürzt dem Thäter am meisten die Hoffnung auf den Nichteintritt der betreffenden Erhöhung.

Ausland und Vergangenheit bieten bezüglich der thätigen Reue (resp. Ausbesserung) uns eine weit größere Mannigfaltigkeit von Modifikationen der Strafandrohung im Stadium V.

Unwillkürlich fallen dem Suchenden beim Durchlesen solcher Gesetzgebungen immer bestimmte Delikte oder Gruppen von Delikten in die Augen. Wir wollen deshalb dieselben nicht durch irgend welche systematische Gesichtspunkte zerstückeln, sondern so weit dies möglich ist, delikts- und gruppenweise vorgehen.

Wiederergreifung entflohener Gefangener. Hat ein Wärter einen Gefangenen entfliehen lassen, so kann das Delikt dadurch repariert werden, daß der Entflohene wieder eingebracht wird. Eine Hauptkraft in dieser Richtung kann nun durch die Benutzung des schuldigen Gefangenwärters gewonnen werden,[28])

---

[27]) So sagt z. B. das braunschw. St.G.B. § 243 Abs. 2: „Der Verbrauch unterschlagener Gelder oder anderer vertretbarer Sachen soll auch dann straflos sein, wenn solche vor dem Einschreiten der Obrigkeit zwar nicht aus freiem Antriebe, aber doch auf Anfordern des Berechtigten, aus bereiten Mitteln sogleich ersetzt werden."

[28]) Beim Publikum und bei den Verfolgungsbeamten ist nur ein Lockmittel vorhanden, z. B. Lob des Vorgesetzten, Hoffnung auf Karriere, aus-

nämlich dadurch, daß man eine Strafandrohung für das Nichtwiederergreifen schafft. Letzteres ist wieder auf verschiedene Weise möglich: erstens dadurch, daß man die Nichtwiederergreifung zu einem straferhöhenden Umstande macht, wie z. B. in folgendem Gesetze: Wer einen Dieb oder Angeklagten befreit, wird bestraft und erhält, wenn der Dieb nicht wiederergriffen wird, noch die Strafe desselben dazu,[29]) ähnlich folgendes Beispiel: Wer von einem flüchtigen Sklaven bestochen wird und ihn weiter entfliehen läßt, muß dem Herrn einen anderen Sklaven von gleichem Werte geben, und wenn der Flüchtling nicht wiederergriffen wird, zwei andere.[30]) Ferner kann man eine Strafandrohung für das Nichtwiederergreifen dadurch herstellen, daß man das Wiederergreifen zu einem stramildernden oder gar einem strafaufhebenden Grunde macht.[31]) Es kann die Kraft, welche zur Wiederergreifung treibt, dadurch noch erhöht oder vielmehr auf einen größeren Kreis von Menschen ausgedehnt werden, daß auch jede beliebige dritte Person die thätige Reue zu Gunsten des Thäters ausüben kann.[32]) In diesem Falle wirken nämlich auch alle Freunde und Verwandte oder sonst an der Straflosigkeit des Thäters interessierte Personen an der Wiederergreifung des Gefangenen mit.

---

gesetzte Prämie usw. Ein Drohmittel, welches natürlich — ausgenommen, wenn es in derselben absoluten Größe besteht wie das Lockmittel — eine größere Kraft erzeugt, ist (falls von einem Beamten keine Pflichtverletzung begangen wird) überhaupt nicht vorhanden. Man könnte zwar auch die Verfolgungsbeamten, sowie beliebig andere Leute mit Strafe bedrohen (wie in China cf. oben S. 21 Anm. 31), aber das würde wohl kaum das (europäische) Gerechtigkeitsgefühl erlauben.

[29]) Lex Wisigoth. lib. VII tit. II cap. XX.

[30]) Lex Wisigoth. lib. IX tit. I cap. XIV.

[31]) Z. B. das italien. St.G.B. Art. 233. „Straflos ist in dem Fall des Art. 229 Abs. 2 und keiner Straferhöhung unterliegend im Falle des Art. 231 Abs. 1 der des dort vorgesehenen Verbrechens schuldige öffentliche Beamte, wenn derselbe binnen drei Tagen nach Entweichung die Verhaftung des Entwichenen oder Stellung desselben vor die Behörde bewirkt." Ähnlich das griech. St.G.B. Art. 183, Code pénal Art. 247 usw.

[32]) Direkt gestattet ist dies z. B. in folgendem chinesischen Gesetze. Staunton, s. 342 p. 426. „If any such offenders forcibly effect their escape by rising against their keepers or jailors, the punishment of the jailors shall admit of a further reduction of two degrees; and in either case, a period of one hundred days shall be allowed, within which, if they, or any other persons retake the offenders, or if the offenders either die or surrender voluntarily, the previous neglect of the jailors shall be pardoned."

Menschenraub. Auch beim Menschenraub, speziell beim Verkauf in Sklaverei finden sich viele Beispiele, wo der Thäter durch das Gesetz zur Wiedergutmachung des Schadens gedrängt wird. Gerade hier liegt es eigentlich auf der Hand, daß der Gesetzgeber darauf sehen sollte, daß der Verletzte vor allen Dingen erst wieder restituiert werde, selbst auf die Gefahr hin, daß die Gerechtigkeit etwas leide, indem der Thäter nicht die volle angedrohte Strafe erhält.[33]) Die Kraft zur Zurückbringung des Verkauften wird teils dadurch erzeugt, daß man letztere zu einem strafmildernden, teils dadurch, daß man die Nichtrestituierung zu einem straferhöhenden Umstande macht.[34])

Bereicherungsdelikte. In Betreff der Bereicherungsdelikte bietet uns die Gesetzgebung der Vergangenheit und des Auslandes einen großen Reichtum krafterzeugender Modifikationen im Stadium V. Eine kleine Auswahl derselben möge folgen. Bald wird gänzliche Straffreiheit bei Restitution verheißen, z. B.: wenn der Wucherer, ehe der Verletzte oder die Staatsgewalt von dem Delikte Kenntnis erhält, das bezogene Übermaß nebst gesetzlichen Zinsen restituiert (österr. Wuchergesetz vom 28. Mai 1881 § 7), wenn der Dieb oder Veruntreuer aus thätiger Reue, obgleich auf Andringen des Beschädigten, vor obrigkeitlicher Kenntnis den ganzen Schaden wieder gut macht (österr. St.G.B. § 187, österr. M.G. § 479) usw. Bald wird nur Strafmilderung gewährt, bezw. eine Straferhöhung angedroht, aber eine fest bestimmte, ohne Spielraum für den Richter. So mußte in Athen bei einfachen Diebstählen unter 50 Drachmen der Dieb eine Geldstrafe vom doppelten Wert erlegen, wenn der Eigentümer die Sache wiedererhalten hatte, wenn nicht, das zehnfache. (Thonissen p. 301.) Wer unter der Herrschaft der lex Bajuvar. eine fremde Sache ohne den Willen des Eigentümers verkaufte, mußte letzterem die Sache nebst einer gleichen anderen und, wenn sie nicht mehr aufzutreiben war, zwei andere zurückgeben (tit. XV cp. I). Im chinesischen Recht erhält der Räuber, Dieb

---

[33]) Das deutsche Recht beschäftigt sich nicht mit dem Verkaufe in Sklaverei, sondern nur mit dem Vorbereitungsdelikte, dem Menschenraube zum Zwecke der Sklaverei (§ 234), die Bestrafung der Sklaverei selbst überläßt es den Landesgesetzen.

[34]) Beispiele hierfür sind: lex Bajuvar. tit. VIII cp. IV und tit. XV cp. V N III; lex Ripuar. tit. XVI; lex Alaman. tit. XLVI u. tit. XLVII und capitula addita XXXIV; lex Saxon. tit. II cp. VII usw.

oder Betrüger, der die Sache zurückerstattet, dieselbe Strafmilderung wie bei einem Geständnisse (Staunton s. 27 p. 28); hat der Thäter Kenntnis von einer Anzeige gegen ihn erhalten, und restituiert noch, so wird er um zwei Grade milder bestraft (Staunton a. O.).[35]) Bald richtet sich die Abstufung der Milderung nach dem Stadium, in welchem der Prozeß zur Zeit der Ausbesserung der That sich befand. So setzt das italien. St.G.B. (Art. 432) die Strafe um ein bis zwei Drittel herab, wenn der Thäter vor jedem gerichtlichen Verfahren, dagegen nur um ein Sechstel bis ein Drittel, wenn er während des Verfahrens, doch vor Verweisung zur Urteilsfällung restituiert bezw. entschädigt. Das russische St.G.B. (Art. 354) stuft die Strafe danach ab, ob die freiwillige Entschädigung vor oder nach der Entdeckung (oder überhaupt nicht) erfolgt ist. Zuweilen genügt dem Gesetzgeber auch schon die Übernahme der Verpflichtung zur Ausbesserung oder die Sicherheitsstellung.[36]) Auch der bloße Wille zur Wiedergutmachung spielt in den Gesetzgebungen eine Rolle, in Deutschland nur als Zumessungs- oder Milderungsgrund, oft scheint ihm dagegen eine größere Bedeutung zugelegt zu sein, oft wiederum wird ihm auch jede Bedeutung abgesprochen.[37]) Das bad. St.G.B. erlaubt sogar Dritten, die thätige Reue für den Thäter auszuüben:

---

[35]) cf. auch A.L.R. II tit. 20, Art. 61—63, 1244, 1257, 1268 usw.

[36]) cp. 2 X de raptor., incend. et violat. eccl. 5, 17 Manifestus raptor vel ecclesiae violator, si restituet vel de restituendo cavet, in vita et in morte ad poenitentiam et ad sepulturam admittitur. Si vero noluit cavere, cum posset, et in morte non potest, clerici eius sepulturae interesse non debent et clerici, interessentes vel iniungentes poenitentiam contra hanc dispositionem, deponuntur ab officio et beneficio. Ebenso bestraft das russ. St.G.B. (Art. 1682) Adelige, Welt- und Klostergeistliche und Ehrenbürger milder, wenn sie sich freiwillig verpflichten, den durch leichtsinnige Verschleuderung fremden Eigentums angerichteten Schaden zu ersetzen.

[37]) cf. z. B. folgende beiden Gesetze: Gula-Things Laug. Manhelgi Bolkr Cp. XVII. Eodem modo inquirendum est, an satisfactio oblata fuerit, nec ne, aut quod aequitati maxime repugnat, utrum laesus satisfactionem petierit, nec obtinere protuerit. — St.G.B. von New-York § 549. „Absicht, gestohlenes Gut zurückzustellen. Die Thatsache, daß der Beschädigte beabsichtigte, das gestohlene oder unterschlagene Eigentum zurückzugeben, ist kein Entschuldigungsgrund oder Milderungsumstand, wenn die Rückgabe nicht erfolgte, ehe bei der Behörde über die Begehung des Verbrechens Klage geführt worden ist."

§ 692. „Wird die Kasse von dem Schuldigen oder von anderen, die dazu nicht rechtlich verpflichtet sind, vor eingetretener Rechtskraft des Straferkenntnisses, durch baren Ersatz oder in anderer Weise ganz oder zum Teile befriedigt, so fällt die nach § 687 oder § 690 sonst eintretende Freiheitsstrafe ganz oder teilweise weg."

Oft finden sich derartige Bestimmungen auch in bloßen Gelegenheitsgesetzen, wie z. B. in folgendem, welches bei Gelegenheit eines Thronwechsels gegeben wurde:

Leges Henrici Primi 2. De confirmatione legum Edwardi Regis. „. . . . Si quis aliquid de meo vel de rebus alicuius post obitum Willielmi Regis fratris mei cepit, totum cito reddat absque emendatione et si qui inde aliquid retinuerit, ille super quem inventum fuerit, graviter mihi emendabit . . . .“

Manche Gesetzgebungen dagegen übergehen die Ausbesserung der Vermögensdelikte mit Stillschweigen, so die deutsche, andere erklären sie sogar direkt für wirkungslos, so l. 67 D. 47, 2, l. 5 D. 47, 8.

Als Schluß der Bereicherungsdelikte mag noch die originelle Behandlung des einfachen Diebstahls bei den alten Ägyptern erwähnt werden. In den ältesten Zeiten pflegte man bekanntlich nur die Norm eines Gesetzes zu geben, z. B. „du sollst nicht stehlen", später setzte man diese Norm voraus und stellte sich gleich auf den Standpunkt eines trotzdem erfolgenden Diebstahls: „wer stiehlt, wird so und so bestraft". Die Ägypter gingen noch einen Schritt weiter. Da sie — wenigstens wird dies wohl der Grund gewesen sein — das Diebesgelüste im Menschen für unausrottbar und für viel zu mächtig hielten, als daß es durch Strafe hinreichend bekämpft werden könnte, so griffen sie zu einem anderen Mittel: sie erhoben den (einfachen) Diebstahl zum Gewerbe. Jeder Dieb mußte sich bei einem Diebesobersten in Listen einschreiben lassen und sobald er einen Diebstahl begangen hatte, die gestohlene Sache sofort abliefern; der Eigentümer konnte sie dann gegen den vierten Teil ihres Wertes wieder einlösen.[38]) Diese Bestimmung konnte nach verschiedenen Rich-

[38]) Die interessante Stelle in Diodor lautet folgendermaßen: Diodor I 80. „Υπῆρχε δὲ καὶ περὶ τῶν κλεπτῶν νόμος παῤ Αἰγυπτίοις ἰδιώτατος. ἐκέλευε γὰρ τοὺς μὲν βουλομένους ἔχειν ταύτην τὴν ἐργασίαν ἀπο-

tungen hin eine gute Wirkung ausüben. Erstens hatte der Bestohlene starke Aussicht, beinahe Sicherheit, sein Eigentum mit geringem Verluste wiederzuerhalten. Zweitens war sozusagen ein Ventil für die, doch nicht ausrottbaren, verbrecherischen Neigungen im Volke geschaffen und viele, welche sich sonst dem Einbruch und anderen schwereren Verbrechen zugewandt hätten, beschränkten sich jetzt auf den straflosen, einfachen Diebstahl. Drittens sammelte sich hier ein großer, vielleicht der größte Teil des arbeitsscheuen und gefährlichen Gesindels und konnte — der Diebesoberst war aller Wahrscheinlichkeit nach ein Polizeibeamter[39]) — besser kontrolliert werden. Es scheint deshalb auch jenes Institut, mag man über seine Sittlichkeit denken, wie man will[40]), jedenfalls eine energische und heilsame Wirkung geübt zu haben. Diodor berichtet uns hierüber freilich nichts, man kann es aber daraus schließen, daß jene Bekämpfungsmethode sich bis in die Jetztzeit erhalten hat. Ein moderner Reisender, Parthey, welcher in den zwanziger Jahren dieses Jahrhunderts, also beinahe zweitausend Jahre nach Diodor und vielleicht drei bis viertausend Jahre nach der Einführung jenes Institutes, das Nilthal aufsuchte, fand dasselbe in Kairo noch in Übung. Sein Urteil über die Güte desselben ist ein sehr günstiges, hören wir, was er darüber sagt[41]). „Verläßt einer der kleinen Kaufleute seine Bude, so zieht er nur einen Faden von einer Seite der Thür zur anderen; alsdann wird es niemand wagen, einen Fuß über die Schwelle zu setzen[42]), auch ist kein Beispiel vorhanden, daß eine so geschlossene Bude von Dieben ausgeplündert wäre. Es gehört zu den, von europäischen Begriffen abweichenden Einrichtungen, daß in

---

γράφεσθαι πρὸς τὸν ἀρχιφῶρα, καὶ τὸ κλαπὲν ὁμολόγως ἀναφέρειν παραχρῆμα πρὸς ἐκεῖνον, τοὺς δὲ ἀπολέσαντας παραπλησίως ἀπογράφειν αὐτῷ καθ' ἕκαστον τῶν ἀπολωλότων, προστιθέντας τόν τε τόπον καὶ τὴν ἡμέραν καὶ τὴν ὥραν καθ' ἣν ἀπώλεσε. τούτῳ δὲ τῷ τρόπῳ πάντων ἑτοίμως εὑρισκομένων, ἔδει τὸν ἀπολέσαντα τὸ τέταρτον μέρος τῆς ἀξίας δόντα κτήσασθαι τὰ ἑαυτοῦ μόνα. ἀδυνάτου γὰρ ὄντος τοῦ πάντας ἀποστῆσαι τῆς κλοπῆς, εὗρε πόρον ὁ νομοθέτης δι' οὗ πᾶν τὸ ἀπολόμενον σωθήσεται μικρῶν δεδομένων λύτρων.“

39) Obgleich manche Lexika *ἀρχιφῶρ* durch „Räuberhauptmann“ wiedergeben.

40) Becker sagt z. B. in seiner Weltgeschichte, 1869, Bd. I, S. 56: „daß es mit dem Begriff der Sittlichkeit sich nicht verträgt, versteht sich von selbst“.

41) Parthey, Wanderung durch das Nilthal, Berlin 1840, S. 150.

42) Denn dann läge nicht mehr der straflose, einfache Diebstahl, sondern Einbruchsdiebstahl vor.

Kairo die Diebe eine Innung bilden, die ihren eigenen Scheikh oder Vorsteher hat. Dadurch wird das Stehlen innerhalb gewisser Schranken gehalten, die gestohlenen Sachen lassen sich gegen eine Vergütigung wiederbekommen, und es ist anerkannt, daß die öffentliche Sicherheit in dieser Hinsicht mehr Schutz hat, als in den großen Städten Europas."

Brandstiftung. Bei Sachbeschädigung durch Feuer wird sonderbarerweise fast immer der Anfang des Delikts ins Auge gefaßt, nämlich das „Brandstiften", „Inbrandsetzen". Der Schwerpunkt des Deliktes ist aber ohne Zweifel das „Brennen" bezw. „Abbrennen", denn das Inbrandsetzen thut z. B. einem Hause in der Regel nichts weiter, als daß einige wenige Materialien beschädigt werden[43]). Deutschland erkennt die thätige Reue, wie wir oben sahen, nur vor dem eigentlichen Kern des Deliktes an, nämlich zwischen Brandstiftung und Brennen, beim Brennen selbst wirkt wiederum nur die Kraft des Strafrahmens[44]). Bisweilen wird aber die thätige Reue auch auf das Stadium des Brennens ausgedehnt, z. B. das bayr. St.G.B. Art. 253. Das griech. St.G.B. gibt bei Brandstiftung drei Abstufungen der thätigen Reue:

> Art. 445. „Wer nach gelegtem Brande den Ausbruch des Feuers verhindert, ist von der Strafe frei. Wer das eben ausgebrochene Feuer auf der Stelle selbst wieder gelöscht hat, so daß, außer dem durch den bloßen Ausbruch desselben bewirkten kein weiterer Schaden entstanden ist, soll mit Gefängnis von einem Monat bis zu sechs Monaten gestraft und unter besondere Polizeiaufsicht gestellt werden."
>
> Art. 416. „Ist das Feuer erst nach dem Ausbruche und nachdem es schon einen Schaden gestiftet hat, jedoch vor dessen weiterer Ausbreitung von dem Brandleger selbst, oder durch seine Veranstaltung, aus eigenem Antriebe, gelöscht worden, so soll statt der Todesstrafe, den im Art. 409 Nr. 1 bestimmten Fall ausgenommen, auf Kettenstrafe auf bestimmte Zeit ..... erkannt werden."

---

[43]) Dieses „Brennen" habe ich nur in einem Gesetze gefunden — Capitulare de partibus Saxoniae III ..... vel ipsam Ecclesiam igne cremaverit, morte moriatur.

[44]) Allerdings ist diese bei einer Differenz von 14 Jahren Zuchthaus, § 306, eine ziemlich bedeutende.

Bei incestuoser Ehe verheißt 38, 6 D 48, 5 Straflosigkeit, wenn der Rücktritt mittels Scheidung erfolgt, ehe der Thäter vor Gericht gefordert ist.

Bei ungerechter Freisprechung findet in China Milderung für den Richter statt, wenn der freigesprochene Thäter nachträglich herbeigeschafft wird (Kohler chines. St.R. S. 30).

Auch Unterlassungsdelikte (bei den unechten ist es zweifelhaft) können ein Stadium V haben, z. B. in dem Falle, wo ein Beamter es unterläßt, einen Übelthäter zu ergreifen. Hier ist unter Umständen die Berücksichtigung der thätigen Reue ebenfalls sehr am Platze. Im chinesischen Rechte wird sie angewandt:

> C. A. p. 361. „Si dans l'intervalle de trente jours, le satellite coupable[44]) parvient à s'emparer de plus de la moitié des accusés, ou bien si, ne pouvant pas prendre la moitié de ceux-ci, il saisit néanmoins le principal auteur d'un grave délit, on pourra, en considération de ce fait, lui permettre de se racheter de sa peine, ou même lui en faire grâce. Si, précédemment, quelques satellites s'étaient rendus coupables comme il a été dit, le fait de s'emparer des prisonniers, bien qu'attribué à un seul d'entre eux, pourra entraîner le pardon de ses camarades."

Nachstadium. Wie wir oben sahen, kann die Behandlung des Deliktes (n) im Nachstadium noch großen Wert haben auf die Ausbesserung der Nebenfolgen, sowie auf die Bekämpfung der Delikte (n + 1) (n + 2) ...... und in beiden Richtungen die Strafandrohung oder genauer die Straffsicherheit eine schlechte Wirkung ausüben. Aus diesem Grunde haben sich viele Gesetzgeber veranlaßt gesehen, auch noch im Nachstadium Modifikationen vorzunehmen. Die hauptsächlichsten sind diejenigen, welche man bei Geständnis und Selbstanzeige bezw. Leugnen und Lügen eintreten läßt. Die Strafabstufung wird wieder bald dadurch erreicht, daß man Lügen und Leugnen zu einem Straferhöhungsgrund, bald dadurch, daß man Geständnis und Selbstanzeige zu einem Milderungsgrunde macht.

Ist man dem Delikt schon soweit auf der Spur, daß man den Thäter vor Gericht ziehen kann, so kann derselbe durch Leugnen

[44]) Der vernachlässigten Ergreifung eines Verbrechers.

und Lügen noch viel Unklarheit, durch freimütiges Geständnis viel Klarheit in die Aufdeckung des Deliktes bringen. Das deutsche St.R. benutzt hier wieder nur den Strafrahmen und die mildernden Umstände; andere Gesetzgebungen benutzen jedoch stärkere Mittel, bezw. heben sie stärker hervor. Einige Beispiele mögen folgen.

Lex Ripuar. tit. LIV bestraft den Leichenraub mit 60 sol., bei Leugnen mit 100 sol.

> Österr. M.G. § 113. „Auch ist es ein erschwerender Umstand, wenn der Beschuldigte in der Untersuchung den Richter durch Erdichtung falscher Umstände zu hintergehen sucht, oder wenn er ungeachtet des Geständnisses der That, die Entdeckung des entzogenen Gutes boshafterweise verweigert."
>
> Russ. St.G.B. Art. 129. „Die Strafbarkeit des Verbrechers, zugleich aber auch das Maß der das Verbrechen treffenden Strafe wird erhöht, nach Maßgabe dessen;
>
> 10) Je mehr der Schuldige, während Untersuchung und Gericht, Unaufrichtigkeit und Verstocktheit im Leugnen zeigte, insbesondere wenn er sich dabei bemühte, Unschuldige zu verdächtigen, oder gar geradezu sie verleumdete."
>
> A.L.R. II, Tit. 20, § 51 „Gegen den, welcher durch Erdichtung falscher Umstände den Richter hintergehen will, wird die übrigens verwirkte Strafe allemal verschärft."

Im altindischen Strafprozeß gilt bei böswilligem Leugnen der Satz: „in parte convictus, in toto convictus.[45]) Geständnis gilt als überführend, aber weil der Verklagte gestanden hat, soll er nur zur Hälfte gestraft werden.[46]) Ferner in den früheren deutschen Partikularstrafgesetzgebungen fand das Geständnis eine weitgehende Berücksichtigung.[47])

Auch im Civilrecht findet sich häufig eine Bestrafung des Leugnens; es mag erinnert werden an die Nachteile, welche der römische Civilprozeß an das Leugnen knüpfte, wie lis infitiando crescit in duplum, Übertragung der Beweislast usw.; ferner sagt lex sal. Lindenbrog, tit. X 2 u. 3: hat ein Tier einen Schaden

---

[45]) Kohler, altindisches Prozeßrecht, Seite 16.

[46]) Kohler, a. O., S. 26.

[47]) Stenglein, Sachregister unter „Geständnis als Strafmilderungsgrund."

angerichtet, so genügt der Ersatz desselben, es trifft aber den Herrn, wenn er leugnet und doch überführt wird, eine Strafe von XV sol.; Sachsenspiegel, Buch 2, Art. XXXVI: wer den Besitz einer Sache vor Gericht leugnet, muß sie dem Gegner herausgeben; einerlei, ob jener sein Eigentum an derselben beweist oder nicht.

Ebenso wie das offene Geständnis, kann der Gesetzgeber auch die Selbstanzeige. (bezw. Anzeige der ganzen That und der Genossen) begünstigen.[48])

Diese Methode erfreut sich einer besonderen Beliebtheit im chinesischen Recht; es wird deshalb genügen, wenn wir nur dieses zur Betrachtung heranziehen. Ein Beispiel für die Straflosigkeit bei Selbstanzeige ist folgendes:

> C. A. p. 326, No. 1: „Toute personne qui, s'étant faussement attribué le rôle de mandarin, mais dans les très-bas degrés, pense qu'elle ne doit plus continuer un pareil rôle et va tout avouer au mandarin, sera cassée naturellement du grade usurpé; on lui donnera l'ordre de s'en retourner chez elle, mais sa faute lui sera pardonnée."

Straflosigkeit bis auf die Klagen gegen sein Vermögen erhält der Selbstanzeiger in folgendem Falle:

> Staunton s. 25 p. 27. „Whoever, having committed an offence, surrenders himself voluntarily, and acknowledges his guilt to a magistrate, before it is otherwise discovered, shall be freely pardoned, but all claims upon his property, on the part of government or of individuals, shall nevertheless be duly liquidated."

Ist das Geständnis (vermutlich bei Selbstanzeige) unvollständig, so wird die Strafe gemildert nach dem Verhältnis der Vollständigkeit desselben:

> Staunton s. 25, p. 27. „If the voluntary confession of the offender is inaccurate and imperfect, he shall be liable to punishment for as much of the

---

[48]) Das deutsche St.G.B. übergeht sie wieder mit Stillschweigen, meistens pflegt sie jedoch in den Gesetzgebungen berücksichtigt zu werden. In betreff der früheren deutschen Strafgesetzbücher cf. Stenglein, Sachregister unter „Selbstangabe des Thäters".

offence committed by him, as he had endeavoured to conceal; but in cases of a capital nature, the punishment shall always, upon making any timely confession whatever, be reduced one degree."

Einen sonderbaren Eindruck macht folgendes Gesetz:

C. A. p. 66. „Tout coupable qui a commis une faute légère, connue des mandarins, s'il avoue en même temps une faute grave qui n'était pas connue, la faute grave lui sera pardonnée et il ne sera jugé que pour la légère. Tout coupable qui est accusé d'une faute, s'il en avoue une autre, ne sera jugé que pour la première, et la seconde lui sera pardonnée."

Demnach würde z. B. ein Einbrecher, der das gestohlene Geld schon durchgebracht hat und mit einer geringen Strafe sich loskaufen möchte, diesen Zweck auf folgende Weise erreichen. Er begeht einen kleinen Diebstahl, läßt sich dabei abfassen und gesteht vor Gericht den noch unbekannten größeren; alsdann erhält er für beide Delikte nur die Strafe des geringeren. Sogar die Anzeige eines Verwandten mildert die Strafe für den Thäter.

C. A. p. 68, No. 1. „Si la faute d'une personne est déclarée au juge par les parents du 4e ou du 5e degré, la peine du coupable sera diminuée de trois degrés; si ceux qui dévoilent la faute ne sont pas de l'un des cinq degrés de parenté, la peine sera diminuée d'un degré."

Es erklärt sich dieses daraus, daß in China die Familie und die nähere Verwandschaft als ein unzertrennliches Ganzes betrachtet und daher die Anzeige eines nahen Verwandten als Selbstanzeige angesehen wird.

Was den legislatorischen Gesichtspunkt der Straflosigkeit im Falle der Selbstanzeige betrifft, so ist Kohler sehr für dieselbe eingenommen. Er sagt:[49] „Von außerordentlichem Wert und dem Gesetzgeber sehr zu empfehlen ist die Bestimmung über die Straflosigkeit im Falle der Selbstanzeige: die Berücksichtigung der thätigen Reue, welche so viele Übereilungen des Augenblickes mit dem Schleier des Vergessens zu decken vermag." Er scheint hier aber

[49]) Chines. St.R. S. 3.

wohl zu sehr den Gesichtspunkt der Schuld hervorzuheben, denn wenn man die treibenden Kräfte, welche in jenem Institute liegen, näher aufsucht, so findet man, daß dieselben für das Verbrechen (n) zwar gute sind, für das Verbrechen (n + 1), also in ihrer Vorauswirkung, jedoch sehr verderblich sein können, denn in den ersten drei Stadien des Deliktes erzeugt dasselbe eine rein schlechte Kraft. Nehmen wir das obige Beispiel von der Anmaßung des Mandarinenamtes. Hier kann die gute Kraft der Strafandrohung sehr verringert oder gar aufgehoben werden durch den Gedanken: „wenn mir die Sache nicht mehr paßt, höre ich auf und zeige mich selbst an." Diese schlechte Kraft haben die Chinesen auch, wie es scheint, selbst gespürt, und haben sie durch das Gesetz zu lähmen gesucht: daß jemandem, der in Hoffnung auf Straferlaß sündigt, die Strafe nicht erlassen, sondern erhöht wird (Staunton s. 418 p. 457).

§ 3. Indirekte Strafmodifikationen.

Wir kommen nun zu Modifikationen der Strafe, welche nicht in der direkten Änderung bestehen, wie Erlaß, Milderung, Schärfung, sondern welche nur indirekt die Bestrafung eines Deliktes betreffen.

Z. B. liegt eine Erhöhung der Androhung in den verschiedenen Arten der Schuldpräsumtionen und der Aufbürdung der Beweislast. Ihre Wirkung ist die, daß diejenigen, welche mit einem Delikte in Berührung kommen, besonders bei Fahrlässigkeit, zur größeren Vorsicht getrieben werden, weil sogar der böse Schein ihnen schon verderblich werden kann.

Ein anderes Mittel ist, daß der Thäter einen Eid schwören muß. Bei verderbten Verbrechern wirkt er nur als Straferhöhung, indem zu der Deliktsstrafe eventuell noch die Strafe des Meineides hinzukommt. Bei anderen jedoch, welche nicht aus reiner Schlechtigkeit, sondern etwa aus Not oder Leichtsinn gesündigt haben, wirkt er außerdem noch dadurch, daß die gute Kraft der Religion mitbenutzt wird. Den jetzigen Anschauungen scheint dies Mittel nicht mehr zu entsprechen, weil es zu leicht zum Meineide führt; man geht sogar so weit, daß man dem Thäter, wenn er zufällig bei einer anderen Gelegenheit sich frei schwören müßte, den Eid erläßt.[50])

[50]) cf. St.P.O. § 56 Nr. 3; C.P.O. § 349 Nr. 2.

In früheren Zeiten nahm man aber nicht so viel Rücksicht. Der Eid wurde verlangt bald als Nacheid, nämlich, daß man das betreffende Delikt nicht begangen habe, wie der sog. Reinigungseid in zahlreichen früheren deutschen Strafprozeßordnungen,[51]) bald als Voreid, wie z. B. in König Knuds Gesetzen

> I 19 § 1 „und wir wollen, daß jeder, der über zwölf Winter ist, den Eid leiste, daß er weder Dieb noch Mitwisser eines Diebes sein wolle".

Besonders häufig war derselbe, wenn ein Rückfall zu befürchten stand, so das Urfehdeschwören (in der C.C.C. z. B. bei den verschiedenen Diebstählen Art. 157, 158, 161, 164). Zuweilen wurde auch gleichzeitig ein Voreid und ein Nacheid verlangt, z. B.:

> Nov. 117. ep. I „*Κελύομεν . . . . . τὰ πρωτότυπα τῶν δικαζομένων πρόσωπα . . . . ὀμνύναι, ὅτι οὐδὲν παντελῶς τοῖς δικασταῖς προστασίας χάριν ἢ ἄλλῳ οἱῳδήποτε προσώπῳ ὑπὲρ ταύτης τῆς αἰτίας καθ' οἱονδήποτε τρόπον δεδώκασιν ἢ ὑπέσχοντο ἢ μετὰ ταῦτα δώσουσιν, ἢ δι' ἑαυτῶν ἢ δι' ἄλλου οἱουδήποτε μέσου προσώπου, ...*"

Die Wirkungen des Nacheides sind folgende. Schwört der Thäter nicht, so ist er der Strafe des Delikts verfallen, schwört er, so ist er eventuell frei, wenn die Sache aber entdeckt wird, verfällt er der Strafe für das Delikt und den Meineid zugleich. Er wird also vor die Wahl gestellt: bekennen oder lotteriespielen. Die Wirkung des Voreides ist eigentlich nur die einer erhöhten Strafe. Es ist nämlich ziemlich gleichgültig, ob jemand schwören muß, nicht zu stehlen und dann die beiden einzelnen Strafandrohungen, etwa 3 Jahre Gefängnis für den Diebstahl und 2 Jahre für den Meineid vor sich hat, oder ob von vornherein 5 Jahre Gefängnis auf den Diebstahl gesetzt sind.

Im englischen Rechte existiert eine sogenannte Friedensbürgschaft (recognizances to keep the peace). Sie besteht nach Mühry (S. 346 ff.) in Folgendem: Der Thäter und einer oder mehrere Bürgen stellen zu den Akten eine förmliche Verpflichtung (recognizance) oder eine Schuldurkunde (obligation) aus, in welcher der König als Gläubiger bezeichnet wird. Die Aussteller bekennen hierin, der Krone eine gewisse Summe schuldig zu sein, die Schuld solle jedoch erlöschen, wenn der Thäter an einem

---

[51]) cf. auch Capitul. lib. V. CCCXLIV usw.

bestimmten Tage vor Gericht erscheine und bis dahin entweder gegen den König und alle seine Unterthanen oder bloß gegen letztere und speziell gegen denjenigen, welcher die Friedensbürgschaft verlangt hat, den Frieden bewahrt habe.[52]) Ähnlich ist die Bürgschaft für gutes Betragen[53]) (recognizances for good behaviour). Der Friedensrichter kann von allen, welche keinen guten Ruf haben (not of good fame), einerlei, wo sie angetroffen werden, von Trunkenbolden, Landstreichern usw. eine Sicherheitsleistung dafür verlangen, daß sie sich gegen den König und dessen Volk gut betragen werden.

Das A.L.R. kennt ebenfalls ein derartiges Schutzmittel:

> II tit. 20 § 534. „Der Bedrohte ist befugt, Sicherstellung durch Pfand oder Bürgen zu fordern, solange die nach den Umständen wahrscheinliche Gefahr fortdauert."

Auch im baden. St.G.B. §§ 280, 281 kommt eine ähnliche Bürgschaft vor, aber erst in zweiter Linie. Ist nämlich jemandem die Drohung oder Vorbereitung gewisser Delikte nachgewiesen, so wird dieser zur Stellung unter Polizeiaufsicht verurteilt, kann aber von dieser durch Leistung einer Sicherheitssumme (die vermutlich auch ein Dritter geben konnte) befreit werden.[54])

---

[52]) Sie kann auferlegt werden, wenn schon das Delikt (n) geschehen ist, also zur Verhütung des Delikts (n + 1), z. B. allen, welche sich in Gegenwart des Friedensrichters in ein Handgemenge einlassen (Mühry a. O.), ferner beim Zahlen oder Anbieten von falschem Gelde (Mühry S. 72) usw. Sie wird aber auch schon gegeben, ohne daß der Thäter irgend ein Delikt begangen hätte, nämlich wenn eine solche That nur befürchtet wird, also zur Verhütung des Deliktes (n), z. B. bei dem sog. swearing the peace gegen einen anderen, d. h. wenn jemand schwört, daß er von der betreffenden Person Brandstiftung, Körperverletzung usw. befürchte und daß er dies nicht aus Böswilligkeit behaupte (Mühry S. 347).

[53]) Mühry S. 352.

[54]) Die C.C.C. zieht diesem psychologischen Mittel der Bürgschaft das mechanische der Gefangenhaltung vor. Art. CLXXVI. Wenn .... „eyner person nit zu vertrawen oder zu glauben wer, dass sie die leut gewaltsamer thätlicher beschedigung vnd übels vertrüge, vnd bei recht vnd billicheyt bleiben liess, vnd sich solchs zu recht gnug erfünde, vnnd dann die selbig person, desshalb kein notturft caution, gewissheyt oder sicherheyt machen kundt, solchen künfftigen vnrechtlichen schaden vnd übel zu fürkommen, soll dieselbig vnglaubhafftige boshafftige person inn gefengknuss, als lang biss die nach erkantnuss des selben gerichts gnugsame caution sicherung, vnd bestandt für solche vnrechtliche thätliche handlung thut, durch die schöpffen

Die Wirkung dieser Bürgschaft ist die einer Straferhöhung, der Thäter hat nicht nur die gewöhnliche Deliktsstrafe, sondern auch die Sicherheitsleistung verwirkt, wenn er die That begeht. Bei der Friedensbürgschaft kommt auch noch hinzu die Furcht vor den Bürgen, die ihr Geld verlieren, ihr Vertrauen getäuscht sehen und deshalb dem Thäter zu Feinden werden würden (cf. hierüber S. 31).

Auch in der bedingten Verurteilung liegt in Hinsicht auf das Delikt (n + 1) eine Straferhöhung. Ihr Wesen besteht bekanntlich darin, daß die Strafe für das Delikt (n) an dem Thäter erst vollstreckt wird, wenn er innerhalb eines gewissen Zeitraumes das Delikt (n + 1) begeht. Wir haben hier also die thatsächliche Lage, daß das Delikt (n + 1), welches natürlich auch mit seiner eigenen Strafe, sagen wir 3 Jahre Gefängnis, bedroht ist, zugleich auch mit der für das vorhergehende Delikt, sagen wir 2 Jahre, bedroht wird, also im ganzen statt mit 3 Jahren mit 5 Jahren. Grund, Form, Auslegung usw. mögen sein wie sie wollen, es bleibt immer die Thatsache: begeht der Thäter das (zweite) Delikt, so wird er mit 5 Jahren bestraft; begeht er es nicht, so ist er straffrei. Auf ihm lastet also der volle Druck einer Strafandrohung von 5 Jahren.[55])

§ 4. Gesichtspunkte de lege ferenda.

Die vorstehenden Ausführungen über die Wirkungen der Strafmodifikationen haben im wesentlichen blos konstatierende Bedeutung; eine mehr kritisierende Betrachtung, etwa zu gesetzgeberischen Zwecken, würde noch andere, weitergehende Untersuchungen erfordern.

Wir würden z. B. tief in die sog. Strafrechtstheorieen eindringen müssen, besonders in die Frage, ob das Interesse des Ver-

---

rechtlich erkant werden, ...“ Vielleicht lag aber in diesem Artikel ebenfalls eine Friedensbürgschaft, nämlich wenn eine deponierte oder von Dritten verbürgte Geldsumme als „gnugsame caution sicherung vnd bestandt“ betrachtet werden durfte.

[55]) Der Thäter befindet sich hier in dem Zeitraume zwischen dem Delikte (n) und dem Delikte (n + 1) in einer derjenigen ganz analogen Lage, in welcher er sich bei Delikten, deren Versuch strafbar ist, im Stadium IV, nämlich zwischen Vollendung der Handlung und Eintritt der Folgen, befindet: übt er thätige Reue, so wird ihm die schon verfallene Versuchsstrafe erlassen, übt er sie nicht, so wird die Versuchsstrafe auf die Vollendungsstrafe erhöht (cf. auch die Lage des Thäters beim freiwilligen Rücktritt im Stadium III).

brechers höher stehen soll als das des Verletzten, ob das Delikt (n) den Schwerpunkt bilden soll oder die Delikte (n + 1) (n + 2) ..... Bei jedem Delikte (wenigstens der überwiegenden Mehrzahl) sind drei Personen interessiert: Thäter, Verletzter und Staat, ersterer als Urheber, der Verletzte als direktes Objekt, der Staat als indirektes Objekt, indem seine Gesetze übertreten sind. Sehr oft kommt nun der Gesetzgeber in die Verlegenheit, die drei Personen nicht in gleicher Weise berücksichtigen zu können. Sieht er nur auf den Thäter (z. B. auf Besserung), so ist vielleicht das Gesetz a das beste, während der Verletzte bei dem Gesetz b sich besser steht und schließlich für den Staat das Gesetz c das vorteilhafteste ist. Wir finden deshalb in den Rechten der verschiedenen Zeiten und Völker bald die eine, bald die andere der drei Personen auf Kosten der übrigen bevorzugt oder benachteiligt. Der andere Gesichtspunkt für den Gesetzgeber ist der auf das Delikt (n) oder das Delikt (n + 1). Die absoluten Strafrechtstheorieen haben nur das Delikt (n) im Auge „quia peccatum est“, die relative hauptsächlich das Delikt (n + 1) „ne poccetur“.

Nicht blos bei der Strafe selbst, sondern auch bei anderen strafrechtlichen Instituten tritt dieser Unterschied hervor, besonders deutlich z. B. bei der thätigen Reue. Nehmen wir an, der Besitz eines gestohlenen Buches, dessen Ladenpreis 5 Mark beträgt, hat einen Wert von 50 Pfennigen für den Dieb und aus irgend einem Grunde einen Affektionswert von 500 Mark für den Bestohlenen. Nimmt der Gesetzgeber das Delikt (n) und den Bestohlenen (n) als Hauptgesichtspunkte, so sagt er: „bringt der Dieb die gestohlene Sache zurück, so wird er straflos“. Sieht er dagegen auf das Delikt (n + 1), so darf er nicht so verfahren, denn wenn der Dieb (n) so günstig davon kommt, so wird er sowie andere, die dies sehen, zu neuen Übelthaten ermuntert und statt der nächsten fünf bis sechs Diebstähle sind vielleicht zehn bis zwölf zu erwarten.

Ferner müßte auf die Statistik eingegangen werden. Bei der Straf-Erhöhung und Milderung wäre diese (wenigstens theoretisch) noch annähernd zu erlangen, z. B. dadurch, daß man die Statistik derjenigen Länder, wo jene eingeführt sind, mit der Statistik derjenigen vergleicht, wo sie nicht eingeführt sind. Bei freiwilligem Rücktritt und thätiger Reue wäre eine Statistik schon schwieriger aufzustellen, denn da sie die Verhütung bezw. die Anullierung des Deliktes herbeiführen, so kommt bei günstigem Erfolge derselben das

Delikt meistens überhaupt nicht zur Konstatierung. Vielleicht könnte man indirekt verfahren, indem man (probeweise) das betreffende Institut einführt und die Anzahl der Fälle vor der Einführung mit der Anzahl eines gleichen Zeitraumes nach derselben vergleicht; die Differenz beider und die Zahl der etwa direkt konstatierten Fälle wäre dann ungefähr die Zahl der durch die thätige Reue anullierten Delikte. (Man könnte auch z. B. Deutschland mit Österreich, wo, wie oben erwähnt, das Institut der thätigen Reue nach dem Diebstahl besteht, vergleichen, jedoch käme dort die Verschiedenheit der Volksstämme usw. in Betracht.) Genug, auf diese Fragen wollen wir nicht weiter eingehen.

§ 5. Einige besondere Modifikationen.

Zum Schluß mögen noch einige besondere interessante Modifikationen erwähnt werden.

Im chinesischen Strafrechte finden wir folgendes Gesetz:

> Staunton s. 254, p. 271. „If the relations of persons intending to commit the aforesaid crime[56]) shall, previous to the commission of any overt act, deliver them up to the officers of justice, those who are so delivered up, and their several relations, shall all of them, be entirely pardoned."

Wollte man dieses Gesetz im deutschen oder selbst im europäischen Strafrechts-System einreihen, so würde man in Verlegenheit kommen, an welcher Stelle man ihm einen Platz anweisen sollte. Würde man auch, wie die chinesischen Strafrechtsgelehrten, die Verwandten des Hochverräters wegen ihrer Verwandtschaft als Mitschuldige betrachten, so läge zwar in Bezug auf sie thätige Reue bezw. freiwilliger Rücktritt vor, wie soll man aber die Straflosigkeit des Thäters begründen? Es ließe sich diese Behandlungsweise nur aus kriminalpolitischen Gründen erklären. Von diesem Gesichtspunkte aus muß man sie aber auch als eine fein ausgedachte und gut gelungene bezeichnen. Weiß z. B. in Deutschland eine Familie, daß ihr Oberhaupt einen Hochverrat vorbereitet oder begonnen hat, so steht sie, falls ihr nicht zufällig andere Mittel zu Gebote stehen, vor der Wahl, entweder durch ihre Anzeige den Vater einer Zuchthausstrafe oder sich selbst einer Gefängnißstrafe bis zu 5 Jahren

[56]) Hochverrat.

(§ 139) auszusetzen. Zwischen dieser Scylla und Charybdis führt jenes chinesische Gesetz sicher hindurch.

Nehmen wir einmal folgende Sachlage an: ein Teil einer Erbschaft kommt aus irgend einem Grunde dem Staate zu; dieser weiß aber nichts davon. Es ist nun Gefahr da, daß der Erbe sich denselben aneigne. Denn einerseits wirkt die günstige Gelegenheit sehr stark, andererseits die Strafandrohung sehr schwach, weil ihr Hemmschuh, die Hoffnung auf Unentdecktbleiben, zu groß ist. Der römische Staat greift nun zu folgendem Mittel: er schenkt dem Thäter die eine Hälfte der betreffenden Sachen, wenn er die anderen abliefert.

l. 13, pr. § 1—3, D. 49, 14. „Edicto divi Traiani, quod proposui, significatur, ut, si quis, antequam causa eius ad aerarium deferatur, professus esset eam rem quam possideret capere sibi non licere, ex ea partem fisco inferret, partem ipse retineret. Idem postea edicto significavit, ut, quaecumque professa esset vel palam vel tacite relictum sibi quod capere non posset et probasset iam id ad fiscum pertinere, etiamsi id non possideret, ex eo, quod, redactum esset a praefectis aerario, partem dimidiam ferat. Nihil autem interest, quae causa impediat ius capiendi. Id autem deferri debet, quod latet, non id quod fisci est."

Von einer Belohnung kann man hier eigentlich nicht reden, denn der Empfänger thut nichts, wofür er belohnt werden könnte, er thut nur nichts schlechtes, nämlich er nimmt kein Geld an, welches ihm nicht zukommt. Man könnte es also höchstens eine Belohnung nennen dafür, daß er nicht sündigt.

Ganz analog ist im modernen Rechte die Behandlung des Finderlohns. Das Behalten der gefundenen Sache wird als Diebstahl bezw. als Unterschlagung bestraft, aber „Gelegenheit macht Diebe!" Der Gesetzgeber hat nicht viel Vertrauen zu seiner Strafandrohung und fügt deshalb diesem Drohmittel noch ein Lockmittel hinzu, indem er dem Finder einen Teil des Wertes der gefundenen Sache (meistens zehn Prozent) gesetzlich zusichert. Man nennt diese Prozente zwar Finderlohn, bei genauerer Betrachtung findet sich auch hier eigentlich nichts Belohnenswertes (falls nicht etwa der Finder Kosten oder Arbeit aufgewandt hat). Wir haben hier wieder wie in dem obigen Falle, eine Belohnung für das „Nichtsündigen".

Diese Auffassung: das Nichtsündigen als Gutesthun gelten zu lassen („das Gute — dieser Satz steht fest — ist stets das Böse, was man läßt!") wird manchem sonderbar erscheinen. Trotzdem findet sie sich ziemlich häufig, sowohl im Rechte, wie in der Geschichte, wie im alltäglichen Leben. In folgenden Gesetzen wird es z. B. dem Thäter als Strafmilderung angerechnet, wenn er einen noch größeren Schaden hätte anrichten können, dies aber freiwillig nicht gethan hat.

Österr. St.G.B. § 47. „Milderungsumstände in Rücksicht auf die Beschaffenheit der That sind: . . .

b) wenn das Verbrechen mit freiwilliger Enthaltung von Zufügung größeren Schadens, wozu die Gelegenheit offen stand, verübt worden."[57])

Bairisch. St.G.B. Art. 94. „Aus der im vorgehenden Art. 93 (Nr. VI) bestimmten Ursache[58]) mindert sich die Strafe 1) wenn der Verbrecher Gelegenheit hatte, einen größeren Schaden zu stiften und sich freiwillig auf einen geringeren beschränkt hat."[59])

Denselben Gedankengang finden wir bei einem der größten Geister, Napoleon I. In einem Briefe an den Befehlshaber von St. Helena erhebt er Widerspruch gegen die ihm widerfahrende Behandlung: er sei nicht Gefangener von England, sondern von Preußen, Österreich und Rußland, und eine solche Behandlung könne unmöglich im Sinne der Herrscher jener Länder sein. Sie sämtlich seien ihm zu Danke verpflichtet: dem Kaiser von Österreich habe er viermal, dem Könige von Preußen einmal den Thron zurückgegeben und den Kaiser von Rußland habe er nach der Schlacht von Austerlitz mit den Trümmern seiner Armee gefangen nehmen können, habe es aber nicht gethan.[60])

Ähnlich ist es mit dem im täglichen Leben so oft gespendeten Troste: „beruhige dich nur, es ist nicht so schlimm", man kann statt dessen auch sagen: „beruhige dich nur, es hätte noch schlimmer sein können". (Z. B. auf einen speziellen Fall angewendet: „tröste dich, du hast ja noch die Hälfte von deinem Vermögen gerettet"

---

[57]) Denselben Wortlaut hat österr. M.G. § 115.

[58]) Geringerer „Grad von Verdorbenheit und Verwilderung".

[59]) Ähnlich württemberg. St.G.B. Art. 111 usw.

[60]) Montholon. La Captivité de Sainte Hélène I S. 128 f.

und: „tröste dich, du hättest die andere Hälfte auch noch verlieren können.")

Das Fehlerhafte dieses Gedankens liegt in der Größe des gewählten Gesichtsfeldes. Betrachtet man nur den Zeitraum, wo Napoleon den Kaiser von Österreich wieder auf den Thron steigen läßt, wo der Räuber aus Mitleid dem Beraubten den notdürftigen Lebensunterhalt zurückerstattet, so haben wir ohne Zweifel eine Handlungsweise, welche dem Gegner etwas Gutes thut, also ein gutes und belohnenswertes Benehmen. Erweitert man jedoch das Gesichtsfeld und betrachtet die gesamte Handlung, also auch die Zeit, wo Napoleon seine Gegner vom Throne stieß, wo der Räuber sich des ganzen Vermögens bemächtigt, so kommt man zu der Ansicht, daß nach Abzug jener eben genannten guten Handlung doch noch ein gewaltiger Überschuß an schlechter Handlung übrig bleibt.

Vom kriminalpolitischen Standpunkte aus können aber derartige Bestimmungen trotzdem eine gute Wirkung haben, denn sie geben dem Thäter immerhin die Gelegenheit, eine geringere Strafe zu erringen. Die Art und Weise, wie dies geschieht, ist allerdings eine andere als die gewöhnliche. Hat z. B. der Thäter für das, was er von dem betreffenden Delikte schon gethan hat, bezw. noch zu thun gedenkt, 5 Jahre Freiheitsstrafe zu erwarten, und es bietet sich ihm plötzlich eine Gelegenheit, noch mehr Schaden anzurichten, so ist die gewöhnliche Form der Abschreckung: „wenn du weiteren Schaden anrichtest, erhältst du zu den 5 Jahren, die du durch dein übriges Handeln verdient hast, noch eine weitere Strafe"; in unserem Falle heißt es dagegen: „wenn du keinen weiteren Schaden anrichtest, so wird dir von den 5 Jahren, die du durch dein übriges Handeln verdient hast, ein Teil abgezogen."[61])

Kapitel IV.

Bekämpfungsmethoden gegen eine Verbrechermehrheit.

Wir gehen nun zu den Fällen über, in welchen der Gesetzgeber nicht einen einzelnen, sondern eine Mehrheit von Thätern

[61]) Ähnliches sahen wir schon bei der bedingten Verurteilung (S. 92): „wenn du das zweite Delikt nicht begehst, wird dir die Strafe für das erste erlassen."

vor sich hat. Diese Mehrheit soll im weitesten Sinne gefaßt sein, also Bande, Komplott, Teilnehmer, Begünstiger, Hehler usw. kurz jede Art von Beteiligten am Delikte.

Zunächst wollen wir die gesamte Verbrecherwelt als ein Ganzes betrachten und sehen, wie der eine Verbrecher mit dem anderen bekämpft werden kann, ohne daß beide durch ein spezielles Delikt, welches sie begangen haben oder begehen wollen, in Beziehung zu einander stehen.

§ 1. Allgemein gegenseitige Bekämpfung der Verbrecher.

Eins der besten Beispiele liefert das isländische Gesetzbuch, die Graugans. Auch in Island existierte seiner Zeit (gegen 1000 n. Chr.) das Institut der Friedlosigkeit, d. h. der Verbrecher wurde proskribiert, er wurde Waldgänger. Die Strafe bestand darin, daß jeder ihn bußlos erschlagen durfte und sollte, und er deshalb in Wäldern versteckt ein trostloses Leben führte. Die Proskription wurde schon bei verhältnismäßig kleinen Delikten verhängt, z. B. bei Diebstählen im Werte von einer halben Unze und darüber, bei Hehlerei und Begünstigung derselben, beim Entfliehenlassen eines gefangenen Proskribierten usw. Nun kam einst, wie die Landnamasaga erzählt, ein ungeheuer harter Winter, so daß man Raben und Füchse aß, und altersschwache Leute als unnütze Esser, totschlug oder vom Felsen hinabstürzte. In dieser Not wurden die Armen zu Raub und Diebstahl gedrängt und die Zahl der Waldgänger wuchs zu einer gefährlichen Macht heran.[1]) Was war nun zu thun? Ließ man die Sache beim Alten, so war Gefahr da, daß die Proskribierten sich organisierten und einzelnen Gemeinden, wo nicht gar dem ganzen Staat verderblich wurden. In Athen, wo man einst in einer ähnlichen Lage sich befand, nämlich, als zur Zeit der 30 Tyrannen beinahe die Hälfte der Bürgerschaft sich des Hochverrats schuldig gemacht hatte, erließ man eine allgemeine Amnestie. In Island verfiel man dagegen auf den Gedanken, die Proskribierten einen gegen den anderen zu hetzen und sie sich auf diese Weise vom Halse zu schaffen. Man teilte die feindliche Macht in zwei Lager, die schweren und die leichteren Verbrecher und spielte die

---

[1]) Überhaupt pflegten die Proskribierten eine große Landplage zu sein, wie die Chroniken jener Zeiten erzählen, z. B. die Flomanna S. c. 24: diesen Winter geschah es, daß viel schlimmes von Friedlosen verübt wurde. cf. Wilda S. 915 not. 4.

leichteren sowohl gegen einander selbst als auch gegen die schweren aus. Es wurde nämlich auf den Rat des Eiulf Valgerdarsen folgendes Gesetz gegeben.[2])

„Proscriptus alium proscriptum ad suam immunitatem acquirendam occidens domum accedat, ubi sese tuto agere opinatur, et sui iuris homini indicet se proscriptum interfecisse, corpus demortuum monstrans. Tum proscriptus fit non alendus, sed (peregre) vehendus, revertendi licentia destitutus. Si duo occiderit proscriptos, exul fit. Si tertium occiderit, condemnatio ejus omnino evanescit. Imo: si proscriptum unicum, cujus coedes majoribus proemiis emitur, interfecerit, a poena proscriptionis omnino liberatur."

Wer also als leichter Verbrecher drei andere leichte oder einen schweren tötete, war straffrei.[3])

Der Erfolg dieses Gesetzes wird uns mit dürren Worten in der Landnamasaga erzählt: proscripti se invicem occidebant[4]).

Eine ähnliche Behandlungsweise finden wir in China. Die Sachlage ist folgende. Eine Anzahl Gefangener sind ausgebrochen, unter ihnen einige raffinierte schwere Verbrecher; hält diese Bande zusammen, so kann sie, besonders wenn sich ein geeigneter Führer

---

[2]) Gragas II tit. CXL. De coede proscriptorum denuntianda.

[3]) Erhöht wurde die Kraft dieser Gesetze noch dadurch, daß man auch Nichtproskribierten gestattete, Tötungen von Waldgängern für Rechnung von anderen Waldgängern gelten zu lassen. Es galt dies dann an Stelle der ausgesetzten Belohnung. Auf diese Weise wurden Leute, welche das Unglück hatten, daß sich ein Freund oder Verwandter unter den Proskribierten befand, noch besonders zur Bekämpfung letzterer angestachelt.

[4]) Die ganze hierhingehörende Stelle der Landnamasaga lautet überhaupt im Anfange der Mantissa von Islands' Landnama-Bok wie folgt:

„Saeva erat annona (et mala eam concomitari solita) durante ethnicismo, cum Rex Haralldus Grafelldus cecidit et Comes Hakon Gubernaculum regni Norvegiae capessivit, haec in Islandia annona omnium saevissima fuit, cum corvi et vulpes multaque non edulia comederentur, sed quidam personas decrepitas et laboribus sustinendis ineptas trucidari fecerunt, et per praerupta praecipites dedere. Multi tunc fame perierunt, alii latrocinii se dedere, quare praescriptionis poenam incurrebant et proscripti se invicem occidebant, nam e consilio Eyulfi filii Valgerdae in leges relatum fuerat quod quicumque tres (exilii) reos interfecerit, securitatem sibi requireret."

unter ihnen befindet, manches einzelne Gehöft und manches Dorf plündern, ehe sie zersprengt oder dingfest gemacht wird. Gerade so wie in Island wird nun den schweren Verbrechern von vornherein der Pardon versagt. Im übrigen ist die Behandlung eine etwas andere. Die gleich schweren Verbrecher werden in zwei ungleiche Teile geteilt und der kleinere gegen den größeren gehetzt und ferner jeder Verbrecher gegen jeden anderen, welcher ein größeres Verbrechen begangen hat als er selbst. Das Gesetz lautet:

> Staunton, s. 27 p. 29. „When all the parties to any offence have effected their escape from justice, if any individual amongst them surrenders voluntarily, and also delivers into custody one other more guilty than himself; or if, when the guilt is equal, the larger portion of the party are delivered up by the smaller, those who thus voluntarily surrender themselves shall be pardoned, except in cases of killing, of wounding, and of criminal intercourse between the sexes."

Die Wirkungen dieses Gesetzes sind leider nicht, wie oben bei jenem isländischen aufgezeichnet. Wenn aber auch der Endzweck desselben, nämlich die Einlieferung des einen Teils der Bande durch den anderen oder die einzelner schwererer Verbrecher durch leichtere nicht erreicht wird, so wird doch wenigstens der Zusammenhalt der Bande ein bedeutend lockererer, wenn sie nicht gar gesprengt wird. Denn kein Mitglied ist sicher, daß es nicht von einem seiner Genossen in einem unbewachten Augenblicke dingfest gemacht und vor Gericht gebracht wird.

Ein ähnliches Gesetz zeigt uns der Code Anamite. Hier wird das Gegeneinanderausspielen noch verschärft dadurch, daß der Verheißung des Straferlasses noch die einer Belohnung hinzugefügt, also ein doppeltes Lockmittel benutzt wird.

> C. A. p. 68. „Si un voleur s'empare d'autres voleurs ou de ses complices et qu'il les amène devant le juge, non seulement on lui pardonnera, mais il sera récompensé."

Auch das römische Recht kennt diese Methode, z. B. hetzt es den einen Amtserschleicher gegen den anderen, wenn beide auch in keinem Konnex miteinander stehen. Es sagt nämlich in betreff eines solchen:

l. 1 § 2 D. 48, 14: „Qua lege damnatus si alium convicerit, in integrum restituitur, non tamen pecuniam recipit.“

Ferner spielt es einen Überläufer gegen andere Überläufer oder gegen Räuber aus:

l. 5 § 8 D. 49, 16: „Qui transfugit et postea multos latrones adprehendit et transfugas demonstravit, posse ei parci divus Hadrianus rescripsit: ei tamen pollicenti ea nihil permitti oportere.“

Manche Rechte verwenden nicht Straferlaß, sondern nur Strafmilderung, z. B. das Kriminalgesetzbuch für den Kanton Basel von 1821.

§ 35: „Milderungsgründe sind ..... i) wenn er andere unbekannte Verbrecher entdeckt oder aus eigenem Antriebe zu deren Habhaftwerdung Mittel und Gelegenheit gegeben hat.“

Denselben Milderungsgrund hat das bayr. St.G.B. Art. 94 Nr. 6 und das österr. St.G.B. § 46 i. Eine nur fakultative Milderung gewährt das russ. St.G.B.[5])

Im deutschen St.G.B. geht diese Methode in den mildernden Umständen und dem Strafrahmen auf, und ist infolgedessen bedeutend abgeschwächt, wenn nicht gar überhaupt aus dem Strafrecht verwiesen, cf. oben S. 77. (Z. B. denke man sich, daß ein Dieb oder Mörder mit einem gefesselten Räuber vor dem Staatsanwalt erschiene und nun das Minimum der Strafandrohung für sich beanspruchte.)

Wir ziehen nun den Kreis enger und fassen nicht mehr die gesamte Verbrecherwelt zusammen, sondern nur aus ihr gewisse Komplexe von Verbrechern, welche durch dasselbe Delikt oder durch Delikte, welche im wesentlichen gleichartig sind, zusammengehalten werden, z. B. Bande, Komplott, Teilnahme usw.

---

[5]) Art. 153. „Eine im Gesetze auf irgend welches Verbrechen oder Vergehen gesetzte Strafe kann nicht nur im Maße und Grade, wie dies oben im Artikel 135 festgestellt ist, sondern sogar auch in einem die Grenzen der gerichtlichen Kompetenz überschreitenden Verhältnisse gemildert werden: 1) Wenn der Verbrecher..... überdies durch rechtzeitiges Beibringen sicherer Nachweisungen die Ausführung eines anderen verbrecherischen Vorsatzes verhindert, welcher eine oder mehrere Personen, oder die ganze Gesellschaft und den Staat mit Gefahr bedrohte.“

§ 2. Methoden vor Vollendung der That.

Zunächst nehmen wir die Behandlungen, welche das Delikt (n) verhüten sollen, oder mit anderen Worten, wir betrachten die Behandlungsweise der Verbrechermehrheit in Bezug auf ein Delikt, ehe dasselbe zur Perfektion gelangt ist[6]).

Man kann zwei Methoden unterscheiden, eine, welche darin besteht, einen Teil der Gegner abzusondern, lahm zu legen, neutral zu machen; und eine andere, welche darin besteht, einen Teil der Gegner zur Bekämpfung des anderen Teiles zu benutzen. Oft gehen diese beiden Methoden in einander über und sind schwer zu unterscheiden, oft grenzen sie sich jedoch scharf von einander ab, so z. B. bei der augenblicklich vorliegenden Materie, sowie bei den später zu behandelnden verbotenen Verträgen.[7])

I. Neutralisierung eines Teiles der Mitschuldigen. In China und Annam[8]) ist diese Behandlungsart sehr beliebt, denn man begegnet in den dortigen Gesetzen über Banden, Verschwörungen usw. sehr häufig der Formel: „. . . . s'il-y-en ait un parmi eux, qui ne veuille plus y participer . . . .“ und dieser folgt dann irgend eine goldene Brücke für schwankende Komplizen.

Die Neutralisierung kann in einer besonderen juristischen Konstruktion des Deliktes liegen, nämlich darin, daß man die Perfektion desselben erst nach mehrmaliger Aufforderung eintreten läßt, so z. B. im deutschen St.G.B. § 116. Manche Gesetze gebrauchen diese Methode aber in anderen Formen nämlich in der der thätigen Reue z. B.

C. pén. Art. 100. „Il ne sera prononcé aucune peine, pour le fait de sédition, contre ceux qui,

---

[6]) Auf eine schärfere Abgrenzung der verschiedenen Deliktsstadien, wie wir sie oben kennen gelernt haben, kommt es hier nicht an.

Ist eine Vorbereitungshandlung unter Strafe gestellt, so soll mit dem Delikte (n) nicht diese, das Vordelikt, gemeint sein, sondern das eigentliche Delikt, das Hauptdelikt. Von diesem Gesichtspunkte aus fällt z. B. die Behandlung der Komplottisten, Verschwörer usw. unter die Behandlung von Verbrechen und Verbrechern vor der That.

[7]) cf. Kapitel VI.

[8]) In beiden Reichen gilt bis auf wenig Abweichungen dasselbe Recht, so daß man die (französische) Übersetzung des Code Anamite von Aubaret im großen Ganzen als eine Ergänzung zu der leider nicht vollständigen (englischen) Übersetzung des chinesischen Rechtes von Staunton ansehen kann. (Kohler, chines. St.R. S. 11.)

ayant fait partie de ces bandes sans y exercer aucun commandement, et sans y remplir aucun emploi ni fonction, se seront retirés au premier avertissement des autorités civiles ou militaires, ou même depuis, lorsqu'ils n'auront été saisis que hors des lieux de la réunion séditieuse, sans opposer de résistance et sans armes.“ [9])

Griech. St.G.B. Art. 173. „Wenn sich die Zusammengerotteten auf Befehl der Obrigkeit oder ihrer Diener sogleich wieder auseinander begeben und in Gehorsam unterwerfen, so sollen nur die Anstifter und Anführer mit Gefängnis bis zu sechs Monaten bestraft werden.“

Ferner kann durch die verschiedenen Strafabstufungen, als da sind Straferhöhung, Strafmilderung, Straferlaß, Strafrahmen, mildernde Umstände, freiwilliger Rücktritt, thätige Reue (besonders bei Selbstanzeigen), verschiedene Bestrafung der Anstifter, Thäter, Gehülfen (womöglich unter diesen noch verschiedene Grade) usw. dem Komplexe der Thäter Abbruch gethan werden.[10]) So werden z. B. Anstifter und Rädelsführer einer Mehrheit meistens härter bestraft als die übrigen Beteiligten. Es wird diese Maßregel häufig den Erfolg haben, daß sich niemand zu dem härter bedrohten Posten findet und deshalb eine Mehrheit entweder von Thätern überhaupt nicht zustande kommt oder führerlos und infolgedessen weniger gefährlich und leichter auflösbar bleibt. Oft sucht man auch andere Leute, deren Teilnahme der Verhältnisse halber besonders gefährlich ist, durch diese Methode auszusondern, z. B. sind nach dem österr. M.G. bei Meuterei in § 165 Offiziere, Kadetten und Unteroffiziere,

---

[9]) Ähnlich der C. pén. Belge Art. 134 u. 273.

[10]) Oft wird auch jegliche Abstufung unter der Verbrechermehrheit zurückgewiesen, z. B. in dem preuß. Gesetze über die Bestrafung unbefugter Gewinnung oder Aneignung von Mineralien vom 26. März 1856, § 2 Abs. 2: „Der Versuch, die Teilnahme, die Hehlerei und die Begünstigung wird mit gleicher Strafe bestraft“, ferner C. pén. Art. 97. „Dans le cas où l'un ou plusieurs des crimes mentionnés aux articles 86, 87 et 91*) auront été executés ou simplement tentés par une bande, la peine de mort avec confiscation des biens sera appliquée, sans distinction de grades, à tous les individus faisant partie de la bande et qui auront été saisis sur le lieu de la réunion séditieuse ...“ und andere Gesetze. Wir werden hierauf später noch bei den zweischneidigen Bekämpfungsmethoden zurückkommen.

*) Verbrechen gegen den Staat.

„wenn sie einem solchen Verständnisse sich selbst beigesellt haben, gleich den Aufwieglern und Rädelsführern zu bestrafen.“ Man kann überhaupt beliebige Beteiligte herausgreifen und mit schwererer Strafe bedrohen, z. B. den ältesten, wie in Edmunds Gesetzen:

> III. 4. De servo fure. „Et de servis qui furentur, senior ex eis capiatur et occidatur vel suspendatur et aliorum singuli verberentur ter et extorpentur et truncetur minimus digitus in signum.“

oder den Schreiber, wie in folgendem chinesischen Gesetze:

> Staunton s. 28 p. 30. „In all cases of officers of government associated in one department or tribunal, and committing offences against the laws as a public body, by false or erroneous decisions, and investigations, the clerk of the department or tribunal shall be punished as the principal offender, the punishment of the several deputies, or executive officers, shall be less by one degree, and that of the assessors less by another degree, and that of the presiding magistrate less by a third degree.“

Bei dem letztgenannten Gesetze wird wohl oft der Schreiber sich von der Beteiligung fernhalten, und, wenn er nicht entbehrt werden kann, so wird das Delikt verhindert. Bei dem vorhergehenden Gesetze kann es sich ereignen, daß jedesmal der älteste, sobald er erfährt, daß er der älteste ist, sich von der Teilnahme zurückzieht, und daß so stückweise das ganze Diebeskomplott abbröckelt, bis schließlich nur noch der jüngste übrig bleibt.

Welchen der Thäter man mit dieser Straferhöhung bedenkt, ist in Hinsicht auf die kriminalpolitische Wirkung gleichgültig, statt des Schreibers und der ältesten könnte man auch den jüngsten, größten usw. nehmen.[11])

Zuweilen sucht man diesen Zweck, die Ansammlung einer Mehrheit zu verhüten oder zu verringern, auch dadurch zu er=

---

[11]) Nach der That entwickelt sich keine Kraft mehr aus dieser Behandlungsmethode, denn, wenn es feststeht, wer der Rädelsführer, Schreiber, älteste ist, so ist die ganze Bestrafung schon entschieden, und steht dies nicht fest, so treibt auch keine Kraft die Beteiligten dahin, dies ans Licht zu fördern, denn wenn z. B. der Strafrahmen für den A feststeht, so kann es ihm (abgesehen von Bosheit usw.) gleichgültig sein, ob der B als Rädelsführer, ältester usw. noch härter bestraft wird als er selbst.

reichen, daß man dieselbe direkt als straferhöhenden Umstand bezeichnet, so z. B. im deutschen St.G.B. § 223a bei der Körperverletzung von mehreren, 243, 6, wenn der Diebstahl von Banden ausgeführt wird usw.

Viele Gesetze wenden die Methode der Neutralisierung auch beim Duell an.

> C. pén. Belge Art. 426. „Celui qui, dans un duel, aura fait usage de ses armes contre son adversaire, sans qu'il soit resulté du combat ni homicide ni blessure, sera puni d'un emprisonnement d'un mois à six mois et d'une amende de deux cents francs à mille francs. Celui qui n'aura pas fait usage de ses armes sera puni conformément à l'article 423.“ [12])
>
> Art. 427. „Celui qui dans un duel aura blessé son adversaire, sera puni d'un emprisonnement de deux mois à un an et d'une amende de trois cents francs à quinze cents francs.“

Ähnlich bedroht das niederländische St.G.B. Art. 154 die beiden Duellanten verschieden, je nachdem der Thäter dem Gegner eine schwere, eine leichte oder gar keine Verwundung beigebracht oder überhaupt nicht von seiner Waffe Gebrauch gemacht hat. [13]) Ferner finden wir auch den gänzlichen Straferlaß benutzt, um Komplizen gegenseitig abspenstig zu machen:

> C. A. p. 69, No. 6. „Si le complice à la suite d'un voleur, n'ayant encore blessé personne, ne veut plus suivre son chef de bande et va se dénoncer lui-même, il lui sera entièrement pardonné.“

Auch die Einziehung und Unbrauchbarmachung kann die Wirkung haben, vor der That einen Teil der Thäter abtrünnig zu machen und so womöglich das Delikt zu verhindern. [14]) Das dem

---

[12]) sc. 15 Tage bis 3 Monate und 100—120 fr.

[13]) Denken wir uns z. B. ein Pistolenduell in dem Zeitpunkte, in welchem der erste Schuß von A abgegeben ist. Das deutsche St.G.B. § 205 bestraft jetzt den B, auch wenn er zurücktritt, ebenso hart wie den A (Festungshaft von 3 Monaten bis 5 Jahren), das belgische Gesetz dagegen bedroht den B in diesem Zeitpunkte nur mit einer geringeren Strafe als den A, legt ihm also (wenn vielleicht auch ohne Absicht und meistens auch wohl ohne Erfolg) indirekt nahe, zurückzutreten.

[14]) Ihre Wirkung auf unschuldige Dritte, z. B. ein Jagdfrevler will sich ein Gewehr leihen, haben wir oben schon kennen gelernt (cf. S. 31 f.).

Menschen innewohnende Gefühl für Gleichheit wird sich im Kreise der Beteiligten dahin äußern, daß jeder gleich viel riskieren soll. Soll nun z. B. der A bei einer verbotenen Fischerei seine Geräte herleihen, so wird er sich vielleicht weigern, denn außer der alle gemeinsam treffenden Strafe riskiert er noch die Einziehung seines Eigentums. Können ihn dann seine Genossen nicht überreden und kann oder will auch ein anderer die nötigen Geräte nicht herleihen, so unterbleibt infolge der durch die Einziehung erzeugten Uneinigkeit das ganze Delikt.

Bilden sich unter den Soldaten Gruppen von Unzufriedenen oder gar schon Anfänge von Verschwörungen, so wächst die Gefahr bedeutend, wenn sich direkt oder indirekt Vorgesetzte anschließen. Das österr. M.G. sucht, wie wir schon oben sahen, dieser Erhöhung der Gefahr durch eine Erhöhung der Strafandrohung zu begegnen, nämlich dadurch, daß es Offiziere, Unteroffiziere und Kadetten den Rädelsführern ohne weiteres gleichstellt. Das schwedische M.G. giebt in diesem Falle die originelle Bestimmung, daß bezüglich der Beratschlagung durch Begünstigung (nicht im S. des deutschen St.G.B.) eines Offiziers oder Unteroffiziers nur diese bestraft, sämtliche übrigen Teilnehmer dagegen straflos werden.[15]) Welches von beiden Gesetzen das wirksamere ist, soll hier weiter nicht erörtert werden. Jedenfalls befindet sich beim letzteren der Offizier bezw. Unteroffizier in einer sehr fatalen Lage. Er ist ganz der Sorgfalt oder dem guten Willen seiner Untergebenen überliefert, denn diese haben keine Veranlassung mehr, sich in Acht zu nehmen vor Entdeckung, da ihnen keine Strafe mehr droht.

Eine andere Bekämpfungsweise von Meuterei, Aufruhr und ähnlichen Delikten wäre die, daß man dem Befehlshaber der sie bekämpfenden Truppen während der kritischen Zeit die Macht eines

---

[15]) Schwed. M. G., § 81. „Treten Personen des Soldatenstandes zur Beratschlagung über eine Sache zusammen, deren Besprechung geeignet ist, Furcht, Mismuth oder Misvergnügen unter den Truppen zu verbreiten, ... so sind die an der Zusammenkunft Beteiligten, ... zu bestrafen. Hat ein Offizier oder Unteroffizier zu dem vorerwähnten Zwecke Untergebene zusammengerufen, oder hat er denselben Erlaubnis erteilt, zu einer solchen Beratschlagung zusammenzutreten, so wird er mit Absetzung, Verlust des Amtes auf bestimmte Zeit oder mit Gefängnis, und, wenn die Beratschlagung Aufruhr oder ein anderes Verbrechen zur Folge gehabt hat, noch dazu gleich dem Anstifter dieses Verbrechens bestraft. Die Teilnahme der Untergebenen an der Beratschlagung bleibt straflos."

Gesetzgebers beilegt. Angenommen eine Abteilung, sagen wir Kompagnie, hat schon den Gehorsam verweigert und ist im Begriffe, zu Thätlichkeiten überzugehen, und 6—7 andere Kompagnieen warten hierauf, um sich sofort anzuschließen. Das allgemeine Gefühl, daß eine Strafe folgen werde, und selbst auch die genaue Kenntnis derselben z. B. 5—10 Jahre Gefängnis hat nun nicht die Wirkung, als wenn der Befehlshaber etwa verkünden darf: „Wer zum Gehorsam zurückkehrt, soll mit 4 Wochen Arrest davonkommen, wer nicht, erhält 10 Jahre Gefängnis.“ Eine derartige Methode, dem Befehlshaber die Macht eines Gesetzgebers beizulegen, scheint in folgendem Gesetze zu liegen:

> Österr. M.G. § 171. „Strafe nach beseitigter Gefahr. Wäre die empörte Mannschaft vor oder bei dem Erscheinen der zu ihrer Entwaffnung herbeigerufenen Macht zum Gehorsam zurückgekehrt, so ist gegen die Aufwiegler und Rädelsführer, wenn sie nicht nach dem § 162 und 163 die Todesstrafe verwirkt haben, auf fünf- bis zehnjährigen Kerker; gegen die sonst Schuldigen aber, wenn ihnen nicht eine mildere Behandlung im voraus zugesichert worden, auf Kerker von einem bis drei Jahre (§ 30) zu erkennen.“

Jene Methode liegt ferner sehr häufig in der allgemeinen Stellung der Befehlshaber verborgen, besonders in früheren Zeiten, z. B. in Rom, wenn bei allgemeiner Gefahr des Staates ein Diktator ernannt wurde; ferner in Zeiten, wo der militärische Befehlshaber unumschränkter Herrscher war, wo Tyrannen herrschten usw.

II. Gegenseitige Bekämpfung der Mitschuldigen. Eine schärfere Methode ist die, daß man einzelne Mitglieder einer Bande, eines Komplottes usw. nicht nur zum Abfall bringt, sondern sie sogar zum Kampfe ihrer eigenen Genossen verwendet.[16])

Bald besteht dieses Gegeneinandersetzen darin, daß der Staat den einen Beteiligten durch den anderen nur anzeigen läßt und die eigentliche Bekämpfung und Verhütung des Deliktes alsdann selbst in die Hand nimmt.[17])

---

[16]) Daß diese Methode erfolgreicher, ist als die vorige ist durchaus nicht gesagt, denn je mehr der Gesetzgeber von den Beteiligten für die verheißene Strafmilderung oder Straflosigkeit verlangt, desto schwerer werden sie auf den gemachten Vorschlag eingehen.

[17]) Über Anzeige durch Nichtbeteiligte cf. oben S. 9 f.

Diese Methode finden wir z. B. im deutschen Strafrechte im M.G. § 60 und § 104.

§ 60. „Wer von dem Vorhaben eines Kriegsverrats (§§ 57—59) zu einer Zeit, in welcher die Verhütung des Verbrechens möglich ist, glaubhafte Kenntnis erhält und es unterläßt, hiervon rechtzeitig Anzeige zu machen, ist, wenn das Verbrechen oder ein strafbarer Versuch desselben begangen worden, mit der Strafe des Mitthäters zu belegen."

§ 104. „Wer von einer Meuterei zu einer Zeit, in welcher die Verhütung der verabredeten strafbaren Handlung möglich ist, glaubhafte Kenntnis erhält und es unterläßt, hiervon rechtzeitig Anzeige zu machen, wird, wenn die verabredete, strafbare Handlung begangen worden ist, mit Freiheitsstrafe bis zu drei Jahren bestraft."[18])

Die Wirkung der beiden Paragraphen ist folgende: § 104 hat auf die Beteiligten nur die Wirkung, daß die Strafandrohung für sie erhöht wird. Lautet dieselbe z. B. ein Tag bis 5 Jahre, so lautet sie materiell genommen durch Hinzutritt des § 104 auf 2 Tage bis 8 Jahre weniger 1 Tag. M.G. § 60 hat auf Thäter, Mitthäter und Anstifter keine Wirkung, denn sie werden schon so wie so als Thäter bestraft. Für den Gehülfen bringt er die Erhöhung, daß er nicht als Gehülfe, sondern als Thäter bestraft wird. Diese Kraft in §§ 60 und 104, welche die Beteiligten gegen einander aufstachelt, wird noch bedeutend erhöht dadurch, daß die beiden folgenden §§ 61 und 105 für die Erfüllung der Anzeigepflicht Straferlaß verkünden. Es wirken also in diesem Falle ein Droh- und ein Lockmittel gleichzeitig: „wenn du nicht anzeigst, wirst du noch härter bestraft, wenn du anzeigst, wird die Strafe erlassen".

Weiter dürfte diese Bekämpfungsmethode vor der That im jetzigen deutschen Strafrechte nicht vertreten sein. Allenfalls kann

---

[18]) Olshausen § 139 No. 6a nennt statt der §§ 104 und 60 die beiden jedesmal folgenden §§ nämlich 105 und 61. Diese handeln aber nicht von einer Anzeigepflicht, sondern von einer Art der thätigen Reue (cf. oben S. 64). St.G.B. § 139 bezieht sich nicht auf Beteiligte, bei M.G. § 104 kann man zweifeln, bei M.G. § 60 aber nicht (cf. Olshausen a. O.). Bezöge nämlich letzterer Paragraph sich nicht auf Beteiligte, so würde der Gehülfe, welcher die That nicht anzeigt, nach § 44 St.G.B. milder bestraft werden als der unschuldige Dritte, welcher die That nicht anzeigt.

sie wieder in dem Institute des Strafrahmens und der mildernden Umstände liegen, überhaupt in den verschiedenen Strafabstufungen, indem der Thäter bewogen wird, seine Genossen zu bekämpfen, um eine möglichst geringe Strafe zu erhalten; die Kraft, die in dieser Hinsicht erzeugt wird, ist jedoch eine äußerst geringe.

Ausland und Vergangenheit bieten uns ein weit reichlicheres Material.

Die gegenseitige Bekämpfung mittels Anzeige der Genossen findet sich sehr häufig in den früheren deutschen Partikularstrafrechten, z. B. das württemb. St.G.B. Art. 187 läßt das Bandenmitglied frei, welches sich und seine Genossen anzeigt, cf. auf Art. 212 ib., ebenso das hannov. St.G.B. Art. 65, hess. St.G.B. Art. 82, nassau. St.G.B. Art. 134 usw.; ferner das griech. St.G.B. Art. 64, 131 u. a. Auch l. 5 § 6 u. 7, C. 9, 8 ist hier zu erwähnen, indem sie den mitwissenden Dienern und deren Söhnen, welche als Mitthäter beim Hochverrat betrachtet werden, Straferlaß und Belohnung verspricht, wenn sie in exordio initae factionis Anzeige erstatten, bloßen Straferlaß aber demjenigen, welcher „usus fuerit factione“ und erst später noch unbekannte Pläne verrät.

Bald verlangt der Gesetzgeber aber auch selbstthätige Bekämpfung der Genossen oder stellt dieselbe neben der bloßen Anzeige zur Wahl. Sehr häufig kommt dies ebenfalls in dem früheren deutschen Partikularstrafrechte vor, z. B.:

> Württembg. St.G.B. Art. 110. „Vermindert wird die Strafbarkeit vornehmlich, wenn er neben dem Bekenntnisse seiner eigenen Schuld, seine Mitschuldigen entdeckt, oder aus eigenem Antriebe zu deren Ergreifung Mittel und Gelegenheit angegeben hat.“

Ferner mögen folgende Gesetze erwähnt werden:

> C. pén. Art. 138. „Les personnes coupables des crimes mentionnés aux articles 132 et 133[19]) seront exemptes de peines, si avant la consommation de ses crimes et avant toutes poursuites, elles en ont donné connaissance et révélé les auteurs aux autorités constituées, ou si, même après les poursuites commencées, elles ont procuré l'arrestation des autres coupables.

---

[19]) Falschmünzerei.

Elles pourront néanmoins être mises pour la vie, ou à temps, sous la surveillance spéciale de la haute police."[20])

Griech. St.G.B. Art. 65. „Straflos ist auch der gemeine Teilnehmer, welcher bei der Ausführung nicht mitgewirkt, und vor derselben nicht nur seinen Austritt den Übrigen zu erkennen gegeben, sondern sie auch von der Ausführung abzuhalten sich bemüht hat.

Der Anstifter ist unter gleicher Voraussetzung mit der Strafe des Versuches zu belegen."[21])

Was den Rädelsführer und Anstifter der Mehrheit anbetrifft, so sahen wir oben schon, daß manche Gesetze ihn von seiner Bande zu entfernen, und manche ihn zur Anzeige seiner Genossen zu bewegen suchen. Besonders deutlich wird letzteres in folgendem Gesetze veranschaulicht:

Österr. M.G. § 229. „Wenn derjenige, der ein Desertions-Komplott gestiftet, oder in ein solches Komplott sich eingelassen hat, dasselbe und die Schuldigen zu einer Zeit, da sie noch geheim waren, und die Ausführung verhindert werden konnte, anzeigt, so bleibt derselbe von der

---

[20]) Ähnlich Art. 108 bei Verbrechen gegen den Staat.

[21]) (Ähnlich auch ungar. St.G.B. §§ 137, 151, 160.) In sonderbarem Gegensatze hierzu stehen folgende beide Stellen:

C. pén. Art. 106. „Celui qui aura eu connaissance des dits (gegen den Staat) crimes ou complots non révélés, ne sera point admis à excuse sur le fondement qu'il ne les aurait point approuvés, ou même qu'il s'y serait opposé, et aurait cherché à en dissuader leurs auteurs."

Griech. St.G.B., Art. 130, 2. „Diese Strafen*) sind auch dann anzuwenden, wenn derjenige, welcher von der Verbindung oder den Plänen Wissenschaft hatte, diese mißbilligt, oder sich ihnen widersetzt, oder die Urheber davon abzubringen gesucht hat."

Das griechische St.G.B. erkennt also die Bemühungen der Beteiligten unbedingt an (durch Straferlaß), die der Mitwisser nur, wenn sie Erfolg haben. Vom Standpunkte des psychologischen Zwanges heißt dies: die Mitschuldigen werden auf jeden Fall zum Kampfe aufgefordert, die Mitwisser nur, wenn sie glauben, daß ihre Bekämpfung von Erfolg begleitet sein wird. Auch vom Standpunkte der Schuld aus ist dieser Gegensatz interessant. Unter der Herrschaft des griechischen Gesetzbuches ist jemand, der das Delikt bei den Thätern zu bekämpfen sucht, nicht straffrei, wenn er blos um das Delikt gewußt, wohl aber, wenn er sich an demselben beteiligt hat.

*) Für Nichtanzeige.

verwirkten Strafe und von den im § 224 verhängten Verlusten befreit; auf eine Geldbelohnung aber kann der Stifter des Komplottes in keinem Falle Anspruch machen."

Manches Gesetz will ihn sogar zur selbstthätigen Bekämpfung veranlassen, so z. B.:

Dän. M.G. § 66. „Hat der Rädelsführer einer beabsichtigten Verräterei die strafbare Handlung verhindert, so kann nach Ermessen des Kriegsgerichts die Strafe herabgesetzt, aber nicht gänzlich erlassen werden."[22])

Noch weiter geht das sächs. St.G.B., Art. 59 Abs. 2, indem es sagt, es „sollen diejenigen, welche solches bewirkt haben[23]), selbst wenn sie als Anstifter zu betrachten wären, mit aller Strafe verschont werden". Auch das St.G.B. von Hamburg vom 30. April 1869, Art. 52 läßt den zurücktretenden Anstifter frei, wenn das Verbrechen unterblieben ist, und mildert seine Strafe auf die des nicht beendigten Versuchs, wenn er, seine Genossen an der Ausführung des Verbrechens abzuhalten, „mit allen ihm zu Gebote stehenden Mitteln sich bemüht".

Dieser guten Kraft, welche die Verheißung der Straflosigkeit erzeugt, stellt sich aber meistens eine schlechte entgegen, nämlich die Furcht vor den verratenen Genossen, und trägt in vielen Fällen wohl den Sieg davon. An und für sich ist letztere nämlich bedeutend größer, denn die Rache wird von erzürnten, nicht an ein Gesetz sich bindenden Gegnern geübt und besteht nicht selten in der Ermordung des Opfers, die Strafe dagegen wird von ruhigen, unparteiischen Richtern diktiert und muß außerdem streng nach den Vorschriften des Gesetzes geregelt werden. Wir finden deshalb hin und wieder einen Versuch des Gesetzgebers, diese schlechte Kraft zu beseitigen, so z. B. im österr. M.G.

§ 338. „Wer sich in eine auf Hochverrat abzielende Verbindung eingelassen, in der Folge aber, durch Reue bewogen, die Mitglieder derselben ..... entdeckt, dem wird die gänzliche Straflosigkeit und die Geheimhaltung der gemachten Anzeige zugesichert."

---

[22]) Ebenso § 94_3 ib. bei Verabredung zur Fahnenflucht.

[23]) Die Verhinderung des verabredeten Vorhabens.

§ 3. Methoden nach Vollendung der That.

In der Zeit nach Begehung der That spielt die Methode der Neutralisierung nur eine äußerst geringe Rolle und mag deshalb nur wenig berücksichtigt werden. (Bei der Bekämpfung der Verträge tritt sie jedoch wieder mehr in den Vordergrund, cf. in Kapitel VI die persönliche Behandlungsmethode b und ihre Kombination.)

Im deutschen St.R. fallen uns zuerst wieder die Strafabstufungen, besonders Strafrahmen und mildernde Umstände ins Auge. In beiden kann eine Kraft liegen, welche einzelne Teilnehmer nach der That sowohl von ihren Genossen abspenstig macht, indem sie sich selbst anzeigen, als auch sie zur Bekämpfung derselben veranlaßt.

Eine größere Kraft liegt in der Gesamthaft für eine zu zahlende Buße oder einen Schadenersatz (sowie überhaupt in jeder Haftung für einen Schaden). Hat z. B. eine Mehrheit von Thätern vorsätzlich einen Schaden von 12 000 Mk. angerichtet und es sind nur zwei von ihnen gefaßt, so muß jeder fürchten, daß der Verletzte gerade von ihm die Summe einklagt; er muß dann bekanntlich die ganze Summe allein leisten, da er keinen Regreß gegen seine Genossen hat. Je mehr er nun von den noch nicht entdeckten Mitthätern zur Verurteilung bringt, desto mehr Chancen hat er, daß die Wahl des Verletzten statt auf ihn auf einen anderen fällt. Im A.L.R. I, Tit. 6 wird dieser Kraft noch eine zweite hinzugefügt. Den Regreß zwischen Mitthätern verneint es (§ 34) zwar ebenfalls, fährt aber fort:

> § 35. „Dagegen muß jeder von ihnen seinen Anteil, welchen er dem Beschädigten hätte vergüten müssen, wenn dieser sämtliche Beschädiger auf ihren Anteil belangt hätte, der Armenkasse des Ortes entrichten“

Nach dieser Bestimmung muß also der nicht vom Verletzten Belangte 6000 Mk. an die Armenkasse zahlen. Sind es nun sechs Thäter gewesen, so liegt es nahe, daß der Nichtbelangte die vier Unentdeckten anzeigt, denn dann reduziert sich seine Zahlung an die Armenkasse auf 2000 Mk.[24]) Es treibt also das Gewicht von 4000 Mk. zum Verrat der Genossen[25]).

---

[24]) Diese Summe ist nicht zu verwechseln mit einer etwa noch nebenherlaufenden Geldstrafe.

[25]) Diese Kraft treibt sämtliche entdeckten Genossen zur Anzeige der noch nicht entdeckten so lange, bis es feststeht, wen der Verletzte zur Zahlung auserkoren hat, dieser scheidet dann aus, denn er hat keinen Nutzen mehr von dem Mitzahlen der übrigen Beteiligten.

Die Gesamthaft wirkt auch schon vor Vollendung der That auf die Beteiligten. Planen z. B. vier Männer, von denen einer wohlhabend ist, die drei anderen aber keinen Pfennig besitzen, einen Überfall, so muß ersterer sich sagen, daß, wenn eine Körperverletzung dabei herauskommt, er ganz allein die Buße (nach § 231 bis zu 6000 Mk. für jede verletzte Person) bezahlen muß und läßt sich dadurch vielleicht von der Teilnahme abschrecken[26]).

Während die Gesamthaft die Komplizen gegeneinander bringt, in der Form von damnum cessans, bringt die Auslobung sie gegeneinander in Form von lucrum emergens[27]). Über die Frage, ob überhaupt ein Beteiligter und wer von ihnen Anspruch auf die ausgesetzte Belohnung erheben kann, ließe sich streiten. Nimmt man die Beziehung zu dem Hauptdelikte als Maßstab, so wird man die Auslobung dem Hehler und Begünstiger wohl zubilligen müssen, da sich ihr Vergehen an das Hauptdelikt nur anschließt, „nur mit gefärbt wird", wie Berner sagt (S. 154); in Bezug auf das Hauptdelikt gehören beide höchstens zu den Mitwissern. Auch für den Gehilfen ließe sich von jenem Gesichtspunkte aus die Belohnung rechtfertigen, er ist zwar an dem Hauptdelikte beteiligt, aber nur mittelbar, denn er selbst will seinerseits das Verbrechen nicht, sondern nur die Beihilfehandlung (cf. Olshausen, § 47, Nr. 4 und § 49 Nr. 16). Diese Frage mag hier dahingestellt bleiben, in folgendem wollen wir annehmen (eventuell de lege ferenda), daß jeder, einerlei in welcher Form oder welchem Grade Beteiligte Anspruch auf die ausgelobte Summe hat.

Sämtliche Beteiligte: Anstifter, Thäter, Mitthäter, Gehilfen, Begünstiger und Hehler stehen der Polizei und der menschlichen Gesellschaft als eine geschlossene Macht gegenüber. Jeder hat aus Furcht vor der Strafe (Straffsicherheit), Interesse daran, daß das Verbrechen nicht an den Tag kommt. In diese geschlossene Phalanx wird nun der Zankapfel der Auslobung hineingeworfen. Die Wirkung

---

[26]) In ausländischen Gesetzen findet sich natürlich ebenfalls die Gesamthaft. So sind z. B. nach dem russ. St.G.B. Art. 1664 Thäter und Teilnehmer verpflichtet, den Verletzten zu entschädigen, „und verantworten hierfür insgesamt, und jeder von ihnen für den anderen." Das norweg. St.G.B. cp. 26 § 2 sagt: Thäter, Teilnehmer und Hehler sollen den Schaden ersetzen „einer für alle und alle für einen" usw.

[27]) Die Wirkung derselben auf Unbeteiligte haben wir oben S. 13 f. schon betrachtet.

ist die, daß in der Seele jedes Beteiligten eine neue Kraft geschaffen wird, welche der schlechten Kraft der Straffischerheit entgegenwirkt. Da aber letztere sich nach dem Grade der Beteiligung abzustufen pflegt, so stößt die Auslobung in der Seele der verschiedenen Beteiligten bald auf eine größere, bald auf eine geringere Gegenkraft.

Thäter, Mitthäter, Anstifter, trifft sämtlich die Thäterstrafe (§ 47, § 48), bei ihnen wird deshalb wohl die schlechte Kraft der Straffischerheit weit größer sein, als die gute der Auslobung, besonders da von letzterer eventuell noch Prozeßkosten, Schadensersatz usw. abzurechnen sind. (Günstiger gestaltet sich die Sache schon, wenn einer aus jener Gruppe sicher ist, daß ihm mildernde Umstände zuerkannt werden, denn dann wird die schlechte Kraft der Straffischerheit bedeutend verringert.) Beim Gehilfen (sowie beim Versucher) hat die Auslobung mehr Aussicht, denn er hat eine geringere Strafe verwirkt. Ist die Beihilfe im Versuchsstadium geblieben, so wird die Strafe noch einmal nach § 44 reduziert (nach gemeiner Meinung fällt sie dann überhaupt ganz fort, cf. Olshausen, § 49, Nr. 23 und der Gehilfe wird dann zum unbeteiligten Dritten, bezw. Mitwisser). Bei der Hehlerei wird die Auslobung wenig Wirkung haben, da die Strafe für dieselben im allgemeinen zu groß ist[28]). Ist die Hehlerei in leichten Fällen nur versucht, so liegt keine strafbare Handlung vor und die Wirkung der Auslobung ist dieselbe, wie auf einen unbeteiligten Dritten. Am meisten Aussicht auf Erfolg hat die Auslobung in dem Kreise der Beteiligten bei dem Begünstiger (§ 257) und zwar bei dem einfachen Begünstiger. Die Differenz, die ihn zur Anzeige hintreibt, ist z. B. 1000 Mk. minus Gefängnis von einem Tage bis zu einem Jahre oder 1000 Mk. minus 3 bis 150 Mk. (gleich 400 bis 997 Mk.)[29]).

Andere als diese Kräfte (Strafabstufungen, Gesamthaft und Auslobung) zur gegenseitigen Bekämpfung der Thäter nach der That, kennt das deutsche Recht bezw. die Rechtspflege nicht, wenigstens

---

[28]) Im deutschen St.G.B. meistens nämlich Zuchthaus (§§ 258_2, 260, 261) samt den Nebenstrafen aus § 262, in den geringeren Fällen (§§ 258_1, 259) Gefängnis von einem Tage bis zu 5 Jahren und daneben Verlust der bürgerlichen Ehrenrechte aus § 262.

[29]) Die der Auslobung im Kreise der Beteiligten entgegenstehende Kraft der Straffischerheit ließe sich leicht dadurch beseitigen, daß man eine Verheißung des Straferlasses für Selbstanzeige oder Anzeige der Genossen hinzusetzt.

keine Kräfte von Belang. Ist z. B. bei einer Schlägerei jemand getötet, so haben die Teilnehmer nicht das geringste Interesse daran, daß der Thäter entdeckt wird. Jeder von ihnen erhält nämlich nach § 227, 1 Gefängnis bis zu drei Jahren, und es kann ihm ziemlich gleichgültig sein, ob der Mörder bezw. Totschläger noch eine härtere Strafe bekommt.

Es gibt sogar in dieser Beziehung direkt verderbliche Kräfte im deutschen Strafrechte. Nehmen wir z. B. folgenden Fall: Vater, Mutter und Sohn haben zusammen einen Diebstahl begangen; einer war Thäter, man weiß aber nicht wer, die beiden anderen Gehilfen. Gesteht der Thäter, oder zeigen die beiden anderen ihn an, so erhält er die volle Diebstahlsstrafe, die beiden anderen die Beihilfestrafe; wird der Thäter nicht entdeckt, so sind alle drei freizusprechen, denn keiner kann bestraft werden, weil nicht angegeben werden kann, ob er Thäter oder Gehilfe ist[30]). (Dasselbe ist der Fall, wenn in edlem Wettstreite jeder der drei behauptete, er wäre der Thäter und die beiden anderen nur Gehilfen.) Es läge zwar nahe, da alle drei mindestens Teilnehmer sind, sie wenigstens als solche zu bestrafen nach Analogie der Behandlung der Teilnehmer an einer Schlägerei mit tötlichem Ausgange. Dies ist jedoch nach dem deutschen St.G.B. oder vielmehr nach der St.P.O. nicht zulässig[31]). Statt daß also die Verbrecher gegeneinander ausgespielt werden, werden sie durch die Aussicht auf Straflosigkeit zu einer festen Macht zusammengeschlossen.

Im großen Ganzen kann man also sagen, daß nach der Vollendung des Deliktes in Deutschland Ruhe in dem Kreise der Beteiligten eintritt.

Manche Gesetzgebungen der **Vergangenheit** und des Aus-

---

[30]) Bekanntlich kommen derartige Fälle praktisch wiederholt vor.

[31]) Es berührt dieses den wichtigen und schwierigen Punkt der alternativen Fragestellung, z. B. ob die Frage lauten darf: „hat sich der A der Thäterschaft oder der Beihilfe schuldig gemacht?" (bei § 143 dürfte dies z. B. wohl der Fall sein, weil die Strafe für Teilnehmer und Thäter dieselbe ist) oder ob zwei einzelne Fragen gestellt werden müssen, z. B. erstens: „ist A des Diebstahls schuldig?" zweitens: „wenn nicht, ist er der Teilnahme schuldig?" Die alternative Frage wäre zu bejahen, die beiden letzten einzeln zu verneinen. Eine dritte Möglichkeit wäre die, daß die letzte, die Hilfsfrage lautete: „wenn nicht, ist er zum mindesten der Teilnahme schuldig?", indem man sich die Teilnahme als das minus in der That als dem plus enthalten denkt.

landes verfahren jedoch bedeutend politischer.[32]) Sie geben dem Beteiligten die Möglichkeit, seine Lage nach Vollendung des Deliktes noch zu verschlimmern oder zu bessern und benutzen die hierdurch erzeugte Kraft zur Entdeckung oder Habhaftwerdung der Komplizen. Nach deutschem St.G.B. § 227 wird jeder Teilnehmer an einer Schlägerei mit tötlichem Ausgange mit Gefängnis bis zu 3 Jahren bestraft; hieße es statt dessen etwa: „ist der Totschläger nicht bekannt, so wird jeder Teilnehmer als Totschläger bestraft", oder „ist der Totschläger nicht bekannt, so wird demjenigen Teilnehmer, welcher ihn anzeigt, die Strafe erlassen", so ist es mit der Ruhe in den Verbrecherkreisen vorbei. Es wirkt jetzt in jedem Teilnehmer eine Kraft, welche ihn gegen seine Genossen treibt. Diese Kraft wirkt nicht nur zur Anzeige des Thäters, sondern, wenn dies Gesetz sich rein objektiv an das Bekanntsein des Thäters hält, wie die erste der beiden oben angegebenen Bestimmungen, unter Umständen auch zur Anzeige eines sonstigen Beteiligten, z. B. der entdeckte Beteiligte A kennt den Thäter nicht, vermutet aber, daß ihn der noch nicht entdeckte Beteiligte B kennt. Will er nun die geringere Strafe erreichen, so zeigt er den B an, damit dieser in dieselbe Lage kommt, in der er selbst sich befindet, und dadurch gezwungen wird, den Thäter zu nennen.

Derartige Behandlungsweisen finden wir in den Gesetzgebungen des Auslandes und der Vergangenheit sehr häufig. Nehmen wir eine bestimmte Strafe für die Teilnehmer, als die normale an, so haben wir wieder die drei Abstufungen, Strafschärfung, Strafmilderung und gänzlichen Straferlaß. Nach dieser Einteilung wollen wir die gefundenen Gesetzesstellen ordnen.[33])

Eine Straferhöhung benutzen folgende Gesetze.

Griech. St.G.B. Art. 312. „Hat es im Falle des vorigen Art. 311 Nr. 2 nicht zur Gewißheit gebracht

---

[32]) Ob nicht zuweilen auf Kosten der Moral, mag dahingestellt bleiben. Überhaupt soll unsere ganze Betrachtungsweise nur eine konstatierende sein, auf die Moral der verschiedenen Methoden, ihre Einführbarkeit in Deutschland usw. ist nur in wenigen Fällen eingegangen.

[33]) Ein anderer Gesichtspunkt wäre der nach der Wirkung, welche erzielt werden soll, bezw. thatsächlich erzielt wird und zwar in doppelter Hinsicht. Erstens nach den aktiven Objekten der Methode, d. h. nach denjenigen Personen, welche gegen ihre Komplizen ausgespielt werden, zweitens nach den passiven Objekten, d. h. nach denjenigen Personen, gegen welche das Gesetz die Komplizen aufreizt.

werden können, von wem diese Verletzungen[34]) zugefügt worden sind, so sollen diejenigen, von welchen es hergestellt ist, daß sie keine derselben zugefügt haben, nach Verhältnis der außerdem noch befundenen geringeren Verletzungen, die übrigen aber" .... mit der gemilderten Thäterstrafe bestraft werden.

Es teilt also dieses Gesetz den Haufen in drei Gruppen: erstens, in solche Personen, von denen es feststeht, daß sie keine oder nur geringere Verletzungen verschuldet haben; diese läßt es neutral (wenigstens im wesentlichen); zweitens, in solche, von denen dieses nicht feststeht; diese nimmt es als aktives Objekt seiner Behandlungsmethode und benutzt sie zum Kampfe gegen die dritte Gruppe, die eigentlichen Thäter.

Folgendes Gesetz des italien. St.G.B. teilt den Haufen ebenfalls in drei Teile; erstens, in die unmittelbar Beteiligten, an diese wendet es sich nicht; zweitens, in die mittelbar Beteiligten, diese spielt es mittelst Straferhöhung gegen die dritte Gruppe, die noch unbekannten Thäter aus:

Art. 378. „Nehmen mehrere Personen an der Ausführung der in den Artikeln 364, 365, 366, 372[35]) und 373[36]) vorgesehenen Verbrechen teil und ist der Urheber der Tötung oder der Körperverletzung unbekannt, so unterliegen alle den dort bestimmten, um ein Drittel bis zur Hälfte herabgesetzten Strafen, wobei an Stelle von Zuchthaus Einschließung von mindestens fünfzehn Jahren tritt.

Diese Herabsetzung ist bei dem unmittelbar an der Handlung Mitwirkenden ausgeschlossen."

Ferner mag noch folgendes Gesetz citiert werden:

Norweg. St.G.B. Kap. 15. § 13. „Ist es, wenn jemand einen in den §§ 1, 2, 3 oder 4 erwähnten Schaden erhalten hat, und mehrere ihn gemißhandelt haben, nicht auszumitteln, von wem der vorerwähnte Schaden dem Verletzten zugefügt ist, so wird jeder von ihnen mit einer Strafe von der Art belegt, welche an Strenge derjenigen

---

34) D. h. diejenigen, in welchen das eigentliche Delikt besteht.

35) Tötung.

36) Körperverletzung.

am nächsten steht, welche er nach Beschaffenheit des Falles als Thäter verwirkt haben würde." [37])

Besonders häufig findet sich die Straferhöhung der Beteiligten auf die volle Strafe des Thäters (hierin liegt zugleich, daß Mitthäter als aktives Objekt, nämlich als Personen, welche gegen ihre Genossen ausgespielt werden sollen, nicht benutzt werden können). Beispiele hierfür sind folgende: Wenn bei einem Gelage vier bis fünf Personen versammelt sind und einer von ihnen wird erschlagen, so müssen die Überlebenden Einen der Tötung überführen oder selbst die Buße erlegen.[38]) Bei wem ein Teil der Beute gefunden wird, der muß die Genossen angeben oder haftet als Thäter, nämlich auf elffache Rückgabe usw.[39]) Auch die doppelte Thäterstrafe wird benutzt, z. B. indem derjenige, welcher wissentlich eine gestohlene Sache kauft, mit der Diebstahlsstrafe belegt wird, „Si vero furem non invenerit, duplam compositionem, quae a furibus debetur, exsolvat.[40]) Der Code Annamite liefert insofern noch etwas besonderes als er durch die Straferhöhung nicht alle Genossen gegen den Thäter ausspielt, sondern einen einzelnen aus denselben herausgreift, nämlich den Anstifter oder den, welcher zuerst das Opfer angegriffen hat:

> p. 138. „Si l'on ne peut parvenir à connaître les auteurs des blessures graves ou légères, ce sera le chef de la préméditation, s'il y en a un, qui sera le principal coupable; et s'il n'y en a pas, le principal coupable sera celui qui aura le premier attaqué la victime."

Eine Strafmilderung benutzen ebenfalls viele Gesetze; z. B. das A.L.R.[41]): wer die noch unentdeckten Mitschuldigen anzeigt, soll mit einer gelinderen als der gesetzlichen Strafe bestraft werden.

---

[37]) Solche Gesetze, welche einen Teil der Beteiligten mittelst Androhung einer höheren Strafe gegen den anderen Teil ausspielen, gibt es eine große Zahl; z. B. in den früheren deutschen Partikularstrafgesetzbüchern folgende: hess. St.G.B. Art. 273 Nr. 4 u. 5, Art. 274 Nr. 2 u. 4; württemb. St.G.B. Art. 248 Nr. 4 u. 5; baden. St.G.B. Art. 239 Nr. 4 u. 5, Art. 240 Nr. 2 u. 4; nassau. St.G.B. Art. 266 Nr. 4 u. 5, Art. 267 Nr. 2 u. 4.

[38]) L. Sal. Herold. tit. XLVI, I.

[39]) L. Wisigoth. lib. VIII tit. I cp. X.

[40]) L. Wisigoth. lib. VII tit. II cp. IX.

[41]) II. tit. 20 § 58.

Das russ. St.G.B. (Art. 134, 3) verheißt dem Beteiligten eine Milderung, „wenn er ohne Zögerung rechtzeitig und gleichfalls mit vollständiger Aufrichtigkeit alle seine Mitschuldigen bei dem Verbrechen angab". Der C. pén. Art. 285: Enthält das durch die Presse begangene Delikt speziell die Aufforderung zu einem Verbrechen oder Vergehen, so werden crieur, afficheur, vendeur oder distributeur als Komplizen des Aufforderers bestraft, aber, wenn sie denjenigen nennen, von welchem sie die Schrift erhalten haben, mit einer besonderen, milderen Strafe (Gefängnis von 6 Tagen bis 3 Monaten).[42])

Eine größere Kraft als durch die Androhung einer Erhöhung oder durch die Verheißung einer Milderung dürfte wohl durch die Verheißung des gänzlichen Straf-Erlasses erzeugt werden, wenigstens scheint letztere häufiger vom Gesetzgeber angewandt zu sein als jene beiden Mittel. Vor allen Dingen ist hier das im englischen Recht gebräuchliche Institut der Kronzeugen zu erwähnen: Wird eine Anzahl Personen wegen eines schweren Verbrechens (felony) verhaftet, so pflegen die Richter einen derselben als Zeugen gegen seine Genossen auftreten zu lassen (King's evidence) und zwar unter der stillschweigenden Voraussetzung, daß derselbe wegen des vorliegenden Verbrechens sowie wegen aller anderen im Verein mit den verhafteten Personen begangenen nicht bestraft werden soll, wenn er über sämtliche ein rückhaltloses Geständnis ablegt.[43]) Das chines. Strafrecht geht (in Bezug auf Diebe und Räuber) in zweifacher Hinsicht weiter. Einerseits verlangt es statt der Anzeige das vollständige Vorgerichtbringen der Komplizen, andererseits verheißt es dafür aber auch nicht nur Straferlaß, sondern außerdem noch eine Belohnung.[44]) Ferner gehören hierher sämtliche Preßgesetze, welche die stufenweise Haftung haben, aber nicht wie das deutsche den Druck, Verlag u. s. w. zu einem delictum sui generis machen, sondern als Beteiligung an dem in der Presse begangenen Delikte

[42]) Das deutsche Preßgesetz betrachtet die in Frage stehenden Personen als nicht an dem eigentlichen Delikte beteiligt, und hat deshalb seinen Platz oben gefunden, cf. S. 11. f.

[43]) cf. Mühry S. 641 f.

[44]) Staunton s. 27, p. 28. „If a repentant thief or robber is fortunate enough to be the means of bringing to justice his accomplices, he shall receive full pardon, and moreover be entitled to the reward that may have been offered for the discovery of such offenders."

auffassen.[45]) Auch in dem Art. 1465 des russ. St.G.B. scheint unsere Methode zu liegen.[46]) Dasselbe bestraft nämlich, wenn bei einem ohne alle Absicht einer Tötung begonnenen Raufhandel jemand getötet ist, auf folgende Weise. Ist der Thäter (Totschläger) bekannt, so soll er verurteilt werden zur Einsperrung im Korrektionshause usw., ist er nicht bekannt so sollen die Rädelsführer und Aufhetzer der Einsperrung im Korrektionshause usw. unterliegen, alle übrigen, welche an dem Raufhandel teilgenommen haben, einer Gefängnißhaft von 2 bis 4 Monaten. Wird demnach der Thäter bekannt, so sind alle übrigen straffrei.

Was die Form anbetrifft, unter welcher die Straffreiheit verheißen wird, so besteht dieselbe meistens in einem direkten und gesetzlichem Erlaß der Strafe; bisweilen wird letzterer aber auch in die Hand des Richters gelegt, z. B. beim Institut der Kronzeugen, oder in die des Landesherrn, wie die Art. 43 und 118 des A.L.R. II. Tit. 20, welche einen „Anspruch auf Begnadigung“ geben.

Auch die früheren Ordale pflegten eine große Kraft in den Teilnehmern zur Anzeige des Thäters zu erzeugen. In einem solchen Ordale wirkten drei Kräfte; erstens die Furcht vor einem körperlichen Schmerze, z. B. „in einen sedendigen kettel tho gripen, beth an de ellenpogen“[47]) (war kein unvermeidlicher körperlicher Schmerz mit demselben verbunden, z. B. es mußte der Verdächtige versuchen, solange den Kopf unter Wasser zu tauchen, bis ein anderer einen abgeschossenen Pfeil wiedergeholt hatte, so fiel diese Kraft natürlich fort); zweitens eine meistens demselben nachfolgende direkte Erhöhung der Strafe (wahrscheinlich für das hartnäckige Leugnen); drittens die dem Ordale speziell eigentümliche Kraft, nämlich die besondere Art der Entscheidung über Schuld und Unschuld. Diese letztere Kraft war je nach dem Glauben desjenigen, welcher das Ordal durchmachen mußte, verschieden. Bei festem Glauben genügte schon die Vorauswirkung des Ordales. Der Thäter bezw. Teilnehmer, falls er sich unter den Verdächtigen befand, ließ es nämlich garnicht zu dem „Gottesurtheile“ kommen, denn er sagte sich, daß er doch als der Schuldige bezeichnet werden würde und dann, je nach der Art des Ordales, außerdem noch den

[45]) z. B. C. pén. Belge Art. 303, Art. 304, cf. auch Art. 300; griech. St.G.B. Art. 349.

[46]) Ähnlich auch Art. 1485 in betreff der Körperverletzung.

[47]) Dat Rigische Ridder-Recht, Cap. 38.

körperlichen Schmerz und die Straferhöhung mit in den Kauf zu nehmen hatte. Ähnlich war die Lage desjenigen unter den Verdächtigen, welcher den Thäter kannte, wenn letzterer ebenfalls zum Ordale herangezogen war; er mußte sich nämlich sagen, daß nun die Entdeckung des Thäters doch erfolgen und er daher die Unannehmlichkeiten des Ordales zwecklos auf sich nehmen werde. War nur ein schwacher Glaube oder gar Unglaube vorhanden, so wurde beim Thäter eine schlechte Kraft erzeugt, da derselbe hoffen konnte, durch das Ordal als unschuldig hingestellt zu werden; beim Teilnehmer konnte aber in diesem Falle sowohl eine gute wie eine schlechte Kraft erzeugt werden, denn einerseits durfte er hoffen (bei günstigem Ausfall des Ordales) als gänzlich straffrei auszugehen, andererseits mußte er fürchten (bei ungünstigem Ausfalle) als Thäter bezeichnet zu werden, d. h. für ihn war das Ordal ein va banque-Spiel. Die damaligen Gesetzgeber vermuteten, daß die Hauptkraft, wenn nicht die einzige, nur während der Zeit des Ordales wirke (Herbeiführung der direkten Entscheidung durch Gott). Das Ordal sandte aber, wie gesagt, seine Wirkungen schon weit voraus; es konnte sogar schon wirken, ehe das Delikt begangen war, z. B. wenn Thäter oder Teilnehmer fürchten mußten, man würde soweit auf ihre Spur kommen, daß sie mit zum Ordale herangezogen würden. Drei Ordale, welche bei den Friesen benutzt wurden, um aus einem Haufen den Thäter herauszufinden, mögen kurz geschildert werden:

Lex Frisionum. tit. XIV. De homine in turba occiso. War jemand bei einer Schlägerei getötet und den Thäter konnte man nicht herausbekommen, so durfte derjenige, der die Komposition verlangte, sieben der Beteiligten benennen; diese sieben mußten ihre Unschuld beschwören; dann wurden aus einem Stocke zwei Loose, „teni“, geschnitzt, das eine mit einem Kreuze bezeichnet, und beide in Wolle gewickelt, auf dem Altare oder über einer heiligen Reliquie niedergelegt. Der Priester, oder wenn ein solcher nicht zu haben war, ein unschuldiger Knabe, zog eins von diesen Loosen, während man zu Gott betete. War es das mit dem Kreuze bezeichnete, so waren die sieben unschuldig; (der Kläger konnte jedoch noch andere aus dem Haufen benennen, Kap. II) ergriff er aber das andere, so befand sich der Schuldige unter den sieben; es wurden dann sieben Loose geschnitten, und jeder der sieben Beschuldigten mußte öffentlich eins davon als das seinige wählen und kenntlich machen. Diese wurden ebenfalls in Wolle gewickelt und gezogen. Derjenige, dessen Loos zuletzt herauskommt, mußte die Buße für den Mord erlegen.[48]) In einem anderen Teile Frieslands wurden 7 von den Verdächtigen interpelliert und mußten das Wasserordal durchmachen. Wurde hierbei der Schuldige gefunden, so mußte er die Komposition für den Mord zahlen, und ein doppeltes Wehrgeld an den König. Wieder ein anderer Brauch herrschte in einem dritten Teile Frieslands. Der Kläger bezeichnete einen beliebigen, von den Beteiligten als den Mörder und verlangte von ihm Bezahlung. Der Bezichtigte konnte dann die Sache vor den Richter bringen, und mußte hier, „si negare non poterit“ einen anderen „quem voluerit“ (vermutlich aber einen an der Schlägerei Beteiligten) heranziehen und, indem er ihn an dem Saume des Kriegsmantels hält, als den Schuldigen bezeichnen. Alsdann mußte der Neubezichtigte zahlen oder seine Unschuld beschwören und mit dem vorhin vom Kläger Bezichtigten einen Zweikampf bestehen. Der Besiegte zahlte. (Jeder konnte sich jedoch einen Kämpen mieten, der den Zweikampf für ihn bestand, Kap. VII.)

Bei vielen Gesetzen kann man zweifelhaft sein, ob es sich um ein Gegeneinanderhetzen von Mitschuldigen handelt, oder um eine Polizeianstellung unschuldiger Dritten, so z. B. bei den oben S. 25 citierten[49]). Dasselbe ist der Fall bei vielen Gesetzen von ganz ähnlicher Art, welche uns die nordischen Rechte bieten (Wilda, S. 217 f.), z. B. in Westgotland mußte das Dorf, auf dessen Fluren ein Getöteter gefunden wurde, 9 Mk. büßen oder den Thäter stellen[50]) In Ostgotland mußte das Herad (Dinggemeinde) 40 Mk. zahlen, wenn der Thäter unentdeckt blieb. Ähnlich die oberschwedischen Gesetze. Das Dalein sagt, daß folgende Leute Buße zahlen oder den Thäter stellen müssen: wenn die Leiche in einem Hause gefunden wird, der Hauseigentümer; wenn innerhalb des Dorfzaunes, die Dorfbewohner; wenn im Felde oder Walde, die Teilhaber an demselben. Die Strafe des westgotländischen Rechtes hält Wilda (a. O.)

---

[48]) „Compositionem homicidii persolvere cogatur“, daß er wirklich der Thäter sei, wird nicht ausdrücklich gesagt.

[49]) In Bezug auf ihre Wirkung ist dies jedoch, wie ebenfalls oben erwähnt, gleichgültig.

[50]) Lag er zwischen drei Dörfern, d. h. auf der diesen gemeinschaftlichen Flur, so mußten alle drei die 9 Mk. büßen oder den Thäter liefern.

mehr für „eine Art extraordinärer Strafe“ für die Nichtermittelung des Thäters, weil 9 Mk. nur ein Teil des westgotländischen Wehrgeldes ausmachen. In Bezug auf die anderen Rechte glaubt er aber nachweisen zu können, daß die mit der Strafe bedrohten Anwohner als mehr oder weniger an dem Morde beteiligt betrachtet wurden[51]). Auch in denjenigen chinesischen Gesetzen, in welchen die Angehörigen zur Anzeige verpflichtet sind[52]), findet ein Gegeneinanderausspielen von Mitschuldigen, nicht Polizeianstellung Unschuldiger statt, denn dort werden die Verwandten eines Hochverräters ebenfalls als Hochverräter betrachtet und bestraft. Bei den Malaien sind nach alter Rechtsanschauung die Verwandten des Diebes regreßpflichtig und für ein Verbrechen in gewissem Sinne die Anwohner des Thatortes verantwortlich[53]). Bei den Juden mußten, wenn der Mörder unbekannt war, die Ältesten der dem Thatorte zunächstliegenden Ortschaft unter verschiedenen Feierlichkeiten einen Reinigungseid leisten[54]).

§ 4. Allgemeines.

Natürlich können diese Methoden auch übertrieben werden. So mag folgendes rohe Gegeneinanderhetzen von Mitschuldigen erwähnt sein, welches außerdem noch ohne jegliche kriminalpolitische Bedeutung ist. Nach einer Verfügung Karls des Großen (Kapitul. II vom Jahre 805, X) wurden bei Verschwörungen, welche irgend einen Erfolg gehabt haben, die auctores getötet und die adjutores mußten sich gegenseitig der Reihe nach geißeln und die Nase abschneiden. Eine solche Behandlung hilft weder zur Entdeckung der Thäter, noch zur Verhütung der zukünftigen Delikte (allenfalls könnte in ihr eine Straferhöhung liegen), denn ebensogut konnte der Scharfrichter die Vollstreckung übernehmen.[55]). Sie ist vielmehr nur ein roher Scherz, wie er später im Mittelalter noch häufiger angewendet wurde.

---

[51]) Es würde hierfür auch der Name „Mordgeld“ sprechen, den die Strafsumme von 40 Mk. trägt.

[52]) Es ist dies nur bei Hochverrat, Rebellion und wenigen anderen Delikten der Fall (cf. Kohler, chines. St.R. S. 37).

[53]) Sumatra von Carthaus, S. 194 a. E.

[54]) Moses 5, 21, 1—9.

[55]) cf. auch das Selbsterhängen, Bauchaufschlitzen, Giftbechertrinken usw. überhaupt die Vollstreckung der Strafe, besonders der Todesstrafe durch den Thäter an sich selbst.

Die Behandlungsmethoden der Verbrechermehrheit nach der That üben natürlich auch schon Vorauswirkungen auf die Zeit vor Vollendung der That aus. Nehmen wir z. B. den Fall, daß der A einen Mord begehen will, dieses aber nicht fertig bringen kann ohne die Hilfe des B; B ist ihm aber als ein hinterlistiger und wortbrüchiger Mensch bekannt. Existiert nun ein Gesetz des Inhalts, daß der Gehilfe straffrei wird, wenn er den Thäter anzeigt, so wird der A den Mordentschluß wahrscheinlich gar nicht fassen, bezw. vor jeder Thätigkeit wieder aufgeben oder von der begonnenen Ausführung zurücktreten. Es wirkt also jenes Gesetz schon im Stadium I, II, III des Deliktes, während seine Norm „du sollst den Thäter anzeigen" erst im Nachstadium existent wird.

De lege ferenda würde natürlich wieder eine Statistik erwünscht sein, ob und inwieweit jene Methoden von Wirksamkeit sind. Bei manchen z. B. der Straffreiheit oder Milderung durch Anzeige der Komplizen, ließen sich die Fälle, in denen das Gesetz wirkt, mit absoluter Sicherheit konstatieren. Auch ein Teil der Fälle, in denen es nicht wirkt, ließe sich feststellen, es wären dies diejenigen, bei welchen zwar die That ans Licht kommt, aber nicht die Thäter, oder wo letztere auf andere Weise als durch Anzeige eines Mitschuldigen entdeckt werden. Die Vorauswirkungen der Gesetze, d. h. ihre Wirkungen in denjenigen Stadien, in welchen ihre Norm noch nicht in Thätigkeit getreten ist, sowie die Wirkungen derjenigen Gesetze, welche den Zweck haben, das Delikt zu verhindern, ließen sich höchstens indirekt konstatieren, indem man die Zahl der Delikte, welche ohne diese Kampfesmethode entstehen, mit denjenigen vergleicht, welche mit oderrichtiger trotz derselben begangen werden.

Daß die Methoden aber von großer Wirkung sind bezw. sein können, läßt sich wohl kaum bezweifeln[56]). Manchmal haben wir direkte Belege dafür, wie z. B. in der Landnamasaga (cf. oben S. 99) manchmal können wir es indirekt aus anderen Gesetzen schließen. Betrachten wir z. B. folgende beiden römischen Gesetze:

---

[56]) Schon die bloße Mißgunst kann die Übelthäter, ohne daß sie von ihrer Handlungsweise irgend einen Vorteil haben, zur gegenseitigen Bekämpfung bringen. So gab z. B. neuerdings jemand sein jährliches Einkommen auf 7000 Mk. an, es wurde ihm jedoch nachgewiesen, daß er jährlich annähernd das Fünfzigfache einnahm. Aus Ärger hierüber zeigte er sofort zwei seiner Kollegen an, welche ebenfalls ihr Einkommen falsch angegeben hatten.

l. 4, C. 9, 41. „Sicuti convictis confessisque ad societatem scelerum vocantibus eos, a quibus apprehensi custoditive sunt, facile credi non oportet, ita, si evidentibus rationibus post commissum communiter facinus ad evitandam de se sententiam id fecisse fuerint probati, publicae vindictae non sunt subtrahendi.“

l. 1 § 26 D. 48, 18. „Cum quis latrones tradidit, quibusdam rescriptis continetur non debere fidem haberi eis in eos, qui eos tradiderunt; quibusdam vero, quae sunt pleniora, hoc cavetur, ut neque destricte non habeatur, ut in ceterorum persona solet, sed causa cognita aestimetur, habenda fides sit nec ne, plerique enim, dum metuunt, ne forte adprehensi eos nominent, prodere eos solent, scilicet impunitatem sibi captantes, quia non facile eis indicantibus proditores suos creditur, sed neque passim impunitas eis per huiusmodi proditiones concedenda est, neque transmittenda allegiato dicentium idcirco se oneratos, quod eos ipsi tradidissent: neque enim invalidum argumentum haberi debet mendacii sive calumniae in se instructae.“

Direkt beschäftigen sich beide Stellen nur mit der Glaubwürdigkeit von Anschuldigungen, rekonstruieren wir aber die ratio legis, so kommen wir zu folgender Sachlage. Verbrecher, welche gefangen eingeliefert wurden, bezichtigten häufig ihre Gefangennehmer der Teilnahme. Da dieses in den überwiegend meisten Fällen nur Verleumdung war, welche Bosheit oder Rache eingab, so wurde dem Richter anempfohlen — bezw. es bildete sich die Praxis heraus —, den eingelieferten Verbrechern gegen ihre Einlieferer keinen Glauben zu schenken. Nachdem solches unter den Verbrechern bekannt geworden war, kamen dieselben auf den Gedanken, dies als Mittel zu benutzen, um sich unbequemer Mitschuldiger zu entledigen; sie überlieferten nämlich dieselben dem Gerichte und hatten selbst dabei keine Entdeckung zu fürchten, denn es wurde jenen ja nicht geglaubt. Jetzt kamen als Rückschlag jene beiden obengenannten Gesetze und sagten, daß es zwar richtig sei, den Anschuldigungen der Überlieferten gegen ihre Überlieferer im allgemeinen keinen Glauben zu schenken, daß man aber umgekehrt ihnen auch nicht alle Glaubwürdigkeit abschneiden dürfe, denn viele lieferten ihre Komplizen eben aus, um selbst sich dadurch der Strafe zu entziehen.

Wenn nun aber schon diese komplizierte und immerhin doch sehr unsichere Methode, Straflosigkeit zu erlangen, die Verbrecher derartig gegeneinander setzte, daß besondere Gesetze daraufhin gegeben wurden, wie viel mehr mußten und müssen Gesetze wirken, welche direkte Straflosigkeit verbürgen.

---

§ 5. Blick auf fremde Gebiete.

Wenden wir unsere Blicke vom Rechte ab auf andere Gebiete der menschlichen Thätigkeit, so werden wir die oben beschriebenen Methoden häufig wiederfinden, besonders die Methode der gegenseitigen Bekämpfung, d. h. den Feind, mag er in Menschen, Tieren, Krankheiten, Naturkräften usw. bestehen, durch sich selbst zu bekämpfen. Oft ist nämlich die Heranziehung fremder Gebiete in sofern von praktischem Nutzen, als die betreffenden Prinzipien in ihnen klarer zu Tage treten bezw. besser ausgearbeitet sind.[58])

In der Politik und Kriegführung ist die Neutralisierung und gegenseitige Bekämpfung des Feindes bekanntlich unzählige Male angewandt. Erstere ist sogar schon sprichwörtlich geworden, sie heißt: „divide et impera“.

In den Naturwissenschaften tritt uns die Methode der gegenseitigen Bekämpfung sehr häufig entgegen. Beim Elefantenfange ist z. B. die Hauptschwierigkeit die, daß man nicht so viele Kräfte gleichzeitig auf einen Punkt konzentrieren kann, wie der Elefant sie in sich vereinigt; deshalb benutzt man sie selbst zum Kampfe gegeneinander. Nachdem die wilden Elefanten in Hürden getrieben sind, nehmen in schwierigen Fällen je zwei zahme Elefanten einen wilden in ihre Mitte und halten ihn so lange fest, bis er gefesselt ist.[59]) (Im Jahre 1879 wurden sogar vier zahme indische Elefanten nach Afrika transportiert, um dort gegen ihre Genossen den Kampf zu beginnen, cf. unten S. 138 Anm. 19, Goetz.)[60])

---

[58]) So sind z. B. dem Verfasser die Methoden der Neutralisierung und der gegenseitigen Bekämpfung zuerst in der Geschichte entgegengetreten. Bei dem Versuche, dieselben auch auf den Kampf gegen das Verbrechertum zu übertragen, zeigte sich dann, daß das Strafrecht sich ihrer schon seit Jahrtausenden bedient, sie traten eben nur nicht so klar hervor.

[59]) cf. Brehms Tierleben, Bd. III S. 490 ff.

[60]) Bei Überhandnahme von Mäusen läßt man diese ebenfalls sich selbst vernichten. Geraten nämlich mehrere Mäuse in ein mit dem Mäusebohrer gebohrtes Loch, so soll das wunderbare Schauspiel entstehen, daß sie sich gegen-

Die Medizin bietet uns ein gutes Beispiel in der Schutzpockenimpfung. Der Feind besteht hier in dem Pockengifte und die Bekämpfungsmethode darin, daß ein Teil desselben, die animale Lymphe dem Menschen vorher eingeimpft wird. Dieser als aktives Objekt der Methode benutzte Teil bekämpft dann den übrigen Teil in der Weise, daß er beim Eindringen desselben den Körper gegen seine Wirkungen immun macht. Augenblicklich versucht man ja auch, ob sich nicht der Cholerabazillus auf dieselbe Weise durch sich selbst bekämpfen läßt.[61])

Auch in sonstigen Kämpfen des Menschen gegen seine Feinde verwendet derselbe die Methode, den Gegner durch sich selbst zu vernichten. Z. B. liegt sie in der Bekämpfung eines Brandes durch einen Gegenbrand. Bekanntlich zündet der Wanderer, ehe ihn der Präriebrand erreicht, ein Gegenfeuer an, dieses bekämpft dann das Hauptfeuer in der Weise, daß es ihm den Brennstoff vorweg entzieht, und die Stelle, wo es gewütet, als sicheren Zufluchtsort zurückläßt.

Kapitel V.

Zwecklosmachen des Deliktes.

§ 1. Motiv und Mittel, Willen verschiedener Grade.

Das Aufsuchen und Ordnen der verschiedenen Motive, aus welchen verbrecherische Handlungen begangen werden, ist Sache der Psychologie.[1]) Diese Quellen der Verbrechen lassen sich durch

---

seitig töten statt sich mit vereinten Kräften einen Ausgang zu graben. (Neuerdings ist man bekanntlich bei dem Versuche, die Mäuse auf diese Weise durch sich selbst zu vernichten, daß man einigen von ihnen den bacillus typhi murium einimpft, sie dann freigibt und unter ihren Mitmäusen den typhus verbreiten läßt.)

[61]) Auch an Mithridates mag erinnert werden, welcher bekanntlich täglich Gift nahm, um sich dadurch gegen Vergiftung zu schützen.

[1]) In Krauß „Psychologie des Verbrechertums" S. 131 ff. werden als die näheren Momente des verbrecherischen Handelns folgende aufgezählt: a) die aktiven Leidenschaften: 1. die Habsucht, α) die Erwerbsucht, Gewinnsucht, β) der Geiz; 2. die Ehrsucht: die Eitelkeit: die weibliche Form der Eitelkeit, die männliche Form der Eitelkeit, der echte Ehrgeiz, die Herrschsucht; die Wagesucht: die Spielsucht, die Abenteuersucht, die Rachsucht; b) die passiven Leidenschaften: die Genußsucht, der Sexualismus; sodann unter dem Kapitel „die nächste Triebfeder, das spezielle Motiv des Verbrechens (causa proxima s. occasionalis)" S. 211 ff.:

Religion, Moral, Erziehung usw. teilweise ausrotten oder auf ein Minimum herabdrücken. Mit einer solchen Bekämpfungsart beschäftigt sich jedoch das Strafrecht nicht. Es kann dagegen der Gesetzgeber in anderer Weise bei den Motiven den Hebel einsetzen. Die Delikte sind nämlich die Mittel, um irgend einen Zweck zu erreichen. (Selbstzweck sind sie nur in den wenigen Fällen, wo sie aus Übermut, z. B. Studenten drehen Laternen aus, oder aus reiner Lust am Verbotenen begangen werden, z. B. jemand geht einen Weg nur deshalb, weil er verboten ist.)[2]) Oft ist es nun möglich, den Zusammenhang zwischen Zweck und Verbrechen so zu unterbinden, daß das Verbrechen für den Thäter zu einem unbrauchbaren Mittel wird und unterbleibt.

Zwei Möglichkeiten bieten sich hierfür:

1. man vernichtet das Motiv,
2. man läßt das Motiv bestehen, lenkt aber die aus ihm entstehende Kraft von dem Delikte ab.

Beide Methoden lassen sich aus den verschiedenen Gesetzgebungen mit Beispielen belegen.

Zunächst wollen wir die Sache aber noch von einem anderen, einem allgemeineren Standpunkte aus betrachten. Wir nehmen zu diesem Zwecke eine Analyse des (verbrecherischen) Willens vor.

Stiehlt jemand, so hat er zunächst den Willen zu stehlen, den dolus des Deliktes. Fragen wir „weshalb will er stehlen?", so kommen wir auf einen zweiten Willen, z. B. den Willen, Geld zu erwerben; fragen wir, „weshalb will er Geld erwerben?" so stoßen wir auf einen dritten Willen, z. B. den Willen zu heiraten usw. Den hervorragendsten der Willen, welche man auf diesem Wege nach der Quelle findet, nennt man insgemein den Zweck, das Motiv. Es ist dies durchaus nicht immer der zuerst entstandene, der Urwille

---

1. Die Not, 2. die Gelegenheit, 3. die Verleitung, 4. der Affekt, 5. die Trunksucht, der Rausch, 6. der Eigennutz, 7. die Gelüste, die Lüsternheit, 8. die Rache, 9. der Wahn.

[2]) Und selbst hier kann man noch von einem Zweck der Delikte reden, nämlich von der Befriedigung der inneren Regung, welche zu ihnen hintreibt; so z. B. Binding, Normen II S. 598: „Nun begeht niemand ein Verbrechen um des Verbrechens willen: vielmehr soll es immer nur Mittel zum Zweck sein, und dieser Zweck, auf den es der Thäter absieht, besteht immer in der Beseitigung des Motives, welches zum Handeln getrieben hat."

letzterer ist vielmehr oft überhaupt nicht aufzufinden oder er verliert sich in das Gebiet der Philosophie und Psychologie z. B. Beseitigung der aus einem Wunsche entstandenen Unlust; er hat übrigens für unsere Zwecke auch wenig Bedeutung. Diese Kette kann sich, den Willen des Diebstahls in obigem Beispiele als Standpunkt genommen, auch nach der der Quelle entgegengesetzten Seite hin fortsetzen. Findet z. B. der Dieb die Thür verschlossen, so muß der Wille des Diebstahls den Willen des Einbruchs erzeugen (oder derselbe muß, wenigstens für den Augenblick, erlöschen); ist der Einbruch wieder nicht ohne Sachbeschädigung möglich, so entsteht der Wille der Sachbeschädigung usw. Um das gegenseitige Verhältnis der verschiedenen Willen angeben zu können, wählen wir die Bezeichnung von Graden. Mit dem Willen ersten Grades, „Willen I", bezeichnen wir denjenigen, bei welchem die Betrachtung einsetzen soll, sei es das sog. Motiv, sei es ein anderer Wille der Reihe,[3]) die übrigen dann mit dem Willen zweiten Grades, „Willen II", Willen dritten Grades, „Willen III" usw. Nennen wir in dem obigen Beispiele den Willen des Gelderwerbs den Willen I, so haben wir folgende Willen höheren Grades: Willen II: Diebstahl, Willen III: Einbruch, Willen IV: Sachbeschädigung.[4]) Es können auch mehrere Willen desselben Grades nebeneinander bestehen, d. h. der eine von ihnen entsteht nicht aus dem anderen, sondern beide direkt aus dem (bezw. den) Willen des nächst vorhergehenden niederen Grades. So kann z. B. der Wille I des Gelderwerbes gleichzeitig den Willen IIa der Wechselfälschung, den Willen IIb des Diebstahls und den Willen IIc des Konkurses erzeugen. Jeder von ihnen kann wieder neue Willen ins Leben rufen, so daß wir schließlich

[3]) Als Bild kann man sich ein Gebäude vorstellen. Wollen wir nur die drei obersten Stockwerke betrachten, so bezeichnen wir dieselben von unten herauf mit I, II und III, wie viel Stockwerke noch darunter sind, ist uns gleichgültig.

[4]) Hat man für die konkrete Betrachtung auch den Willen zu heiraten nötig, so nennt man diesen den Willen I, der des Gelderwerbes ist dann Wille II, der des Diebstahles Wille III usw. Für größere Ketten könnte man auch einen beliebigen Willen, z. B. den dolus des zu betrachtenden Deliktes den Willen nten Grades Willen (n) nennen und für die nach der Seite des Motivs hin liegenden die Bezeichnung wählen: Wille (n—1), Wille (n—2) . . . für die nach der anderen Seite hin liegenden die Bezeichnung: Wille (n + 1), Wille (n + 2) . . ., cf. auch S. 2 Anm. 2 die analoge Bezeichnung „Delikt (n)", „Delikt (n—1)" und „Delikt (n+1)". Da man aber meistens mit zwei oder drei auf einander folgenden Gliedern auskommt, so mag die obige Bezeichnungsweise als die einfachere bleiben.

einen ganzen Stammbaum von Willen erhalten.[5]) Jeder Wille höheren Grades wird erzeugt und existenzfähig erhalten durch den Willen des nächst niederen Grades. Fällt in unserem obigen Beispiele der Wille II des Diebstahls fort, so hat der Wille III des Einbruchs keine Existenzberechtigung mehr und wird aufgegeben; mit ihm fällt dann wiederum der Wille IV der Sachbeschädigung; überhaupt erlöschen mit jedem Willen zugleich die sämtlichen Willen höheren Grades, welche von ihm abstammen und auf ihm basieren.[6]) In vielen Fällen ist das System so, daß umgekehrt auch kein Wille höheren Grades fortfallen kann, ohne einzelne bezw. sämtliche Willen niederen Grades, also unter Umständen, da ja, von ihm aus gerechnet, die auf ihm basierenden Willen höherer Grade auch fallen, das ganze System mitzureißen. Ist der Diebstahl nur mittels Einbruchs, und Einbruch nur mittels Sachbeschädigung möglich, so kann der Thäter keinen dieser drei Willen aufgeben, ohne zugleich die beiden anderen mit aufgeben zu müssen; gibt er z. B. den Willen des Einbruchs, Willen III, auf, so muß er notgedrungen auch auf den Diebstahl, Willen II, verzichten und wird die Sachbeschädigung, Willen IV, freiwillig aufgeben, weil sie zwecklos geworden ist. Fällt in einem solchen Systeme ein höherer Wille, z. B. der Wille III des Einbruchs fort, so pflegen die Willen niederen Grades als Wunsch zurückzubleiben, der Dieb möchte noch stehlen, aber er hat nicht mehr den festen Willen, den Entschluß dazu, weil er (aus Furcht vor der schwereren Strafe, vor dem Geräusch des Einbrechens usw.) nicht einbrechen will. Die Willen höheren Grades pflegen dagegen nicht in einen Wunsch überzugehen, sondern,

[5]) So z. B. den folgenden. (Die Berechnung der Grade würde sich ebenso gestalten wie die der Verwandtschaftsgrade nach kanonischem Recht.)

Wille I		Gelderwerb	
Wille II	Wechselfälschung	Diebstahl	Konkurs
Wille III	Meineid	Einbruch	Bestechung des Wächters
Wille IV		Sachbeschädigung	

[6]) Anderen Falles basierten sie nicht auf dem erloschenen Willen niederen Grades, wenigstens nicht auf ihm allein, wenn sie auch von ihm erzeugt sein können. Vollführt z. B. der Thäter die Sachbeschädigung doch, trotzdem er den Einbruch aufgegeben hat, so hat er dieselbe von vornherein überhaupt nicht oder nicht allein des Einbruchs wegen gewollt.

da der eigentliche freie Wille in Bezug auf diesen Punkt ein entgegengesetzter zu sein pflegt, gänzlich zu verschwinden. Will sich z. B. jemand dem Kriegsdienste entziehen, Wille I, und sich, um dies zu erreichen, einen Finger abhacken, Wille II, und fällt der Wille I aus irgend einem Grunde fort, so wird der Wille II wohl kaum noch als Wunsch zurückbleiben.

Was die Art der Entstehung dieser Willen höherer Grade anbetrifft, so ist dieselbe analog bezw. identisch mit der oben S. 52 ff. geschilderten Entstehung und Aufrechterhaltung des Entschlusses zu einem Delikte. Kommt z. B. der Dieb vor eine verschlossene Thür, so treibt ihn der Wille des Diebstahls, es sei der Wille II, zum Einbruch, zum Willen III: wenn er den Diebstahl ausführen will, muß er auch den Einbruch wollen. Dieser letzteren Kraft stellt sich als Gegenkraft die Furcht vor der speziellen Straferhöhung entgegen; die Entscheidung des Diebes hängt davon ab, welche der beiden Kräfte in ihm die Überhand gewinnt.

Auf dieses System übertragen, würden die beiden oben angegebenen Methoden folgende sein, das Delikt möge auf dem Willen II beruhen:

1. man vernichtet den Willen I,
2. man läßt den Willen I bestehen, verhindert aber, daß er den Willen II bezw. III erzeugt[7]).

§ 2. Vernichtung des Motivs, des Willens I.

Die erste Methode, Vernichtung des Motivs, des Willens I, ist weniger häufig. Ein Beispiel ist folgendes:

Der Sklave Primitivus hatte sich selbst wegen einer Tötung

[7]) Wie durch Vernichtung des Willens I, so kann auch die Verhinderung des Deliktes durch Vernichtung eines der Willen höheren Grades erreicht werden. Oft pfropft man sogar auf den Willen (n), auf welchem das Delikt beruht, einen Willen (n + 1) drauf, durch dessen Aufgabe auch zugleich der Wille (n) aufgegeben werden muß. Dies Experiment liegt z. B. vor, wenn man, um das Betreten eines Fußweges zu verhindern, denselben durch einen Stachelzaun absperrt. Will jetzt jemand den Weg betreten, es sei Wille I, so muß er auch über den Stachelzaun klettern wollen, Wille II, giebt er diesen Willen II auf, bezw. faßt ihn nicht, so muß er auch den Willen I fallen lassen. (So fesselten die Ägypter, um das Geldborgen zu erschweren, den Willen des Borgens, nennen wir ihn den Willen I, an den sonderbaren Willen II, die Mumie des verstorbenen Vaters zum Pfand zu geben, Scheidemantel S. 54: „ne quis mutuam pecuniam accipiat, nisi patrem defunctum pignoris loco dederit.")

angezeigt und auch seine Mitschuldigen angegeben; bei der Untersuchung zeigte sich, daß er das ganze Delikt erdichtet hatte und zwar aus Furcht, zu seinem Herrn zurückkehren zu müssen. (Vermutlich behandelte dieser ihn schlecht.) Das Urteil oder vielmehr der kaiserliche Brief an den Richter ging dahin: letzterer habe gut daran gethan, den Skaven (nicht zu bestrafen, sondern) unter der Bedingung, daß er nie seinem früheren Herrn zurückgegeben werden dürfe, öffentlich zu verkaufen und dem Herrn den Erlös auszuliefern[8]). Dies war augenscheinlich auch die beste Lösung des Falles, denn da das Motiv nunmehr beseitigt war, wird der Sklave voraussichtlich keine falsche Anschuldigung mehr begangen haben. In der Erfüllung des Wunsches, welcher den Thäter zum Mittel der falschen Anschuldigung greifen ließ, haben wir also eine Vernichtung des Motivs, des Willens I.

In Bezug auf ein zweites Beispiel wollen wir uns einmal von den positiven Gesetzgebungen frei machen und selbständig konstruieren. Wir wählen dazu diejenige Gattung von Delikten, welche für Lohn begangen werden, die „Lohndelikte", wie man sie im Anschluß an den „Lohnmord" nennen könnte. Bei diesen tritt es besonders klar hervor, daß das Verbrechen selbst dem Thäter gleichgültig ist, nennen wir den Willen dazu den Willen II, und daß er es nur begeht, um damit einen anderen Zweck zu erreichen, Wille I, nämlich den ausgemachten Lohn. Angenommen M[9]) will von dem B einen Vorteil erwerben, z. B. 1000 Mark, der B will den C aus dem Wege schaffen, wagt aber nicht, es selbst zu thun. Es wird nun ausgemacht, der M soll den C ermorden und dafür von dem B 1000 Mark erhalten. Der M muß also, wenn er das Geld haben will, den Mord be-

---

[8]) l. 1 § 27 D. 48, 18 „. . . . Prudenter et egregia ratione humanitatis, Saxo carissime, Primitivum servum, qui homicidium in se confingere metu ad dominum revertendi suspectus esset, perseverantem falsa demonstratione damnasti quaesiturus de consciis, quos aeque habere se commentitus fuerat, ut ad certiorem ipsius de se confessionem pervenires, nec frustra fuit tam prudens consilium tuum, cum in tormentis constiterit neque illos ei conscios fuisse et ipsum de se temere commentum, potes itaque decreti gratiam facere et eum per officium distrahi iubere, condicione addita, ne umquam in potestatem domini revertatur, quem pretio recepto certum habemus libenter tali servo cariturum."

[9]) Da die beiden handelnden Personen leicht verwechselt werden können, nehmen wir die beiden Anfangsbuchstaben einer sachlichen Bezeichnung: M = Mörder und B = Belohner.

gehen. Kann man ihm nun auf eine andere und vor allen Dingen für ihn weniger gefährliche Weise die ausbedungene Summe verschaffen, so wird der Mord für ihn zwecklos und unterbleibt, da er nur auf einem erzwungenen Willen beruht.[10]) Auf welche Weise das möglich ist, darüber später.[11])

Geradeso liegt die Sache bei Bestechung, nur tritt an die Stelle des Mordes ein Amtsdelikt. Der Bestochene will das Geld, der Bestecher das (Haupt-)Delikt. Gewährt man dem Bestochenen die Möglichkeit, das Geld ohne Begehung des Hauptdeliktes zu erhalten, so wird er vielleicht diesen Weg vorziehen. Ferner kann dieselbe Sachlage vorhanden sein bei Anstiftung für Gewährung von Vorteilen, bei Komplott, Verschwörung, Kuppelei usw.

§ 3. Trennung des Motivs vom Mittel, des Willens I vom Willen II.

Betrachten wir nun die zweite Methode, nämlich die, daß man den Willen I, das Motiv, unberührt läßt, aber den Kausal-

---

[10]) Bei einer näheren Prüfung würde man überhaupt finden, daß, psychologisch betrachtet, der eigentliche Mörder der B ist. Bei ihm ist nämlich der Wille des Mordens (falls er nicht ebenfalls angestiftet ist) in seiner eigenen Seele entstanden, in der Seele des M dagegen bestand aus eigener Kraft nur der Wille des Gelderwerbes und diesen benutzte der B erst, um auch bei dem M den Willen des Mordes zu erzeugen, indem er ihn zwang, wenn er den Gelderwerb wollte, auch den Mord zu wollen. In China würde man in unserem Falle den B als Mörder bestrafen und den M als Gehilfen einen Grad milder; man scheint dort also psychologischer vorzugehen. **Staunton** s. 312 p. 336. „If any person hires another thus to maltreat his opponent, the person so hired shall be deemed an accessary, and suffer punishment less than that of his principal by only one degree. If more than one person is hired, the chief agent among them shall be the only one to be punished as an accessary under this law."

Noch deutlicher tritt diese dem deutschen und wohl auch dem ganzen europäischen St.R. völlig fremde Anschauung in folgender Stelle hervor:

> C. A. p. 191 No. 9. „S'il arrive que l'auteur principal d'une préméditation d'assassinat ayant envoyé une personne pour commettre le crime; celle-ci se trompe et en tue une autre que celle qu'elle devait tuer, l'auteur de la préméditation sera condamné à la décapitation (avec sursis), et l'assassin sera puni de 100 coups et exilé à 3000 lis."

[11]) Im vorigen wie in diesem Beispiele wird der Wille I, die Basis des Willens II, vernichtet, dort, indem der Thäter einen anderen Herrn, hier, indem er die 1000 Mark (nämlich durch Klage) erhält.

nexus zwischen Erfüllung des Motivs und Verbrechen, zwischen Willen I und Willen II durchschneidet.

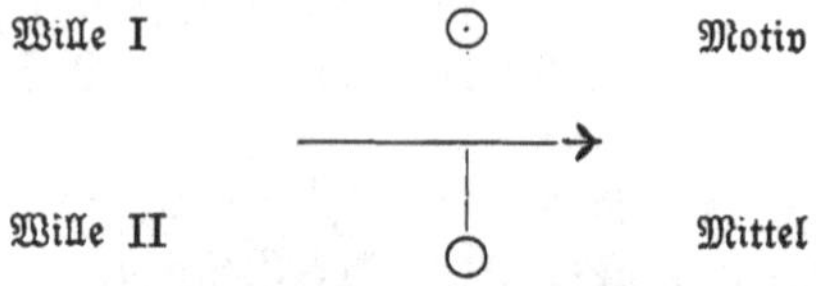

Wie wir schon oben sahen, kann das Verbrechen des Frauenraubes und der Entführung dadurch seiner schweren Folgen ganz oder teilweise enthoben werden, daß sich Thäter und Verletzte heiraten. Es liegt deshalb in der Natur der Sache, daß einem solchen Delikt sehr häufig die Ehe folgt. Diesen natürlichen Lauf hatten nun einst verschiedene Gesetzgebungen noch außerordentlich begünstigt. Manche scheinen sogar dem Thäter das Recht gegeben zu haben, nach Erlegung der Buße die Frau zur Ehe zu fordern (cf. Wilda S. 844) oder zwangen ihn auch direkt zur Ehe[12]). Auf diese Weise wurden Frauenraub und Entführung ein probates Mittel, in reiche und angesehene Familien hineinzuheiraten, bezw. einem anderen die Braut abzujagen, und es scheint dasselbe sich großer Beliebtheit erfreut zu haben[13]). Mit Strafe war hier, eben wegen der Heirat, nicht viel zu machen, denn Geldstrafe, die damals an die Verletzte fiel, blieb nach der Heirat ja doch in der Familie, ließ man sie aber an den König fallen, oder wählte andere, besonders verstümmelnde Strafen, so trafen diese gleichzeitig die Verletzte und deren Familie mit. Da verfielen Kirche und Staat auf den Gedanken, die Heirat zwischen Entführer und Entführter zu verbieten, und so die Entführung, wo sie als Mittel zur Eheschließung benutzt werden sollte, zwecklos zu machen. Der Wille I auf Heirat erzeugte also nicht mehr den Willen II auf Entführung.[14])

---

[12]) z. B.: Edictum Theodorici Regis LIX. „Qui ingenuam virginem per vim corruperit, si idoneo matrimonio gratulatur, et est genere nobilis, eandem accipere cogitur uxorem “

[13]) Wilda S. 839 ff. und 845 ff.

[14]) Capitul. lib. IV cp. XXII. De raptu alienarum sponsarum. „. . . . Sponso vero legem suam componat, et insuper bannum nostrum, id est, sexaginta solidos solvat; vel in praesentiam nostram Comes eum advenire faciat, et quanto tempore nobis placuerit in exilio maneat, et illam feminam ei habere non liceat.

Capitul. lib. VI cp. XCVI. „Si quis alterius sponsam virginem aut

Ähnlich liegt die Sache bei einem Teil von Ehebruchsfällen, nämlich da, wo der Ehebruch als Mittel zur Ermöglichung einer anderweiten ehelichen Verbindung benutzt werden soll. Will z. B. der A die verheiratete B ehelichen, so kommen beide häufig überein, einen Ehebruch zu begehen, damit die Ehe der B geschieden werde, und sie sich dann mit dem A verheiraten könne. Die Erreichung dieses Zweckes wird nun sehr in Frage gestellt durch das Gesetz über die Beurkundung des Personenstandes und die Eheschließung vom 6. Februar 1875:

> § 33. „Die Ehe ist verboten . . . . . . 5. zwischen einem wegen Ehebruch geschiedenen und seinem Mitschuldigen.
> Im Falle der Nr. 5 ist Dispensation zulässig."

Dieser Paragraph ist mit geringer Veränderung auch in den Entwurf eines bürgerlichen Gesetzbuches für das Deutsche Reich übergegangen (§ 1237); die oben geschilderte Kraft zur Verhinderung des Ehebruchs scheint zwar nicht der Grund für die Beihehaltung gewesen zu sein, wenigstens sagen die Motive nichts darüber.

Dem Koncubinate war die Kirche abgeneigt und suchte ihn dadurch zu bekämpfen, daß sie ihn (wenigstens für viele Fälle) zwecklos machte. Sie erklärte ihn nämlich für auflösbar. Hierdurch erreichte sie, daß alle diejenigen Paare, von denen auch nur Ein Teil eine feste Verbindung für das ganze Leben suchte, den Concubinat nicht mehr benutzen konnten.

Das A.L.R. II tit. 20 §§ 831, 832 sagt, daß derjenige, der tötet, um hingerichtet zu werden, nicht hingerichtet, sondern mit lebenslänglicher Freiheitsstrafe (verbunden mit körperlicher Züchtigung) verurteilt werden soll. Das Verbrechen, die Tötung, wird hier zwecklos gemacht dadurch, daß die Erreichung des Zieles, die Hinrichtung, sich nicht mehr als Folge an dasselbe anschließt.[15])

---

viduam, necdum desponsatam, rapuerit, vel furatus fuerit, placuit, ut sive eam postea sponsaverit, sive dotaverit, seu non, sive cum parentum eius voluntate quocumque commento ipsam accipere vel tenere potuerit, nunquam illam uxorem habeat sed raptori aut furi auferatur, et proximis suis alio viro, tempore congruo, si ipsa hoc malum non consenserit, nuptura legibusque acceptura reddatur." Ebenso Novelle 143 und eine Reihe anderer Gesetze.

[15]) In Rom that man dem Selbstmörder den Gefallen, wenn es ihm nicht selbst gelang, sich zu töten, ihn mit der (allerdings verschärften) Todesstrafe zu belegen; l. 6, 7 D. 49, 16 und l. 38, 12 D. h. t.

Mehrere treffende Beispiele für unsere Methode liefert die Brandstiftung. Sie geschieht fast ausschließlich aus zwei Motiven, nämlich entweder, um Schaden anzurichten: „Schädigungsfeuer“, oder um Gewinn zu erzielen: „Bereicherungsfeuer“. Die Erreichung dieser Zwecke kann nun auf verschiedene Weise unmöglich und damit dann zugleich die Brandstiftung zwecklos gemacht werden.

Was zunächst die Schädigungsfeuer anbetrifft, so wird in neuerer Zeit in hohem Maße das Zwecklosmachen derselben erreicht (wenn es auch nicht der Zweck solcher Anstalten ist) durch die Feuerversicherungen. Seit ihrer Existenz hat bekanntlich die Zahl der Brandstiftungen bedeutend abgenommen, denn sie sind jetzt eben keine „Schädigungsfeuer“ mehr, weil dem Abgebrannten der angerichtete Schaden ersetzt wird.[16])

Sobald aber die Versicherungssumme zu hoch ist, so erzeugt sie wiederum ein anderes Motiv, einen anderen Willen I zur Brandstiftung. Es zündet nämlich alsdann der Eigentümer selbst sein Haus an, um die Versicherungssumme zu erhalten, Bereicherungsfeuer. Letzteres kommt so häufig vor, daß viele Strafgesetzbücher ein eigenes Delikt daraus konstruiert haben, so z. B. das deutsche St.G.B. den „Brand-Versicherungs-Betrug“:[17])

> § 265. „Wer in betrügerischer Absicht eine gegen Feuersgefahr versicherte Sache in Brand setzt, oder ein Schiff, welches als solches oder in seiner Ladung oder in seinem Frachtlohn versichert ist, sinken oder stranden macht, wird mit Zuchthaus bis zu zehn Jahren und zugleich mit

---

[16]) Auf dieselbe Weise sucht man jetzt in Frankreich den Dynamit-Attentaten zu steuern, nämlich dadurch, daß man jeden Schaden, welchen dieselben anrichten, von Staatswegen ersetzt; alle Verbrechen dieser Art, welche begangen werden, um einer bestimmten Persönlichkeit einen Vermögensschaden zu bereiten, werden dadurch zwecklos.

Es mag auch erinnert werden an die Verpflichtung der Gemeinde (Preuß. Gesetz vom 11. März 1850, betreffend die Verpflichtung der Gemeinden zum Ersatz des bei öffentlichen Aufläufen verursachten Schadens), den bei einem Aufruhr entstandenen Schaden den Beschädigten zu ersetzen; wollte jemand bei Tumulten seinem Feinde einen Schaden zufügen, so war die Sachbeschädigung kein geeignetes Mittel hierzu.

[17]) Dieser Name ist, nebenbei gesagt, nicht sehr glücklich gewählt, denn das Brandstiften ist durchaus keine falsche Thatsache, wie sie zum Betrugsthatbestande notwendig ist, höchstens liegt in ihr eine Vorbereitungshandlung zum Betruge; besser wäre vielleicht die Bezeichnung: „Betrügerische Brandstiftung“.

Geldstrafe von einhundertfünfzig bis zu sechstausend Mark bestraft.

Sind mildernde Umstände vorhanden, so tritt Gefängnisstrafe nicht unter sechs Monaten ein, neben welcher auf Geldstrafe bis zu dreitausend Mark erkannt werden kann."

Um nun derartige Delikte wiederum zu einem untauglichen Mittel zur Erreichung des Zweckes zu machen, erklärt das preußische Gesetz über das Mobiliarfeuerversicherungswesen vom 8. März 1837 eine Versicherung, welche den Wert des versicherten Gegenstandes übersteigt, für ungültig und belegt sie mit einer Strafe (§§ 1; 20).[18])

Es kommt also in kriminalpolitischer Hinsicht darauf an, bei den Versicherungen möglichst den richtigen Wert des versicherten Gegenstandes zu treffen, denn nur so können Scylla und Charybdis vermieden werden. Ist die Summe zu hoch, so wird ein Motiv für betrügerische Brandstiftung erzeugt (Willen II entsteht aus Willen Ia, der Bereicherung), ist sie zu niedrig, so wird eins für Schädigungsfeuer geschaffen (Wille II entsteht aus Willen Ib, der Schädigung).

Ferner kann man hierher rechnen die römisch-rechtliche Bestimmung, daß der Testamentsschreiber von dem Testierenden nichts erben darf, denn für ihn macht sie eine Testamentsfälschung, eine Nötigung usw., welche zum Zwecke des Beerbens begangen wird, zwecklos.

Eine ähnliche Behandlungsmethode liegt in der freien und unabhängigen Stellung, welche die deutschen Staaten den Richtern gewähren. Es sollen dadurch möglichst die Motive zur Rechtsbeugung oder auch zur nicht ganz gewissenhaften Rechtssprechung abgeschnitten werden.

Eins von den vielen Motiven zum Menschenraub und Sklavenhandel in Afrika bildet die Erwerbung des Elfenbeins. Als Zahlungsmittel pflegen sich nämlich die Händler der Sklaven zu

---

[18]) Auch die Versicherungsgesellschaften suchen sich durch das Zwecklosmachen der Brandstiftungen zu schützen, indem sie in ihren Statuten erklären, daß die Versicherungssumme nicht ausgezahlt werde, wenn der Eigentümer selbst sein Haus angezündet habe. Hier ist die Methode aber von geringer Wirkung, weil ihr die Hoffnung auf Unentdecktbleiben zu stark entgegenarbeitet (in dem obigen Falle dagegen wirkt die Methode, selbst wenn der Thäter nicht entdeckt wird).

bedienen, welche sie eigens zu diesem Zwecke rauben.[19]) Dieses Motiv könnte eventuell die Kulturwelt, die sich bekanntlich augenblicklich viel mit der Antisklaverei beschäftigt, durch Verbot der Elfenbeinwaare vernichten oder wenigstens beschränken. Zum Teil arbeitet an der Vernichtung dieses Motives auch die menschliche Habgier selbst, da jährlich gegen 80 000 Elefanten ihrer Zähne wegen getötet werden und ihr Geschlecht deshalb in Afrika seiner Vernichtung entgegen geht. Für viele wäre das Aussterben derselben ein trauriges Ereignis; „andere freilich preisen jenen Tag als ein Freudenfest der Zukunft, an welchem der letzte Zahn des letzten Elefanten an die Küste gelangt, wodurch dann die Bluthetze der arabischen Händler aufhört, unter Jammer und Thränen des Elfenbeins wegen die einst glücklichen oder immerhin harmlosen Negerkraale zu verschütten.“ (Götz a. O.) In diesem Beispiele liegen mehrere Glieder zwischen Motiv (Gelderwerb, Wille I) und Erreichung desselben, nämlich: Verkauf des Elfenbeins Wille II, Eintausch des Elfenbeines gegen Sklaven Wille III, Sklavenraub Wille IV.

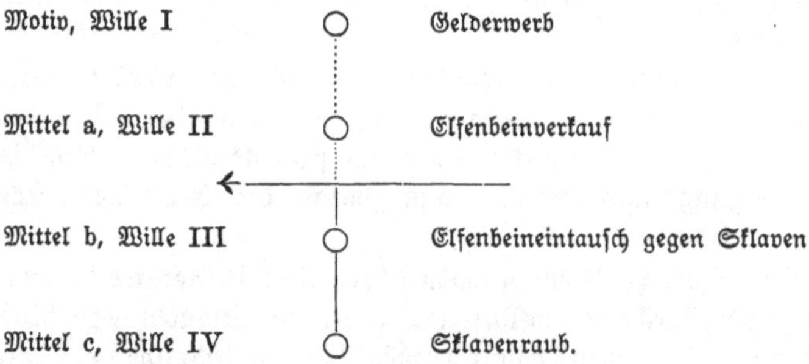

Versperrt man nun den Weg vor dem Verkauf des Elfenbeins (wie der Pfeil anzeigt), so führt derselbe nicht mehr zum Ziele. Das System der verschiedenen Willen ist an einer Stelle durchschnitten und damit sind sämtliche Willen, welche auf dem abgetrennten Willen basierten, hinfällig geworden.

Sehr gut läßt sich die Methode des Zwecklosmachens an-

---

[19]) Professor Götz. Die Erhaltung der Elefanten Afrikas. Globus, Bd. XL Nr. 3. Abs. 1: „. . . . Die Sklavenjagden wären nicht entfernt zu solcher satanischen Bösartigkeit ausgeartet, wenn man nicht Träger und Menschenware als Zahlungsmittel für den Erwerb und Vertrieb der Elefantenzähne unter Mord und Brand zu rauben sich gewöhnt hätte.“

wenden, wenn das Delikt in einem Vertrage besteht. Wenn nämlich jemand irgend eine Leistung durch einen Vertrag erreichen will und weiß, daß sein Kontrahent doch nicht leisten wird, so ist der Vertrag für ihn zwecklos. Wir werden sie deshalb später bei der Behandlung der verbotenen Verträge noch häufiger antreffen.

Damit mag die Behandlung der strafrechtlichen Bekämpfungsmethode des Zwecklosmachens hier abgeschlossen sein. Sehr häufig kommt sie in den Gesetzgebungen gerade nicht vor, jedoch dürfte sie einer großen Ausdehnung fähig sein.

---

§ 4. Anwendungen im täglichen Leben.

Auch im täglichen Leben findet sich und zwar ziemlich häufig das Zwecklosmachen eines Deliktes als Schutzmittel gegen dasselbe.[20]) Einige der interessantesten Fälle, die mir aufgestoßen sind, mögen hier folgen.

Der A hat in der Mitte eines frisch besäeten Rasenplatzes eine Anzahl blühender Rosen stehen; die Hausbewohner pflegen alljährlich dieselben allmählich abzupflücken und dabei den Rasen zu zertreten; der A sieht ein, daß er das Rosenpflücken doch nicht hindern kann, und hat auch nichts dagegen, die Sachbeschädigung an dem Rasenplatze möchte er aber verhüten. Sachlage. Wille I = Rosenpflücken, Wille II = Sachbeschädigung am Rasen. Erste Methode: A schneidet alle Rosen selbst ab, Resultat: das Motiv, Wille I ist vernichtet und dadurch das Mittel, Wille II, das im Betreten des Rasenplatzes bestehende Delikt zwecklos geworden. Zweite Methode: er pflanzt die Rosen vom Rasen fort auf ein anderes Beet, Resultat: das Motiv, Wille I, ist geblieben, aber das Mittel ist überflüssig geworden, der Wille II ist ausgeschaltet, d. h. er wird nicht mehr durch den Willen I erzeugt.[21])

In den Eisenbahnwagen sind zum Öffnen und Schließen der Fenster meist dicke, ungefähr handbreite und 2—3 Fuß lange Riemen angebracht, in Zwischenräumen von etwa 1 Fuß befinden sich Löcher

---

[20]) Es wäre eine sehr interessante und zugleich für viele Fälle eine sehr nutzbringende Arbeit, ein möglichst reichhaltiges Register von derartigen Beispielen anzufertigen, da dieselben oft besser ein Verbrechen verhüten, als es irgend ein Gesetz oder eine Polizeimaßregel vermag.

[21]) Eine dritte Methode, cf. oben S. 131 Anm. 7, wäre die, auf den Willen II einen Willen III aufzupfropfen und durch Vernichtung desselben das ganze System zu vernichten, z. B. durch Ziehen eines Stacheldrahtes: wer nicht über den Stacheldraht klettern will, Wille III, muß auch das Betreten des Rasens, Wille II (und das Pflücken der Rosen, Wille I), aufgeben.

in denselben zum Einhaken; zwischen diesen ist aber noch eine ziemlich große Anzahl kleinerer Löcher eingestoßen, deren Zweck nicht recht ersichtlich ist. Nach längerem vergeblichen Nachdenken entschloß ich mich zu fragen und erhielt die Antwort: „früher wurden sie immer abgeschnitten und Schuhsohlen daraus gemacht." Zerlegen wir dies Verfahren, so haben wir folgende Sachlage. Motiv, Wille I: Schuhsohlenmachen — Mittel, Wille II: Diebstahl — Bekämpfungsmethode: Durchschneiden des Zusammenhanges von Mittel und Motiv, von Willen I und Willen II — Erfolg: Zweckloswerden des Diebstahls.

In einer Stadt des Ostens befinden sich in den Anlagen schöne Gruppen von jungen Tannen. Kurz vor Weihnachten pflegte eine Anzahl von Bäumchen in der Nacht zu verschwinden. Wie war dem abzuhelfen? Man verfiel auf die Methode, das Motiv abzuschneiden. Offenbar wurden die Tannen nur gestohlen, weil der Thäter sich durch deren Verkauf einen Geldprofit verschaffen wollte, Wille I, und das Stehlen war Mittel hierzu, Wille II. Dieser Zweck wurde nun durch folgendes Mittel vereitelt oder wenigstens auf ein Minimum herabgedrückt. Die Stadt ließ selbst in ihren Wäldern Tannenbäume hauen und verkaufte sie auf dem Weihnachtsmarkte zu einem äüßerst geringen Preise. Erfolg: Es lohnte sich nicht mehr, bei Nacht und Nebel die Bäume zu stehlen und die Anlagen blieben unversehrt.

Ferner könnte man hier das Ungenießbarmachen des Brennspiritus (in Rußland auch des Spiritus in zoologischen Museen) erwähnen, damit er nicht zum Getränk benutzt wird usw.

Kapitel VI.

Bekämpfungsmethoden gegen Verträge.

§ 1. Übersicht.

Bei den verbotenen oder richtiger gesagt, zu verhindernden Verträgen treten die beiden oben S. 36 Kap. II. schon erwähnten Gattungen von Bekämpfungsarten deutlich hervor. Die eine ist die, daß der Gesetzgeber auf strafrechtlichem Wege gegen die vertragschließenden Personen vorgeht (die strafrechtliche oder persönliche Methode) die andere die, daß er durch zivilrechtliche Bestimmungen dem Vertrage eine derartige Gestalt giebt, daß sich beide oder einer der Kontrahenten von dem Vertrage zurückziehen, bezw. daß von vornherein der Abschluß gehindert wird (die zivilrechtliche oder sachliche Methode).

Die strafrechtlichen Behandlungsweisen sind dieselben, die wir oben bei der Bekämpfung der Verbrechermehrheit schon kennen gelernt haben, nämlich:

a) die Bekämpfung der Gegner als einer geschlossenen Macht,
b) Neutralisierung eines Teiles der Gegner,
c) Gegenseitige Bekämpfung der Gegner.

Diese drei Methoden stehen aber bei der Bekämpfung der Verträge niemals allein, sondern es gibt immer daneben noch eine zivilrechtliche Lage, in welche der Gesetzgeber den Vertrag versetzen muß, und welche mehr oder weniger auf die strafrechtlichen Bekämpfungsmethoden Einfluß hat. Solcher sachlicher oder zivilrechtlicher Lagen eines Vertrages gibt es fünf:

I. Anerkennung,
II. Ignorierung,
III. Ungültigkeitserklärung,
IV. Einschreiten gegen die Erfüllung von Staatswegen,
V. Begünstigung des einen Vertragschließenden auf Kosten des anderen.

Diese fünf zivilrechtlichen Behandlungen bilden mit Ausnahme der ersten an sich schon je eine Bekämpfungsmethode des zu verhindernden Vertrages; außerdem kann aber jede derselben mit jeder der drei strafrechtlichen Behandlungen zu einer neuen Bekämpfungsweise kombiniert werden. Sämtliche Methoden sollen der Reihe nach betrachtet werden. Zur Erleichterung der Übersicht seien die strafrechtlichen oder persönlichen Bestandteile der verschiedenen Bekämpfungsmethoden jedesmal mit Buchstaben (a, b, c), die zivilrechtlichen oder sachlichen Bestandteile mit römischen Ziffern (I bis V) bezeichnet.[1])

Wir haben demnach folgende Bekämpfungsmethoden:[2])

---

[1]) Auf diese Weise kann man auf den ersten Blick das Wesen der betreffenden Bekämgfungsmethode erkennen. Z. B. sieht man aus der Bezeichnung „Methode IIIc" sofort, daß eine kombinierte Bekämpfungsweise vorliegt und zwar, daß der zivilrechtliche Bestandteil aus der Ungültigkeitserklärung des Vertrages und der strafrechtliche aus der gegenseitigen Bekämpfung der beiden Vertragschließenden besteht.

[2]) Methode I ist, wie gesagt, für sich allein keine „Bekämpfungsmethode", denn wenn man einen Vertrag anerkennt, ohne die Vertragschließer zu bestrafen, so liegt eben ein gewöhnliches Rechtsgeschäft vor. Die Thatsache,

Bekämpfungsmethode Ia: Anerkennung des Vertrages und Bestrafung[3]) beider Vertragschließenden.

Bekämpfungsmethode Ib: Anerkennung des Vertrages und Bestrafung eines der beiden Vertragschließenden.

Bekämpfungsmethode Ic: Anerkennung des Vertrages und gegenseitige Bekämpfung der beiden Vertragschließenden.

Bekämpfungsmethode II: Ignorierung des Vertrages.

Bekämpfungsmethode IIa: Ignorierung des Vertrages und Bestrafung beider Vertragschließenden.

Bekämpfungsmethode IIb: Ignorierung des Vertrages und Bestrafung eines der beiden Vertragschließenden.

Bekämpfungsmethode IIc: Ignorierung des Vertrages und gegenseitige Bekämpfung der beiden Vertragschließenden.

Bekämpfungsmethode III: Ungültigkeitserklärung des Vertrages.

Bekämpfungsmethode IIIa: Ungültigkeitserklärung des Vertrages und Bestrafung beider Vertragschließenden.

Bekämpfungsmethode IIIb: Ungültigkeitserklärung des Vertrages und Bestrafung eines der beiden Vertragschließenden.

Bekämpfungsmethode IIIc: Ungültigkeitserklärung des Vertrages und gegenseitige Bekämpfung der beiden Vertragschließenden.

Bekämpfungsmethode IV: Einschreiten gegen die Erfüllung des Vertrages von Staatswegen.

Bekämpfungsmethode IVa: Einschreiten gegen die Erfüllung des Vertrages von Staatswegen und Bestrafung beider Vertragschließenden.

Bekämpfungsmethode IVb: Einschreiten gegen die Erfüllung des Vertrages von Staatswegen und Bestrafung eines der beiden Kontrahenten.

Bekämpfungsmethode IVc: Einschreiten gegen die Erfüllung des Vertrages von Staatswegen und gegenseitige Bekämpfung der beiden Vertragschließenden.

Bekämpfungsmethode V: Begünstigung des einen Vertragschließenden auf Kosten des anderen.

---

daß der Staat den Vertrag nicht wünscht, wird im allgemeinen wenig respektiert, im Gegenteil, oft bildet sie bekanntlich eine der wirksamsten Reklamen, z. B. die (zeitweise) Konfiskation eines Buches.

[3]) Genauer genommen „Bedrohung", jedoch sind diese feineren Unterschiede, wie wir sie oben S. 42 f. aufstellen mußten, hier nicht mehr nötig.

Bekämpfungsmethode Va: Begünstigung des einen Vertragschließenden auf Kosten des anderen und Bestrafung beider.

Bekämpfungsmethode Vb: Begünstigung des einen Vertragschließenden auf Kosten des anderen und Bestrafung des einen.

Bekämpfungsmethode Vc: Begünstigung des einen Vertragschließenden auf Kosten des anderen und gegenseitige Bekämpfung beider.

§ 2. Die persönlichen Behandlungsmethoden.

Zunächst mag ein Blick geworfen werden auf die drei Arten des gesetzgeberischen Vorgehens in strafrechtlicher Hinsicht, nämlich auf die Methoden a, b, c, da viele Eigenschaften derselben bei jeder Kombination unberührt bleiben und deshalb für alle Methoden gemeinsam betrachtet werden können.

Methode a: Bestrafung beider Vertragschließenden. Das Nächstliegende bei der Bestrafung eines Vertrages ist, daß beide Vertragschließenden bestraft werden, denn beide pflegen gleich schuldig zu sein. Diese Methode findet in den bei weitem meisten Fällen Anwendung. So bestraft das deutsche St.G.B. § 109 beim Stimmkauf den Käufer wie den Verkäufer, § 284 beim gewerbsmäßigen Glücksspiele den Gewinner und Verlierer, die preußische Verordnung über die Verhütung eines die gesetzliche Freiheit und Ordnung gefährdenden Mißbrauchs des Versammlungs- und Vereinigungsrechtes vom 11. März 1850 denjenigen, welcher sich aufnehmen läßt, sowie denjenigen, welcher den Eintretenden aufnimmt[4]) usw.

Betrachten wir die Wirkungen dieser Methode. Angenommen: A und B haben einen verbotenen Kauf abgeschlossen oder beabsichtigen dies zu thun; da beide bestraft werden, so hat jeder natürlich Interesse daran, daß der Kauf nicht ans Licht kommt und jeder von ihnen kann sich auf den anderen verlassen. Der Gesetzgeber vereinigt also gegen sich die feindlichen Kräfte. Die Folge davon ist, daß er in den meisten Fällen unterliegen wird, d. h. er steht dem Delikte machtlos gegenüber, weil es sich seiner Kenntnis entzieht.

Methode b: Bestrafung eines der beiden Vertragschließenden. Ist in dem obigen Beispiele nur der A, der Verkäufer, mit Strafe bedroht, so hat man keine geschlossene Macht

[4]) § 8a. Im Verein mit § 16 Abs. 1 und 3.

mehr vor sich, denn dem B ist es jetzt, was die Strafe anbetrifft, einerlei, ob der Vertrag bekannt wird oder nicht. Man hat also die entgegenstehende Macht halbiert und eine feindliche und eine neutrale Hälfte vor sich.

Derartige Behandlungsweisen finden sich in der jetzigen deutschen, sowie in anderen Gesetzgebungen sehr häufig. Das deutsche St.G.B. § 184 bestraft nur den Verkäufer von unzüchtigen Schriften, nicht den Käufer, § 367, 7 nur den Verkäufer von trichinenhaltigem Fleisch, § 331 bei der leichten Bestechung nur den Bestochenen. Auch ein entlegeneres fremdes Gesetz, ein chinesisches, mag angeführt werden.

> Staunton s. 149 p. 160. „If a creditor accepts the wives or children of his debtor in pledge for payment, he shall be punished with 100 blows."

Sonderbarerweise bestraft Justinian in einem gleichen Falle (nov. 134 cp. 7) ebenfalls nur den Pfandnehmer. [5])

Methode c: Gegenseitige Bekämpfung der Gegner. Diese besteht darin, daß man den einen der beiden Kontrahenten nicht wie in Methode b von vornherein freiläßt, sondern daß man Bedingungen für die Freilassung stellt, z. B. wenn er die Erfüllung rückgängig macht, wenn er seine Kontrahenten anzeigt usw. Überhaupt kann man hier wieder die sämtlichen Methoden der gegenseitigen Bekämpfung anwenden, wie sie oben S. 107 ff. und 112 ff. behandelt sind.

§ 3. Die einzelnen Bekämpfungsmethoden.

Bekämpfungsmethode Ia: Anerkennung des Vertrages und Bestrafung beider Vertragschließenden. Werden beide Kontrahenten mit Strafe bedroht, so wirken folgende Kräfte: die schlechte Kraft besteht in der Annehmlichkeit des Vertrages, da ihn

[5]) Ob der oben angegebene kriminalpolitische Vorteil in allen diesen Fällen ausschlaggebend gewesen sein mag, bleibt dahingestellt; manchmal mag jene Behandlungsweise allein auf dem Gesichtspunkte beruhen, daß man den einen Kontrahenten, z. B. den (fahrlässigen oder dolosen) Käufer von trichinösem Fleische, für weniger oder gar nicht strafbar hält, manchmal läßt sich dieser Gesichtspunkt aber auch nicht in den Gesetzen entdecken, z. B. beim Kauf und Verkauf von unzüchtigen Schriften, oder noch drastischer bei der Pfandnahme und Pfandgabe von Weib und Kind (will man in letzterem Falle Notlage als Entschuldigung anführen, so muß man dies auf Seiten des Pfandnehmers, wo sie ebenso gut vorhanden sein kann, ebenfalls thun).

nach unserer Voraussetzung das Recht anerkennt, die gute ist die Strafandrohung. Letztere ist aber nicht sehr groß, denn, wie oben gezeigt, jeder der beiden Kontrahenten kann sich auf den anderen verlassen und hat deshalb, wenn sie nicht von außen kommt, so leicht keine Entdeckung zu fürchten. Ein Beispiel dieser Methode ist folgendes:

> Capitulare triplex anni DCCCVIII. V. „De emptionibus et venditionibus, ut nullus praesumat aliter vendere et emere sagellum meliorem duplum viginti solidis, et simplum cum decem solidis. Reliquos vero minus. Roccum martrinum et lutrinum meliorem triginta solidis, sismusinum meliorem decem solidis. Et si aliquis amplius vendiderit aut empserit, cogatur exsolvere in bannum solidos quadraginta, et ad illum qui hoc invenerit et eum exinde convicerit, solidos viginti.“

Ferner könnte man hierher ziehen die Verordnung, betreffend das Spielen in auswärtigen Lotterien, sowie die Unternehmung öffentlicher Lotterien oder Ausspielungen durch Privatpersonen, vom 5. Juli 1847.

> § 1. „Wer in auswärtigen Lotterien, die nicht mit Unserer Genehmigung in Unseren Staaten besonders zugelassen sind, spielt, sich dem Verkaufe der Loose dergleichen auswärtiger Lotterien unterzieht, oder einen solchen Verkauf als Mittelsperson befördert, ... soll mit einer fiskalischen Geldbuße bis zu fünfhundert Thalern bestraft werden.“

Thatsächlich werden nämlich Käufer und Verkäufer bestraft (ersterer weil er entweder Spieler oder Mittelsperson ist) und der Vertrag bleibt gültig.[6])

Bekämpfungsmethode Ib: Anerkennung des Vertrages und Bestrafung eines der beiden Vertragschließenden. Bedroht man nur einen der beiden Kontrahenten, z. B. den Verkäufer, mit Strafe, so würde unser altes Beispiel vom verbotenen Kaufe etwa so lauten: „Der Verkäufer wird bestraft, der Käufer

---

[6]) Allerdings wird die Gültigkeit von mancher Seite bestritten und zwar aus dem Gesichtspunkte, daß in dem Kaufe ein verbotenes Lotteriespiel liege und derselbe deshalb gegen das deutsche St.G.B. § 286 verstoße, cf. z. B. R.G. 30. Oktober 1886.

nicht, der Kauf bleibt rechtsgültig".[7]) Bei dem Käufer wird alsdann der schlechten Kraft, dem Vorteile aus dem Vertrage, keine Gegenkraft entgegengesetzt, denn er hat ja keine Strafe zu erwarten, und, wie schon erwähnt, das einfache Verbot: „du sollst die und die Sache nicht kaufen", wird die große Mehrzahl nicht abschrecken. Im Vergleich zur Methode Ia haben wir also beim Käufer eine Verschlechterung zu konstatieren. Auf Seiten des Verkäufers ist die schlechte Kraft, der Vorteil, den der Vertrag verheißt, ebenfalls geblieben, aber es ist die gute Kraft, die Strafandrohung, bedeutend erhöht, nämlich dadurch, daß ihr hemmendes Anhängsel, die Hoffnung auf Unentdecktbleiben, verringert ist. Da nämlich der Mitkontrahent, der Käufer, keine Strafe mehr zu befürchten hat, so kann der Verkäufer sich auch nicht mehr auf ihn verlassen. Diese Methode findet sich in verschiedenen Gesetzgebungen, z. B. belegt das St.G.B. von New-York § 595 Pflichtwidrigkeiten der Direktoren von Bankgesellschaften mit der Vergehensstrafe und fährt dann fort:

> § 596. „Der vorhergehende Paragraph soll ein von den Direktoren einer solchen Gesellschaft in Verletzung desselben gemachtes Darlehn nicht ungültig machen.

Auch in früheren Zeiten finden wir diese Methode (vermutlich blieb nämlich in dem folgenden Beispiele der Pfandvertrag bestehen):

> Lex Baiuvar. Tit. XII. Cap. IV. „Si porcos in pignus tulerit. I. Si quis contra legem porcos in pignus tulerit, unumquemque cum duodecim saigis componat. II. Illum ductricum cum tremisse componat."

Ferner wenden sie indirekt alle jene Gesetzgebungen an, welche zivilrechtlich den betreffenden Vertrag anerkennen, beide Kontrahenten bestrafen, aber für Selbstanzeige,[8]) thätige Reue usw., Straflosigkeit verheißen. Hier werden die Wirkungen dadurch etwas nüanciert, daß nicht von vornherein feststeht, wer der Bestrafte sein wird, daß möglicherweise beide straflos werden können usw.

---

[7]) Man kann auch den Käufer bestrafen und den Verkäufer freilassen, die Wirkung bleibt dieselbe.

[8]) Ob in der Anzeige des Vertrages und in der Selbstanzeige eine Neutralisierung oder gegenseitige Bekämpfung liegt, entscheidet bei den Verträgen meist die speziellere Lage derselben.

Bekämpfungsmethode Ic: Anerkennung des Vertrages und gegenseitige Bekämpfung der Vertragschließenden. Die Kombination der sachlichen Behandlung I mit der persönlichen c würde, auf den Kauf angewandt, etwa lauten: „der Kauf bleibt bestehen, beide Kontrahenten werden bestraft, wer aber den Vertrag, sich selbst und seinen Kontrahenten anzeigt, bleibt straflos.“ (Zu der Straflosigkeit könnte man noch eine Belohnung aussetzen, eine Zeitbestimmung hinzufügen, Reue als Motiv verlangen usw.) In solcher Klarheit mag diese Methode in keinem Gesetze vorkommen, versteckt liegt sie aber in allen jenen Gesetzgebungen, deren Zivilgesetze den Vertrag anerkennen, deren Strafrecht aber in einem speziellen Paragraphen beide Kontrahenten unter Strafe stellt, in einem allgemeineren demjenigen Straflosigkeit verheißt, welcher seine Komplizen anzeigt. Was die Wirkungen anbetrifft, so sind sie ungefähr dieselben, wie die der persönlichen Behandlungsmethode c, und können deshalb hier übergangen werden.

Diese Anerkennung des Vertrages, mag sie mit der persönlichen Behandlung a oder b oder c verbunden sein, bringt immer das Übel mit sich, daß die schlechte Kraft, der Vorteil aus dem Vertrage, in ihrer ganzen Größe bestehen bleibt und erst durch eine gleich große Gegenkraft gebunden werden muß. Beziffert sich z. B. der Vorteil aus einem Vertrage auf 500 Mark für einen Kontrahenten, so muß die Strafe schon mindestens 500 Mark betragen, um diese Kraft wieder aufzuheben; betrüge sie nur 100 Mark, so würde, selbst wenn keine Hoffnung auf Straflosigkeit vorhanden wäre, doch noch eine schlechte Kraft von 400 Mark übrig bleiben. Ein großer Prozentsatz von Menschen wird deshalb bei den Kombinationen mit der zivilrechtlichen Behandlungsmethode I den Vertrag trotz Strafe abschließen, wenn er sich mehr Vorteil aus demselben verspricht, als ihm die Strafe Nachteil bringt (besonders, da letztere nicht infamierend zu sein pflegt).

Bekämpfungsmethode II: Ignorierung des Vertrages. Diese Methode besteht darin, daß der Staat sich in keiner Weise auf den Vertrag einläßt, mag der eine oder der andere Kontrahent klagen, und mag Leistung oder Gegenleistung oder deren Rückgängigmachung verlangt werden. Richtig ist ein solcher Vertrag nicht, denn dann würde jeder, falls nicht besondere Bestimmungen vorliegen, seine Leistung zurückfordern können.[9])

---

[9]) Materiell könnte man allenfalls die Ignorierung mit einer Natural-Obligation vergleichen, da beide manche Wirkungen gemeinsam haben.

Die Wirkungen der Methode II sind folgende. Wir wollen zeitlich das Delikt, den Vertrag, von rückwärts betrachten. Denken wir uns als Beispiel ein ignoriertes Glücksspiel, so kann nach vollständiger Erfüllung[10]) desselben nichts mehr durch die Thätigkeit der beiden Kontrahenten geändert werden; es tritt also Ruhe ein. Dasselbe ist der Fall zwischen den Erfüllungen der beiden Leistungen. Hat z. B. im Laufe desselben Glückspieles der A von B ein Pferd gewonnen, welches ihm am anderen Tage übergeben werden soll, zugleich aber eine Summe Geldes baar an B verloren, so ist er hülflos, denn sein Geld kann er nicht zurückfordern und auf Übergabe des Pferdes kann er nicht klagen. Da nichts mehr zu ändern ist, entwickelt sich auch keine Kraft in Bezug auf den Vertrag (beziehentlich geht die Kraft, welche sonst zur Rückgabe des Geldes oder Übergabe des Pferdes treiben würde, in Haß, Verachtung usw. über). Diese unglückliche Lage des Zuerstleistenden oder richtiger gesagt, das Bewußtsein, daß dieselbe eintreten wird, also ihre Vorauswirkung, schafft nun eine große Kraft in dem Zeitraum vor der ersten Leistung.[11]) Zwischen letzterer und dem Abschlusse des Vertrages ist diese Kraft eine rein gute. Der Zuersterfüllende muß sich sagen, daß er bis zur Gegenleistung sich gänzlich in der Hand seines Kontrahenten befindet. Nehmen wir folgendes Beispiel: A hat mit B einen Lohnvertrag bezüglich einer causa turpis abgeschlossen und der Staat ignoriert diesen. Es verliere nun der A vor der Hingabe des Geldes das Vertrauen, daß sein Kontrahent nachher seinerseits leisten werde und verlange, daß die Gegenleistung zuerst geschehe; wenn jetzt der B

---

[10]) Die oben geschilderten fünf Stadien eines Deliktes sind bei den Verträgen nicht gut anwendbar. Erstens ist hier die natürliche Handlung zu kompliziert (vier Akte: Angebot und Abschluß des Vertrages, Erfüllung von der einen und Erfüllung von der anderen Seite); zweitens ist ein strafbarer Vertrag im Grunde genommen nur eine unter Strafe gestellte Vorbereitungshandlung, denn den eigentlichen Kern des Deliktes bildet die Erfüllung. Z. B. es soll nicht das Glücksspiel als solches verhindert werden, denn dann würde man es auch bestrafen, wenn es sich um Sachen ohne Geldwert handelt, sondern der schnelle und leichtsinnige Vermögenswechsel ist es, welchen man verhindern will.

[11]) „Erste Leistung" wollen wir diejenige nennen, welche zeitlich zuerst ausgeführt wird. Die Worte Leistung und Gegenleistung sind in Bezug auf ihre zeitliche Reihenfolge nur mit Vorsicht zu gebrauchen, da jede Leistung zugleich auch als Gegenleistung zu betrachten ist, sie sind eben nur geschaffen, bezw. werden nur benützt, um den Parteistandpunkt zu markieren.

ebenfalls kein Vertrauen hat, so will auch er nicht der Zuerstleistende sein und auf diese Weise kann es kommen, daß die Erfüllung des Vertrages und somit die Ausführung der zu verhindernden causa turpis lediglich aus dem Grunde unterbleibt, weil der Zuerstleistende keine Garantie für die Gegenleistung hat. Vor der Abschließung des Vertrages wirkt dieselbe Kraft auch schon und zwar als Furcht vor einer Zwecklosigkeit des Vertrages oder gar als Furcht, in die unglückliche Lage des Zuerstleistenden zu geraten. Es ist ihr aber eine schlechte Kraft beigemengt, nämlich das Bewußtsein, daß man noch bis zur Leistung der übernommenen Verpflichtung (einerlei ob man selbst oder der andere zuerst leistet) zurücktreten kann. Bei Leuten von niedriger Denkungsart (und mit diesen hat ja das Strafrecht überwiegend zu thun) treibt auch noch die Hoffnung zum Vertrage, daß der andere so dumm sein werde, zuerst zu leisten und man alsdann diese Leistung ohne Gegenleistung profitieren könne.

Als praktisches Beispiel für diese Methode mag die Behandlung der reinen Differenzgeschäfte erwähnt werden.[12]) Der Staat möchte sie verhindern und ignoriert sie deshalb, die Wirkungen sind aber in diesem Falle nur schwach, denn die Gefährlichkeit der Ignorierung wird gewöhnlich von dem Bankier dadurch umgangen, daß er sich von seinen Kunden vorher Geld zahlen oder deponieren läßt und von diesem dann die Abzüge macht.[13]). Ferner wird überhaupt der Spiel- und Wettvertrag (besonders wenn es sich um größere Summen handelt) von vielen Gesetzgebungen ignoriert, materiell z. B. das erlaubte Spiel im A.L.R. I tit. 11, indem § 577 die Klage auf Auszahlung des Gewonnenen, § 578 die Klage auf Rückforderung desselben versagt. Alsdann liefern die in betreff einer unsittlichen Leistung abgeschlossenen Verträge manches Beispiel.

Bekämpfungsmethoden IIa, IIb, IIc. Eine Kombinierung der civilrechtlichen Behandlung II mit einer der strafrechtlichen Behandlungsmethoden würde im allgemeinen die den letzteren eigentümlichen Kräfte nur hinzufügen, ohne daß diese oder die der

---

[12]) Allerdings gehen hier die Ansichten auseinander, cf. z. B. Windscheid, Pand. II § 419 not. 3.

[13]) Eine wirksamere Methode wäre schon die Nichtigkeitserklärung, denn dann könnten die Kunden trotz Abzüge und Vorausbezahlung ihr Geld zurückfordern und der Bankier würde sich nicht mehr so leicht auf ein reines Differenzgeschäft einlassen.

Ignorierung dadurch modifiziert würden. Wir können deshalb diese Kombinationen übergehen. Auch Beispiele mögen nicht weiter angeführt werden, sie finden sich ebenfalls hier und dort in den Gesetzgebungen, z. B. liefert für die Methode IIa ein Beispiel der das Glücksspiel betreffende § 284 des deutschen St.G.B., nämlich in denjenigen Teilen Deutschlands, wo das bürgerliche Recht den Spielvertrag ignoriert.

Bekämpfungsmethode III, Ungültigkeitserklärung des Vertrages. Die Ungültigkeit eines Rechtsgeschäftes, mag sie in der schwereren Form als Nichtigkeit (absolute Ungültigkeit) oder in der leichteren als Anfechtbarkeit (relative Ungültigkeit) bestehen[14]), ist nicht zu verwechseln mit der rechtlichen Beschaffenheit eines ignorierten Vertrages. Von den ignorierten Verträgen zieht der Staat sich vollständig zurück, um die ungültigen dagegen kümmert er sich, denn er schreitet auf Anrufen einer Partei ein; den ignorierten ist er im allgemeinen Feind, z. B. dem Glücksspiele, gegen die ungültigen hat er aber an und für sich nichts einzuwenden, z. B. gegen eine nicht insinuierte Schenkung von mehr als 500 solidi. Erfüllt werden können beide Verträge, rückgängig gemacht werden aber nur der ungültige (falls nicht etwa eine Naturalobligation, Verzicht usw. vorliegt). Die Ungültigkeitserklärung kann derart sein, daß nur der eine der beiden Kontrahenten den Vertrag auflösen kann, oder derart, daß sie es beide können. Für die kriminalpolitischen Wirkungen hat es die Folge, daß dieselben im ersten Falle nur bei einem, im zweiten Falle bei beiden Kontrahenten eintreten.

Oft begnügt sich nun das Recht damit, daß es Verträge, die es verhindern will, für ungültig bezw. nichtig oder auflösbar erklärt[15]).

Das römische Recht z. B. sucht die Intercession der Frau besonders die für ihren Ehemann zu hindern; als Mittel benutzt es hierzu die Nichtigkeitserklärung nov. 134 C. 8. Ebenso verfährt das Edictum Theodorici Regis:

---

[14]) Windscheid, I § 70, § 82.

[15]) Die feineren Unterschiede in dieser Beziehung sind für uns nicht von Bedeutung, es kommt uns vielmehr nur auf die Thatsache an, ob die Erfüllung eines Vertrages verweigert bezw. wieder rückgängig gemacht werden kann. Außerdem stehen die Begriffe in den verschiedenen Rechten auch nicht fest, so nennt z. B. das A.L.R. I tit. 11 § 684 einen Darlehnsvertrag „null und nichtig“, während der Vertrag vollständig bestehen bleibt bis auf die Änderung, daß an

> CXXX. III. „Mulier, etiamsi per cautionem alienum debitum se redditurum spondeat, non tenetur.“

Hierher gehört auch die Nichtigkeit des Verlöbnisses eines Kindes ohne Zustimmung des Vaters l. 7, 1 D. 23, 1 und die Nichtigkeit der Cession litigioser Forderungen l. 3, 4 C. 8, 37.

Der Konkubinatstand war insofern der Ehe gleich, als er die beiden Geschlechter für ihr ganzes Leben aneinander band. Die Kirche war jedoch einer solchen formlosen Verbindung nicht gewogen und suchte sie zu Gunsten der Ehe zu beschränken. Sie wählte hierzu aber nicht die Strafe (vielleicht stand dies zu jener Zeit nicht, bezw. nicht überall in ihrer Macht), sondern sie erklärte ihn einfach für auflösbar [16]) (cf. auch das Zwecklosmachen der Delikte S. 135).

Ferner mag folgendes Gesetz angeführt werden:

> Capitul. lib. V. De eo qui a servo alieno aliquid comparaverit. CCCVI. „Si quis a servo alieno aliquid comparaverit nesciente domino suo, si dominus firmam voluerit esse emptionem, reddat pretium emptori, ut emptio nihil habeat firmitatis. Si ipsum non habet, simile reddat.“

Ein anderes Beispiel liefert das englische Recht. Nach ihm kann derjenige, welcher durch Wette oder Glückspiel auf einmal oder in einer Sitzung zehn Pfund Sterling oder mehr an Geld oder Wert verliert und ganz oder teilweise auszahlt, binnen drei Monaten das Gezahlte nebst Kosten wieder einklagen. (Klagt der Verlierer nicht, so kann jeder Andere klagen, und zwar dann auf das Verlorene und das Dreifache des Wertes nebst Kosten [17]).)

Eine Nichtigkeit, d. h. nur in Bezug auf die Folgen für das Verhältnis zwischen Cedenten und Konkursgläubigern, könnte man auch in der deutschen Konkursordnung § 42 finden. Der Cedent muß

---

die Stelle des Gläubigers der Fiskus tritt cf. S. 161 Anm. 29. Ferner zeigt das Strafrecht, daß in vielen Fällen die „Nichtigkeit“ nur eine „Ungültigkeit“ ist, denn oft stellt es einen Vertrag unter Strafe, den das Civilrecht für nichtig erklärt. Die Strafe basiert aber gerade auf der Existenz des Vertrages, denn ein Vertrag der garnicht abgeschlossen ist, ein „negotium nullum“, kann auch nicht bestraft werden (besser wäre hier schon die zweite römischrechtliche Bezeichnung „negotium nulli momenti“).

[16]) Wilda S. 807 f.

[17]) Mühry S. 183.

nämlich dasjenige der Konkursmasse ersetzen, was derselben durch die Cession an den Ausländer entgeht; zwischen Cedenten und Konkursmasse ist also materiell dieselbe Lage vorhanden, als wenn die Cession nichtig wäre.

Auch Verträge, welche eine Umgehung des Gesetzes bezwecken sollen, pflegen durch bloße Nichtigkeitserklärung bekämpft zu werden, z. B. der contractus mohatrae.

Oft will das Gesetz auch nicht den Vertrag selbst verhindern, sondern es verlangt nur eine bestimmte Form desselben (etwa zur besseren Kontrolierung für Stempelerhebung usw.). Man kann dies ebenfalls dadurch erreichen, daß man den Vertrag für nichtig erklärt, wenn er eine andere, als die gewünschte Form hat. Es mag hier erinnert werden an die Nichtigkeit der nicht insinuierten Schenkung von mehr als 500 solidi, an die Nichtigkeit gewisser Verträge, wenn sie nicht auf Stempelpapier geschrieben sind, usw.

Die Wirkung der Ungültigkeit der Verträge ist ähnlich, in vielen Punkten sogar gleich der der Ignorierung, es wird sich deshalb empfehlen, letztere zum Vergleich heranzuziehen. In Bezug auf die Vorauswirkungen sind beide Methoden ungefähr gleich, nämlich: jeden der beiden Kontrahenten[18]) schreckt das Bewußtsein ab, daß er nur auf den guten Willen des anderen angewiesen ist, und daß deshalb das Geschäft leicht zwecklos sein kann. Bei der Ignorierung ist diese Abschreckung je nach dem Charakter der Kontrahenten bald verschärft dadurch, daß jeder weiß, er kann außerdem seine Leistung verlieren, wenn er zuerst leistet; bald verringert dadurch, daß jeder weiß, er kann möglicherweise die Gegenleistung profitieren, nämlich wenn der Gegner den Fehler begeht, zuerst zu leisten. In Bezug auf die direkten Wirkungen d. h. auf die Wirkungen nach dem Abschluß des Vertrages besteht ein größerer Unterschied. Bis zur zweiten Leistung wendet sich bei der Ignorierung die ganze Schärfe der Behandlungsweise gegen denjenigen, der zuerst leisten muß bezw. geleistet hat, der andere riskiert nichts. Bei ungültigen Verträgen dagegen wendet sich die Abschreckung des Gesetzes gegen die beiden Kontrahierenden in gleicher Weise, denn jeder weiß, daß der andere, mag er zuerst oder zuletzt leisten, das Geschäft bezw. die Leistung beliebig rückgängig machen kann. Nach der vollständigen Erfüllung d. h. nach Erfolg der zweiten Leistung

[18]) Oder wenn der Vertrag nur einseitig auflösbar ist, nur den einen.

sind die ungültigen Verträge günstiger für den Staat als die ignorierten, denn bei letzteren ist keine Rückgängigkeit (falls nicht beide Parteien eine solche beschließen) mehr möglich, bei ersteren ist dagegen noch immer die Chance da, daß einem der beiden Kontrahenten der Vertrag leid wird und er durch Anfechtung denselben wieder rückgängig macht.[19])

Wird eine Strafandrohung hinzugefügt, so bedeutet dies nicht, wie bei den ignorierten Verträgen, eine absolute Vermehrung der guten Kraft, sondern es wird (wie bei der Anerkennung), die durch die sachliche Behandlung erzeugte Kraft modifiziert.

Bekämpfungsmethode IIIa: Ungültigkeitserklärung des Vertrages und Bestrafung beider Vertragschließenden. Nach beiderseitiger Erfüllung des Vertrages wirkt die gegen beide gerichtete Strafandrohung als Straffsicherheit in rein schlechtem Sinne. Ohne sie kann jeder der beiden Kontrahenten den vom Staat nicht gewollten Vertrag wieder rückgängig machen, indem er sich auf die Ungültigkeit beruft, jetzt aber tritt ihm hierbei die Straffsicherheit entgegen, denn durch die Klage zeigt er ja das Delikt an. Es wird hier in vielen Fällen die Größe und Art der Strafe im Verhältnis zu dem aus der Rückgängigmachung entstehenden Vorteil entscheidend sein. Beträgt z. B. die Strafe 100 Mk., der Vorteil aus der Rückgängigmachung des Delikts 500 Mk., so wird der Betreffende, da die Strafe für verbotene Verträge meistens nur in dem absoluten Geldverluste besteht, d. h. keine infamierenden oder sonstigen Folgen hat, wahrscheinlich den Vertrag anfechten; ist das Verhältnis aber umgekehrt, so bleibt der Vertrag und seine Erfüllung bestehen, denn die Auflösung würde dem Kläger einen Schaden von 400 Mk. bringen.[20]) Im Stadium zwischen der Leistung des einen und der des anderen Kontrahenten ist ebenfalls das Verhältnis von Strafe und Vorteil entscheidend. Hat der A geleistet und der B verweigert die Gegenleistung, so klagt A auf Rückgabe, sagen wir wieder der 500 Mk. und zahlt 100 davon als Strafe (bei der sachlichen Behandlung I der Anerkennung der Ver-

---

19) Das A.L.R. läßt allerdings bei beiderseitiger vollständiger Erfüllung formloser Verträge keine Rückgängigmachung mehr zu.

20) Mit diesen Motiven zur Auflösung eines Vertrages sind nicht diejenigen zu verwechseln, welche zum Abschluß eines solchen treiben cf. S. 147 (cf. auch S. 163 Anm. 34).

träge kann er nur auf Erfüllung klagen). Bei umgekehrtem Verhältnis von Strafe und Vorteil, ist die Leistung des A materiell verloren, denn klagt er auf Rückgabe der 100 Mk., so erhält er diese zwar zurück, muß aber 500 Mk. Strafe zahlen. In dem letztgenannten Falle haben wir also in Bezug auf die zweite Leistung dieselbe Sachlage wie bei den ignorierten Verträgen: sie ist in das Belieben desjenigen gestellt, der sie machen soll. (In Bezug auf die erste Leistung herrscht die Verschiedenheit, daß sie bei den ungültigen Verträgen zurückgefordert werden kann, bei den ignorierten nicht). Diese Sachlage wirkt natürlich auch voraus auf die vorhergehenden Stadien, nämlich auf die Zeit zwischen der ersten Leistung und dem Vertragsabschluß, sowie auf die Zeit vor letzterem. In diesen Zeiträumen wirkt die Strafandrohung wieder wie gewöhnlich: zwischen Abschluß und Erfüllung nämlich (in Bezug auf letztere) garnicht, weil sie zur Straffsicherheit geworden ist, vor Abschluß des Vertrages aber in ihrer vollen Kraft. Daneben wirken, von der Strafandrohung unberührt, die Kräfte der sachlichen Behandlung noch für sich.

Ein Beispiel für die Ungültigkeit und beiderseitige Bestrafung eines Vertrages finden wir im schwedischen Rechte kurz vor der Zeit des 30jährigen Krieges: beide Glücksspieler werden bestraft, aber zugleich kann der Verlierer das Geld vom Gewinner zurückfordern.[21])

Bekämpfungsmethode IIIb: Ungültigkeitserklärung des Vertrages und Bestrafung eines der beiden Vertragschließenden. Richtet sich die Strafandrohung nur gegen den einen der Kontrahenten, so haben wir nur in Bezug auf diesen die eben geschilderten Kräfte, jedoch verschärft dadurch, daß die Hoffnung auf Unentdecktbleiben verringert wird. In Bezug auf den andern nicht bedrohten Kontrahenten haben wir die Sachlage der an vorletzter Stelle geschilderten sachlichen Behandlung III.

Bekämpfungsmethode IIIc: Ungültigkeitserklärung des Vertrages und gegenseitige Bekämpfung beider Vertragschließenden. Die Kräfte dieser beiden Methoden würden bei ihrer Vereinigung nebeneinander wirken, ohne sich gegenseitig

---

[21]) Sueciae Regni leges civiles etc. Auf Geheiß von Gustav Adolph 1618 veröffentlicht, von Johann Loccenius ins lateinische übersetzt, tit XVI de alea.

zu alterieren. Wir können deshalb auf die einzelnen Methoden, Behandlung III (S. 150) und Behandlung c (S. 144), verweisen.

Bekämpfungsmethode IV. Einschreiten gegen die Erfüllung des Vertrages von Staatswegen. Zur Erläuterung dieser Behandlungsweise ziehen wir wieder die Ignorierung (Methode II) heran. Erfährt der Staat von einem ignorierten Vertrag, z. B. einem reinen Differenzgeschäfte, so verharrt er ihm gegenüber in Unthätigkeit, d. h. er läßt es geschehen, daß von beiden Seiten, von einer oder von keiner Seite erfüllt wird, und macht eine geschehene Leistung auch nicht wieder rückgängig. Anders ist es mit derjenigen Art von Verträgen, welche uns augenblicklich beschäftigt. Erfährt nämlich der Staat z. B. von dem Vertrage, daß der Eisenbahnschaffner A den Forstbeamten B zu bestimmten Zeiten unentgeltlich mitfahren lassen will, während B versprochen hat, ein Auge zudrücken zu wollen, wenn der A ab und zu einen Hasen wegfängt, so nimmt er nicht dieselbe Stellung zu ihm ein, wie zu dem eben erwähnten. Den Vertrag als solchen ignoriert er zwar auch, faßt man jedoch denselben samt seiner nachfolgenden Erfüllung als ein Ganzes auf, so ignoriert der Staat ihn nicht, sondern er schreitet in der Weise gegen ihn vor, daß er seine Erfüllung mittels Strafandrohung, nötigenfalls sogar durch Gewalt zu verhindern sucht. Oft wird diese Methode auch blos auf die eine Seite eines (zweiseitigen) Vertrages angewandt. Hat sich z. B. der A dem B verdingt, für 10 Mk. dem C die Fenster einzuwerfen, so schreitet der Staat gegen die Erfüllung des Vertrages von seiten des A ein, während er die von seiten des B ignoriert.

Es zerfallen für diese Methode die Verträge in zwei Arten: solche, deren Erfüllung auf jeden Fall an die Öffentlichkeit kommen muß und solche, bei denen dies nicht der Fall ist.

Um Verträge, deren Erfüllung nicht geheim gehalten werden oder nicht ohne staatliche Hilfe eintreten kann, zu verhüten, genügt es vollständig, daß der Staat erklärt, er werde die Erfüllung nicht zugeben bezw. wieder rückgängig machen. Z. B. der Verkauf von fideikommissarischen und anderen einem Veräußerungsverbot unterliegenden Grundstücken (besonders z. B. für Preußen nach Einführung des Grundbuches) wird einfach nicht anerkannt und die Eigentumsübertragung geschieht nicht. Ähnlich liegt die Sache, wenn Dinge, die einen öffentlichen Charakter haben, nicht vererbt werden sollen, wie Titel, Orden, Beamtenstellen. Vermacht z. B. ein General sein

Kommando testamentlich seinem Sohne, so erhält letzterer dasselbe einfach nicht. Derartige Verträge außerdem noch mit Strafe zu belegen, wäre vom Standpunkte der Gerechtigkeit aus vielleicht denkbar, im übrigen aber ohne praktischen Wert. Andererseits würde keine der drei übrigen sachlichen Behandlungsmethoden genügen, selbst nicht in Verbindung mit Strafandrohung. Es würde dann derjenige, welcher von einem anderen einen Titel oder Orden kauft (letzteren natürlich um ihn zu tragen, nicht als Münze), zwar bestraft werden, behielte aber bei Ignorierung und Anerkennung in jedem Falle das Gekaufte, bei Ungültigkeit dann, wenn der Vertrag vom Verkäufer nicht angefochten wird.

Bei Verträgen, deren Erfüllung nicht unbedingt an die Öffentlichkeit treten muß, begnügt sich der Staat oft ebenfalls mit dem einfachen Einschreiten (mittels Strafe) gegen deren ein- oder beiderseitige Erfüllung. So pflegt dies der Fall zu sein bei Verträgen über unbedeutendere Delikte, z. B. bei dem oben erwähnten, daß der A sich dem B verdingt, dem C für 10 Mk. die Fenster einzuwerfen[22]).

Bekämpfungsmethoden IVa: Einschreiten gegen die Erfüllung des Vertrages von Staatswegen und Bestrafung beider Vertragschließenden. Bildet ein gefährlicheres Delikt den Gegenstand des Vertrages, so pflegt man außer der Erfüllung des Vertrages auch noch diesen selbst, d. h. die beiden Kontrahierenden mit Strafe zu bedrohen, z. B. bestraft das deutsche St.G.B. in § 49a die Verträge auf ein Verbrechen oder auf die Teilnahme an einem solchen. Ferner kann ein derartig bekämpfter Vertrag oft in der Anstiftung § 48 und Bestechung §§ 332 ff., in der Kuppelei §§ 180, 181 usw. liegen. Die Wirkung dieser Kombination kann unter Umständen eine kriminalpolitisch schädliche sein. Hat z. B. der A sein unmündiges Kind an den B unter irgend einer Form vermietet und es wird dort schlecht behandelt, so kann er es beliebig wiederfordern (falls nur nicht der Vertrag staatlich anerkannt ist), war aber der Vertrag mit Strafe bedroht, so wird er sich von der Rückforderung vielleicht abschrecken lassen. Dasselbe ist mit dem B der Fall, wenn dieser den Vertrag rückgängig machen wollte.

---

[22]) Hier wie auch noch vielfach im folgenden muß man eine scharfe Unterscheidung machen zwischen dem (strafbaren oder nicht strafbaren) Vertrage, dem „Vordelikte" einerseits und dem in diesem ausgemachten Delikte, dem „Hauptdelikte", andererseits.

Bekämpfungsmethode IVb: Einschreiten gegen die Erfüllung des Vertrages von Staatswegen und Bestrafung eines der beiden Vertragschließenden. Ein Beispiel für diese Methode ist mir nicht bekannt, es ließe sich ein solches jedoch leicht konstruieren, z. B.: „Wer sich verpflichtet, ein Verbrechen zu begehen, wird so und so bestraft", oder, wenn man statt dessen den anderen Kontrahenten neutral machen will: „Wer sich von einem anderen die Begehung eines Verbrechens versprechen läßt, wird so und so bestraft". Materiell liegt diese Bekämpfungsart da vor, wo der Staat beide Kontrahenten eines nach Methode IV behandelten Vertrages mit Strafe bedroht, zugleich aber die Selbstanzeige oder die Anzeige des Vertrages (nicht die Anzeige der Komplizen, dies wäre Methode c) mit Straflosigkeit belohnt.

Bekämpfungsmethode IVc. Einschreiten gegen die Erfüllung des Vertrages von Staatswegen und gegenseitige Bekämpfung der beiden Vertragschließenden. Diese Methode fällt mit der gegenseitigen Bekämpfung der Verbrecher vor der That ungefähr zusammen. Man kann nämlich Verabredung, Verschwörung, Komplott, Bande usw. als einen Vertrag auffassen und jedenfalls werden jene Vereinigungen auch sehr häufig in Form eines Vertrages zustande kommen. Es mag deshalb auf S. 107 ff. verwiesen werden.

Werfen wir einen Blick auf die bisherigen Behandlungsmethoden der Verträge zurück, so sehen wir, daß in manchen Fällen schon eine gegenseitige Bekämpfung in ihnen liegt, z. B. in der persönlichen Behandlungsweise c und der sachlichen II. In folgendem wollen wir uns nun mit der Methode der gegenseitigen Bekämpfung der beiden Vertragschließenden spezieller beschäftigen.

Bekämpfungsmethode V: Begünstigung des einen Vertragschließenden auf Kosten des anderen. Von einem Civilrecht im gewöhnlichen Sinne kann man hier eigentlich nicht reden, denn bei einer derartigen Behandlung kann ein vermögensrechtlicher Verkehr nicht bestehen. Dieselbe dient eben nicht zur Ordnung und Unterstützung civilrechtlicher Verhältnisse, sondern bezweckt gerade im Gegenteil, dieselben zu vernichten oder überhaupt nicht aufkommen zu lassen. Sie ist also von vornherein nur eine Bekämpfungsmethode.

Zunächst sollen als Mittel zur Hervorrufung der gegenseitigen Bekämpfung nur die Objekte des Vertrages betrachtet werden, nämlich Verlust und Gewinn von Leistung oder Gegenleistung, d. h. von einer besonderen Bestrafung des Vertrages mag noch abgesehen sein.[23]) Nehmen wir wieder unser altes Beispiel: A will von B eine Sache kaufen und der Staat will dies verhindern. Die Wirkung einer Bestrafung, Ignorierung, Ungültigkeit usw. haben wir oben schon gesehen. — Wie wäre es nun mit folgender Behandlung: „Wird ein verbotener Kauf abgeschlossen, so fallen Kaufpreis und Waare an den Verkäufer"? Nach Abschluß des Vertrages ist alsdann der Kontrahent, in unserm Falle der Käufer, vom Gesetze in die Hand des anderen gegeben, für ihn ist daher der Vertrag nicht nur zwecklos, sondern sogar schädlich geworden, denn er erreicht seinen Zweck nicht und verliert außerdem seine Leistung. Der Staat hat also den Erfolg erzielt, daß der Kauf nicht erfüllt, bezw. die Erfüllung wieder rückgängig gemacht wird. Die Hauptkraft dieser Bekämpfungsweise besteht aber in ihrer Vorauswirkung auf die Zeit vor dem Abschlusse des Kaufes, oder wenn wir den einmal abgeschlossenen Kauf (n) betrachten, so wirkt die Hauptkraft auf die Verhinderung des Kaufes (n + 1). Der Kraft, welche den Käufer A zu dem Vertrage hintreibt, stellen sich zwei andere entgegen, nämlich die Gewißheit oder doch hohe Wahrscheinlichkeit erstens: daß der Vertrag für ihn zwecklos wird, denn die Erfüllung wird ausbleiben, bezw. rückgängig gemacht werden, und zweitens: daß er seine Leistung verliert.[24])

---

[23]) Den Verlust von Leistung oder Gegenleistung wollen wir noch nicht als Strafe ansehen; die meisten der nachfolgend erwähnten Gesetze thun dies ebenfalls nicht. Für die Wirkungen der Bedrohung mit einem Verluste von Geldwert ist es übrigens ziemlich gleichgültig, ob derselbe den Namen „Strafe" trägt oder nicht (cf. oben S. 32).

[24]) Eine ähnliche Sachlage haben wir oben bei den ignorierten Verträgen, sachliche Behandlung II, kennen gelernt. Dort hatte der eine Kontrahent ebenfalls die Möglichkeit, die Leistung seines Mitkontrahenten ohne Gegenleistung zu empfangen; in dieser Lage war er aber nur in der Zeit zwischen Leistung und Gegenleistung; z. B. behielt bei einem ignorierten Verkaufe der Verkäufer Preis und Sache nur, wenn er ersteren schon erhalten, letztere aber noch nicht gegeben hatte. In dem Zeitraum zwischen dem Vertragsabschluß und der ersten Leistung, sowie nach erfolgter Gegenleistung, falls diese erfolgte, konnte der Verkäufer nichts ausrichten. Bei unserer augenblicklichen Behandlung hat er jedoch jene

Die verschiedenen Rechte bieten eine ziemlich große Anzahl derartiger Fälle, in welchen der eine Kontrahent benutzt wird, um den anderen zu bekämpfen.

Im deutschen Rechte findet sich z. B. in einem besonderen Falle bei der datio in solutum diese Bekämpfungsmethode. Die Gewerbeordnung sagt in der Fassung der Bekanntmachung vom 1. Juli 1883:

> § 116. „Arbeiter, deren Forderungen in einer dem § 115 zuwiderlaufenden Weise berichtigt worden sind, können zu jeder Zeit Zahlung nach Maßgabe des § 115 verlangen, ohne daß ihnen eine Einrede aus dem an Zahlungsstatt Gegebenen entgegengesetzt werden kann. Letzteres fällt, soweit es noch bei dem Empfänger vorhanden oder dieser daraus bereichert ist, derjenigen Hülfskasse zu, welcher der Arbeiter angehört, in Ermangelung einer solchen einer anderen zum Besten der Arbeiter an dem Orte bestehenden, von der Gemeindebehörde zu bestimmenden Kasse und in deren Ermangelung der Ortsarmenkasse."

Diese Behandlung dürfte auch wohl viel wirksamer sein, als wenn z. B. die datio in solutum anerkannt und der Arbeitgeber bestraft würde. Im letzten Falle würde nämlich der Arbeiter kein Interesse daran haben, daß der Vertrag herauskommt, und letzterer wohl ebenso häufig wie sonst abgeschlossen werden. Nach § 116 kehrt jedoch der Arbeiter die Front gegen seinen Kontrahenten, wenn er aus der Sache nicht mehr bereichert ist oder sonstwie die datio in solutum bereut. Die Vorauswirkung auf die Zeit vor Abschluß des Vertrages ist die, daß der eine Kontrahent fürchten muß, der

---

günstige Stellung vom Abschluß des Vertrages an und auch noch nach erfolgter Gegenleistung, also in drei Zeiträumen statt in einem.

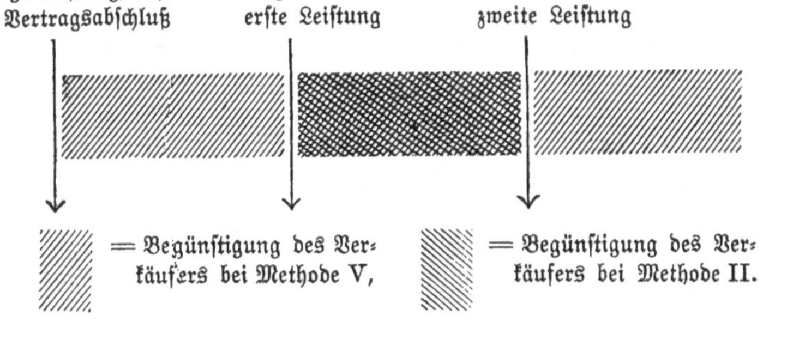

Vertrag könne für ihn nicht nur zwecklos werden, indem die Barzahlung nachgeholt werden muß, sondern sogar schädlich, indem er das an Zahlungsstatt Gegebene verliert.

In Rom war es verboten, die zu einem Landgute gehörenden Sklaven vom demselben getrennt zu verkaufen[25]) (wahrscheinlich aus ökonomischen Gründen, damit das Land nicht zeitweise brach läge usw.) Dieses Verbot wurde oft dadurch umgangen, daß man ein kleines Stück des Landgutes und alle, oder unverhältnismäßig viele, der dem Ganzen zugehörenden Sklaven mitverkaufte. Statt Strafe, Ungültigkeit usw. wurde nun dekretiert, daß der Verkäufer alle Sklaven, die er mehr verkauft hatte als auf die verkaufte Quote des Landgutes fiel, vindizieren könne, dagegen der Käufer den Preis nicht wiedererhalte.[26])

Einen Verlust des Kaufpreises verfügen auch alte germanische Gesetze:

> Tit. XII Lex Burgundionum Additamentum I. I. „Si quis mancipium, aut agrum, aut vineam, aut aream, vel domum factam in quocunque loco comparaverit, iubemus ut si non fuerit firmata, aut subscripta, pretium perdat."
>
> Capitul. incerti anni. c. XXIV. „De empto a fure. Si quis de fure nesciens aliquid emerit, quaerat accepto spatio furem. Quem si non potuerit invenire, probet se sacramento innocentem, et rem restituat, et furem quaerere non omittat."

Ähnlich ist folgendes Gesetz, jedoch mit der Modifikation, daß der Fürst den verlorengehenden Kaufpreis zwar dem Käufer, aber auch einem beliebigen andern zusprechen kann.

> Lex Wisigoth. Lib. V. Tit. IV. Cap. XIX. „De non alienandis privatorum et curialium rebus. .... possessor amisso precio, et si quid e contra dederat, id etiam quod accepit ex omnibus perdat. Ita ut Principis potestas, seu illi qui dederat reddere voluerit, sive aliis fortasse conferre licentiam habeat."[27])

---

25) l. 7 pr. C. 11, 48.

26) l. 7, 2 C. 11, 48.

27) In diesem Gesetze wird die Kraft, die den Verkäufer in den vorigen Gesetzen gegen den Käufer treibt, dadurch bedeutend verringert, daß ersterer

Manche Gesetze behandeln nicht bloß den Kauf auf diese Weise, sondern auch andere Geschäfte:

> Lex Ripsuar. Tit. LXXIV. „Ut nullus cum servo traditionem vel commutationem faciat. Hoc autem constituimus, ut nullus cum servo alieno negotium faciat vel commutationem facere non praesumat nec ei ullam commendationem vel traditionem faciat, nec a servo quisquam commendatam vel traditam rem recipiat. Si quis autem post hanc diffinitionem servo aliquid commendare praesumpserit, nihil recipiat, et dominus eius de hoc innocens habeatur. Similiter de puero, vel de muliere alterius constituimus."

In besonderen Fällen sucht man das Geldleihen nicht durch Strafe abzuschaffen oder durch Ungültigkeitserklärung, sondern dadurch, daß man die Rückforderung versagt, z. B. das Leihen an Sklaven und Ureinwohner.

> Lex Burgund. Tit. XXI. De servorum contractibus. I. „Si quis inconsulto domino tam Burgundio quam Romanus, originario aut servo solidos commodaverit pecuniam perdat."

Ferner mag an den römischrechtlichen Satz erinnert werden, daß Geld, welches zum Zwecke eines verbotenen Spieles geliehen wird, nicht zurückgefordert werden kann,[28]) vor allen Dingen aber an das S. C. Macedonianum.[29])

Auch den Wucher kann man statt durch Strafe, durch den Verlust der Forderung bekämpfen.

> Edictum Theodorici Regis CXXXIV. „Amittat sortem debiti creditor, qui ultra legitimam centesimam crediderit, a debitore poscendum."

---

keine Sicherheit hat, daß bei Entdeckung des Käufers der Fürst gerade ihm die Sache zurückstellen läßt.

[28]) Allerdings wird derselbe von vielen Seiten bestritten, cf. Windscheid II § 420 Nr. 2.

[29]) Läßt man das Geld nicht an den Entleiher fallen, so entsteht auch keine Triebkraft zu gegenseitiger Bekämpfung, denn wenn letzterer die entliehene Summe überhaupt zurückgeben muß, so wird es ihm gleichgültig sein an wen. So läßt z. B. das A.L.R. I tit. 11 § 684 im Gegensatz zum S. C. Mac. den Fiskus die Gelder einziehen, welche ohne Konsens des Chefs an Subalternoffiziere (Sekonde- und Premierlieutenants) geliehen werden.

Man kann das Gegeneinanderausspielen noch dadurch erhöhen, daß man über die einfache Leistung, welche bei den Verträgen vorkommt, hinausgeht und den einen Kontrahenten ein Mehrfaches derselben einfordern läßt.[30]) Solche Stellen sind z. B. folgende dem englischen Rechte entnommene:

„Zufolge .... soll derjenige, welcher durch Spiel oder Wetten (betting) auf einmal mehr als einhundert Pfund Sterl. verliert, zur Bezahlung desselben nicht angehalten werden können, der Gewinnende aber das Dreifache des Gewinnes verwirken, wovon die eine Hälfte dem Könige, die andere dem Angeber (informer) zufällt."[31])

„Wucher (usury)..... Zufolge .... sind alle Verträge dieser Art völlig ungültig (void), auch verwirkt der Herleihende das dreifache des geliehenen Geldes, wovon die eine Hälfte dem Verfolgenden (prosecutor) die andere dem Könige gebühren soll.

Diese Strafe kann durch eine Schuldklage qui tam innerhalb eines Jahres nach der Verübung eingefordert werden."[32])

Nämlich in dem Falle, wo der Verlierende oder Bewucherte selbst Anzeige von dem Delikte macht, gestaltet sich für ihn der Vertrag, der an und für sich ihm schädlich ist, derartig, daß er das Einundeinhalbfache von dem, was er sonst eingebüßt haben würde, gewinnt, beim Wucher sogar meist noch bedeutend mehr, weil hier nicht die dreifachen Wucherzinsen, sondern das Dreifache des geliehenen Geldes gefordert werden kann.[33])

Bekämpfungsmethode Va: Begünstigung des einen Vertragschließenden auf Kosten des anderen und Be-

[30]) Hier kommt dann allerdings schon stark der Gesichtspunkt der Bestrafung zum Vorschein, obwohl manche Gesetze diese Quoten noch nicht als Strafe auffassen, sondern, wie wir später sehen werden, noch eine besondere Strafe hinzufügen.

[31]) Mühry S. 182 f.

[32]) Mühry S. 153.

[33]) Ob diese Auffassung, daß auch der Verletzte selbst, wenn er anzeigt, den Anzeigelohn erhält, die richtige ist, mag dahingestellt bleiben. (Die S. 151 zu Anm. 17 erwähnte Stelle scheint sogar dagegen zu sprechen.) Im Falle der Unrichtigkeit derselben mag dann die obige Ausführung als rein theoretisches Beispiel gelten.

strafung beider. Wollte man auch denjenigen Kontrahenten, welchen man gegen seinen Partner ausspielen will, mit Strafe bedrohen, also die persönliche Methode a verwenden, so hieße das, einem Hunde, mit dem man Hasen hetzen will, einen Knüppel ans Bein binden. Gewährt z. B. die sachliche Behandlung dem A für die Bekämpfung seines Kontrahenten einen Vorteil von 500 Mk. und man legt ihm eine Geldstrafe von 250 Mk. auf, so ist die Hälfte der Kraft, welche ihn gegen seinen Komplizen treibt, dadurch gebunden; beträgt die Strafe 500 Mk., so ist sie gänzlich verschwunden, und der Kontrahent, den der Gesetzgeber als Mitkämpfer zu benutzen gedachte, geht nicht über die Neutralität hinaus[34]). In derselben Weise würde eine Freiheitsstrafe, überhaupt irgend eine andre Strafe wirken, nur lassen sich die beiden Kräfte nicht so gut miteinander vergleichen.

Diese Methode Va würde also nicht ratsam sein, weil sich die jeder einzelnen Methode eigentümlichen guten Kräfte bei der Kombination gegenseitig abschwächen würden, statt sich zu verstärken oder wenigstens unberührt zu lassen. Mir ist auch kein Beispiel aufgestoßen, daß man denjenigen Kontrahenten, den man, bewußt oder unbewußt, gegen den anderen ausspielt, mit Strafe bedroht.

Bekämpfungsmethode Vb: Begünstigung des einen Vertragschließenden auf Kosten des anderen und Bestrafung des einen. Diese Methode ist insofern beschränkt, als aus dem eben angegebenen Grunde das aktive Objekt der Methode, also derjenige, welcher gegen seinen Partner ausgespielt werden soll, immer zugleich auch derjenige sein muß, welcher mit der Strafe verschont wird. Bei der Ungültigkeitserklärung sahen wir, daß die Hinzufügung einer Strafandrohung bald günstig, bald aber auch ungünstig wirkt, hier dagegen haben wir nur eine gute Wirkung

---

[34]) Diese beiden Kräfte sind nicht zu verwechseln mit den auf S. 147 und S. 153 zu Anm. 20 geschilderten. Sie stehen zwar genau in demselben gegenseitigen Abhängigkeitsverhältnis, wie jene, sind aber im übrigen ganz anderer Art. Auf S. 147 bestand die gute Kraft in einer Strafandrohung, die schlechte in dem Vorteil aus dem Vertrage, der Kampf drehte sich um den Abschluß des Vertrages; auf S. 153 bestand die gute Kraft in dem Vorteil aus der Auflösung des Vertrages, die schlechte in einer Straffsicherheit, der Kampf drehte sich um die Auflösung des Vertrages. Im jetzigen Beispiele besteht die gute Kraft in dem Vorteil aus der Bekämpfung des Mitkontrahenten, die schlechte in einer Straffsicherheit, der Kampf dreht sich um den Entschluß zur Bekämpfung des Mitkontrahenten.

der letzteren zu verzeichnen. Es ist sogar nicht nur jene gute Kraft, welche die Strafandrohung im allgemeinen zu erzeugen pflegt, sondern eine durch die übrige Behandlungsweise des Delikts noch vervielfältigte. Es kommt dies daher, daß die Strafandrohung hier fast rein ist, d. h. fast frei von der Hoffnung auf Unentdecktbleiben. Von diesem Hemmnis wird sie nämlich durch die Methode der gegenseitigen Bekämpfung so ziemlich befreit, denn der begünstigte Kontrahent wird natürlich leicht geneigt sein, den Vertrag anzuzeigen, sobald seiner Forderung nicht gutwillig genügt wird, und selbst wenn ihr genügt wird, ist noch von seiner Seite eine (fahrlässige oder vorsätzliche) Entdeckung zu befürchten, da er ja keine Strafe zu erwarten hat.

Wenden wir uns den praktischen Beispielen der Gesetzgebung zu. Zunächst mag in betreff des Kaufes folgendes altenglische Gesetz erwähnt werden:

> Äthelstans Gesetze II cp. 27 § 1. „Und kein Kauf werde an Sonntagen vollzogen. Wenn es aber jemand thut, so verliere er das Kaufgeld und zahle 30 Schillinge zum Wette."

Der Wortlaut ließe vielleicht noch einen Zweifel zu, ob der verlorene Preis wirklich beim Käufer bleibt oder ob er ebenfalls wie die Wette an den König fällt, da wir jedoch noch ein zweites derartiges Beispiel in den englischen Rechten jener Zeit finden, so wird wohl die erstere Vermutung die richtige sein. Die zweite Stelle lautet nämlich folgendermaßen:

> Cnuds Gesetze IB 22: „Und niemand kaufe eine Sache von mehr als vier Pfennigen an Wert, weder eine lebendige noch eine leblose, ohne das glaubwürdige Zeugnis von vier Männern, sei es innerhalb der Burg, sei es auf dem Lande. § 1. Und wenn man es (das Gut) nachher findet und er solche Zeugenschaft nicht hat, so finde da keine Gewährsberufung statt, sondern man gebe dem Eigentümer sein Eigentum zurück und den nochmaligen Wert der Sache, und das Gewette dem, welchem es zusteht."

Betrachten wir einmal den Pfandvertrag. Derselbe besteht nie für sich allein, sondern es hängen bei seiner Existenz immer zwei Rechtsgeschäfte eng zusammen, ein erstes, welches die Forderung erzeugt, z. B. ein Kauf, und ein zweites, welches die erzeugte Forderung sichern soll, der Pfandvertrag. Man kann nun nicht nur die Leistung aus dem zweiten Vertrage benutzen, um die Kontrahenten gegeneinander auszuspielen, sondern auch die aus dem ersten. Beides finden wir in der Lex Bajuvar. Folgendes Gesetz hält sich an den Pfandvertrag und heißt den Pfandnehmer erstens das Pfand zurückgeben, zweitens eine gleiche Sache dazu, und drittens eine Strafe zahlen.

> Lex Baiuvar. Tit. XII. Cap. III. Si contra legem pignoraverit.
>
> I. „Si quis aliquem contra legem pignoraverit sine iussione Ducis, pignus sine laesione reddat, et alliud simile addat. Duci vero pro fredo quadraginta solidos solvat."
>
> IV. „Et pro omni pignore, quod contra legem tulerit, semper cum sex solidis componat."
>
> (V. „Si pignus illud minus valet, quam sex solidos, tunc pignus reddat, et cum sex solidis componat.")

Die andere Stelle benutzt die Leistung aus dem ersten Rechtsgeschäfte und läßt diese zu Ungunsten des Pfandnehmers verfallen und außerdem Strafe gegen ihn eintreten.

> Lex Baiuvar. Tit. XII, Cap. V. Si oves tulerit in pignus.
>
> I. „Si quis oves in pignus contra legem tulerit, taceat de causa pro qua pignus tulit, et cum solido componat."
>
> (II. „Nisi forte ille homo alias res non habet, per quas possit pignus tollere, si nisi ipsas oves nihil aliud habet, non erit culpabilis; quia necessitas hoc compellit facere.")

Genau so verfährt nov. 134 cp. 7 (cf. S. 172 f.), sie verdoppelt jedoch noch ihre Triebkraft, indem sie dem Schuldner nicht nur die Schuld erläßt, sondern außerdem dem Gläubiger befiehlt, den Betrag derselben dem Schuldner noch einmal herauszubezahlen.

Je gefährlicher die Verträge sind, desto größeren Nutzen kann jene Behandlungsweise bringen, so z. B. beim Menschenhandel. Wird ein Freier als Sklave in fremde Länder verkauft, und werden Käufer und Verkäufer gleich bestraft, so ist von seiten der beiden Thäter jedenfalls keine Aufdeckung des Deliktes zu erwarten, und in den meisten Fällen wird dasselbe wohl verborgen bleiben. Spielt man jedoch den einen Thäter gegen den anderen aus, so ist erstens in Bezug auf das Delikt (n) viel mehr Hoffnung vorhanden, daß der Vertrag angezeigt und der Verkaufte noch gerettet werden kann, und zweitens wird durch die Vorauswirkung dieser Bestimmung das Delikt (n + 1) eher verhindert werden. Wiederum in der Lex Bajuvar. finden wir ein Beispiel hierfür.

> Tit. XV. Cap. V. Si ingenuum hominem vendiderit.
>
> I. „Si quis ingenuum vendiderit, cum ille suam haberet libertatem, is qui eum vendiderit, reducat eum in locum suum, et restituat ei libertatem sicut prius habuit, et componat ei quadraginta solidos; excepto quod emptori in duplum pretium, quod accepit, cogatur exsolvere[35]."

Der Verkauf von Frauen scheint vorzugsweise in Übung gewesen zu sein, wenigstens tritt bei ihm noch eine Verschärfung ein: ib. II „Similis ratio dupliciter de feminis servetur".

Bekämpfungsmethode Vc: Begünstigung des einen Vertragschließenden auf Kosten des anderen und gegenseitige Bekämpfung beider. Ein Beispiel für diese Kombination ist mir nicht bekannt. Vielleicht existiert ein solches auch gar nicht, denn wenn der Gesetzgeber die Methode V überhaupt anwendet und zu ihr eine Strafbestimmung hinzufügen will, so hat er, wie gesagt, das Gefühl, daß er denjenigen, welchen er gegen den anderen ausspielen will, nicht mit Strafe bedrohen darf. Es wird daher vermutlich in denjenigen Gesetzen, welche die Methode V benutzen, entweder diese ohne Kombination gelassen (Bekämpfungsmethode V) oder der eine Kontrahent, das aktive Objekt, wird von vornherein von der Strafandrohung ausgeschlossen (Bekämpfungsmethode Vb).

Theoretisch läßt sich dagegen ein solches Gesetz leicht konstruieren, z. B.:

> „Wird ein verbotener Verkauf abgeschlossen, so werden Käufer und Verkäufer bestraft, derjenige aber, welcher seinen Kontrahenten anzeigt, ist straffrei und an ihn fällt Ware und Kaufpreis aus dem Vertrage."

---

[35]) Außerdem wird noch eine besondere Kraft zur Ausbesserung des Deliktes erzeugt in demselben Gesetze, nämlich zur Restituierung des Sklaven in seinen früheren Stand, cf. oben S. 80 Anm. 34. Überhaupt zeigt es sich, daß die Lex Bajuvar. im Verhältnis zu anderen Gesetzgebungen auffällig reich ist an besonderen kriminalpolitischen Behandlungsweisen.

Ob diese Methode Vc wirksamer sein würde, als z. B. die Methode Vb, läßt sich nicht von vornherein sagen. Die gute direkte Kraft ist bei letzterer schwächer, denn es treibt den einen Kontrahenten nur das Lockmittel des Profits zur Anzeige, den anderen treibt keine Kraft, bei Vc wird aber jenem ersten noch ein zweites Lockmittel hinzugefügt: „wenn du anzeigst, wird dir die Strafe erlassen,“ [36]) und außerdem wirken diese Kräfte auf beide Kontrahenten, so daß die Chance vorhanden ist, daß sie bei dem anderen Erfolg haben, wenn sie bei dem einen nichts ausrichten. In Bezug auf die Vorauswirkung ist dagegen die Methode Vc die ungünstigere. Bei ihr wirkt zwar auf beide Kontrahenten eine gute Kraft, nämlich die Furcht, daß eventuell der Vertrag zwecklos wird, Verlust bringt und Strafe nach sich zieht; dieser steht aber bei jedem eine gleich große Gegenkraft gegenüber, nämlich die Hoffnung, daß der Vertrag doch zweckentsprechend sein werde, noch Extraprofit bringe und keine Strafe nach sich ziehe, denn jeder der beiden Kontrahenten gibt, wenn er den Vertrag abschließt, sich der Hoffnung hin, daß er der Zuerstanzeigende sein werde und läßt sich also sozusagen auf ein Glückspiel ein [37]). Bei der Methode Vb existiert zwar nur in Bezug auf den einen Kontrahenten eine gute Vorauswirkung, diese wird dafür aber nicht durch eine Gegenkraft aufgehoben, denn der einmal Bedrohte kann nie die Hoffnung haben, daß er nach Abschluß des Vertrages derjenige sein werde, welchen das Gesetz begünstigt; für ihn ist der Vertrag also von vornherein eine verlorene Spekulation. Drittens muß man beachten, daß bei den verbotenen Verträgen die Vorauswirkungen den direkten Wirkungen gegenüber nicht so sehr in Betracht kommen, wie bei den übrigen Delikten, denn, wie oben S. 148 Anm. 10 schon erwähnt, die verbotenen Verträge sind materiell nur Vorbereitungshandlungen im Verhältnis zu dem Kern, zu der Erfüllung, und, wenn letztere verhindert wird, an und für sich ganz ungefährliche Delikte. Für diese Verhinderung der

---

[36]) Oder als Drohmittel formuliert: „wenn du nicht anzeigst, wirst du bestraft.“

[37]) Stellt man die Rolle des aktiven Objektes von vornherein fest, z. B. indem man sie dem Verkäufer zuerteilt und sagt: „zeigt aber der Verkäufer den Vertrag sowie seinen Mitkontrahenten an ....“, so ist dieser Übelstand beseitigt. Es würden sich dann aber gleichzeitig andere Modifikationen zeigen, z. B. der Übelstand, daß die gute Kraft nur auf den Einen, in unserem Falle den Käufer wirkt, während sie bei dem Verkäufer vielleicht im konkreten Falle besseren Erfolg haben würde.

Erfüllung ist aber gerade die Methode V c die bessere. Es läßt sich jedoch, wie gesagt, die Güte der verschiedenen Bekämpfungsmethoden nicht immer von vornherein durch die Theorie feststellen. —

Zum Schluß der Betrachtung der verschiedenen Bekämpfungsmethoden wollen wir noch einige Anwendungen derselben erwähnen, welche nicht einen Vertrag verhindern, sondern im Gegenteil das Hindernis eines solchen aus dem Wege räumen sollen.

Weigert sich jemand, vollgültiges Geld anzunehmen, so kümmert sich die Lex Wisigoth. um den Vertrag, aus welchem das Geld gezahlt werden muß, nicht, sondern setzt nur eine Strafe auf die Weigerung. Das Strafgeld fällt an den Gegenkontrahenten, so daß dessen natürliches Interesse an der Erfüllung des Vertrages noch erhöht (und dadurch der Kredit des Staates noch mehr verteidigt) wird.

> Lex Wisigoth. lib. VII, tit. I, cp. V. . . . „Qui contra hoc fecerit, et solidum aureum sine ulla fraude pensantem accipere noluerit, aut petierit pro eius commutatione mercedem, districtus a iudice, ei cui solidum recusaverit, tres solidos cogatur exsolvere. Ita quoque et de tremisse servandam."

Die Lex Burgund. hält sich dagegen (wenigstens beim Kaufe) an den Vertrag, aus welchem das Geld gezahlt werden muß und läßt den Verkäufer die Sache verlieren, ohne daß er den Kaufpreis für dieselbe erhält:

> Lex Burgund. Additamentum Secundum. „Quod si quiscunque praeter istas quatuor monetas aurum pensatum non acceperit, quod vendere volebat non accepto pretio perdat."

Auch das neue italienische St.G.B. beschäftigt sich mit diesem Delikte.

> Italien. St.G.B. Art. 441. „Wer Geldstücke, welche im Staat gesetzlichen Kurs haben, zu ihrem Wert anzunehmen sich weigert, wird mit Buße bis zu fünfzig Lire bestraft."

Wie man sieht, benutzt es zu dessen Verhinderung eine gewöhnliche Strafandrohung; welche sachliche Behandlung es dem Vertrage angedeihen läßt, ist nicht ersichtlich.

Oft mögen die verschiedenen Bekämpfungsmethoden mehr oder weniger zufällig vom Gesetzgeber getroffen sein, bisweilen zeigt sich aber, wenn auch nicht eine klare Erkenntnis, so doch das Bewußtsein, daß dieselben oft im scharfen Gegensatze zu einander stehen. Folgende Stelle zeigt uns eine Gesetzgebung in dem Übergangsstadium von der Bekämpfungsmethode III, der Ungültigkeitserklärung, zu der Bekämpfungsmethode V, der gegenseitigen Bekämpfung der Kontrahenten. Sie hebt noch besonders hervor, daß das neue Gesetz besser sei, und man lieber die Gesetze der Väter verbessern, als mit ihnen irren wolle.

> Lex Wisigoth. lib. V tit. IV cp. XIII. De servorum rebus venditis. „Res iuris alieni sine domini voluntate ab eo, qui non habet distrahendi potestatem alienari non patimur. Ideoque cum promulgata iuris antiqui sanctio non sine dominorum dispendio servorum venditiones in irritum praeceperit devocari, providentiori decreto consulimus si leges patrias ad aequitatis regulam redigamus, sicque melius earum statuta corrigere, quam cum eis pariter aberrare. Quapropter si quis servum vel ancillam alienam sciens ab eis deinceps domum, agrum, vineam, seu mancipium, sub quacunque definitione perceperit, donatio siquidem vel sepositio de talibus personis contracta non valeat, ita ut nec datum commodum pro sepositione reddatur. Venditio vero cum dispendio comparantis irrupta, sic ad servi vel ancillae dominum in integrum revocetur, ut emptor precium ex omnibus perdat. Juste enim quod per ambitionem dederat videtur amittere, qui suo dominio rem census alieni nititur applicare.“

§ 4. Behandlung am Vertrage beteiligter Dritter.

Oft finden wir auch eine Ausdehnung der Methode der gegenseitigen Bekämpfung auf dritte Personen, welche direkt oder indirekt an dem Vertrage beteiligt sind, indem sie Vorteil oder Nachteil von demselben zu erwarten haben. Wir wollen daher noch einige Beispiele der Behandlung dieses Dritten, sowie überhaupt des ganzen Komplexes der drei Personen betrachten, soweit dies nicht schon oben unter der Behandlung der Verbrechermehrheit, Kap. IV, oder des Personals zur Bekämpfung der Verbrecher, Kap. I, geschehen ist.

Nehmen wir z. B. folgende drei Personen: den Herrn eines Sklaven, den Sklaven und einen Dritten, welcher mit dem Sklaven einen Kauf abschließt. Die nachfolgende Stelle, welche Handelsgeschäfte mit fremden Sklaven unterbinden will, behandelt dieselben derart, daß sie den Käufer als zu bekämpfenden Feind beibehält und ihn den Kaufpreis verlieren läßt, den Verkäufer neutral macht, indem derselbe den Kaufpreis behält, und den Herrn zum Bekämpfer des Feindes erwählt, indem sie ihm das Rückforderungsrecht der von seinem Sklaven verkauften Sache gibt.

> Edictum Rotharis. CCXXXVII. „Si quis de servo comparaverit, et pretium perdat, et quod de servo emit, proprio domino restituat."

In folgendem Gesetze sind Eigentümer einer Sache, Käufer und Verkäufer derselben drei verschiedene Personen.

> Lex Baiuvar. Tit XV Cap. IV. De conditione venditae rei. I. „Quotiens de vendita re contentio commovetur, si alienam fuisse constiterit, nullus sine domini praeludicio comparet." II. „Et domino is qui alienam vendere praesumpsit, duplum cogatur exsolvere, nihilominus emptori qui accepit, pretium redditurus." III. „Et quicquid ad comparatae rei profectum studio suae utilitatis emptor adiecerit, a locorum iudicibus aestimetur, et ei qui laborasse cognoscitur, a venditore iuris alieni satisfactio iusta reddatur."

Ganz klar ist der Sinn der Stelle nicht; nehmen wir folgende Auffassung als die richtige an. Der Eigentümer erhält den doppelten Wert der Sache, der Käufer behält die Sache, bekommt den Preis zurück und empfängt dazu noch den Wert seiner Verbesserung, welche er etwa vorgenommen hat. In diesem Falle wird das natürliche Interesse des Eigentümers an der Bekämpfung des Thäters noch erhöht (falls der Käufer solvent ist) und ihm der Käufer als Kampfgenosse an die Seite gestellt, denn dieser hat auch Profit aus der Bekämpfung.

Bei der Cession haben wir die drei Personen: Gläubiger, Cedent und Cessionar. Häufig findet es sich nun, daß der Gesetzgeber eine Cession, welche er zu verhindern sucht, nicht durch Strafe bekämpft, sondern dadurch, daß er die cedierte Forderung für erloschen erklärt. Würde er die Cession gelten lassen und beide Vertragschließende bestrafen, so hätte er zwei Feinde und einen neutralen Dritten sich gegenüber (wenigstens insofern neutral als er von der Bestrafung jener an und für sich keinen Vorteil hat); auf die angegebene Weise zieht der Gesetzgeber aber den Dritten auf seine Seite und zwar mit einer ziemlich bedeutenden Kraft, einer bedeutenderen, als wenn er die Cession blos für nichtig erklären würde. Beispiele hierfür bieten die l. 1, 2 C. ne liceat potentioribus patrocinium litigantibus praestare vel actiones in se transferre. 2, 14, welche auch Theodorich übernommen hat.

> Edictum Theoderici Regis. C. XXII. „Amittant repetitionem debiti creditores, qui cautiones debitorum suorum potentibus tradiderint, et per eos magis exactionem mutuae pecuniae voluerint procurare.“

Ferner mögen Erwähnung finden R.A. von 1551 § 79, R.P.O. von 1577 XX § 4, welche bestimmen, daß die Forderung eines Juden gegen einen Christen, die ersterer an einen anderen Christen cediert, erlischt, und nov. 72 cap. 5, welche eine an den Vormund cedierte Forderung gegen das Mündel für erloschen erklärt.

Auch beim Glücksspiele gibt es außer den Spielern oft noch dritte Interessenten. Ein solcher tertius gaudens ist z. B. der Wirt des Spiellokales, da durch das Spiel die Gäste länger gehalten werden, teurere Getränke und Speisen zu sich nehmen usw. Meist geht man gegen den Wirt in der Art vor, daß man ihn als Mitschuldigen betrachtet und ebenfalls bestraft. Oft ist sogar seine Strafe noch weit schärfer als die der Spieler, z. B. indem man ihm die Spielerstrafe angedeihen läßt und außerdem sein Haus konfisziert (C. A. p. 348). Das römische Recht erlaubt sogar den Gästen, den Spielwirt zu prügeln, zu bestehlen und seine Sachen zu beschädigen, wenigstens insofern als der Prätor erklärt: „iudicium non dabo“ (l. 1 pr. — § 3 D. 11, 5). Man kann ihn aber auch in der Weise mit dem Spielvertrage in Zusammenhang bringen, daß man ihn den Verlust, den der Verlierende durch das Spiel erleidet, bezahlen läßt. Dies thut das St.G.B. von New-York:

> § 349. „Pflicht der Schiffer, Glücksspiele an Bord ihrer Schiffe zu unterdrücken. — Der Befehlshaber, Eigentümer oder Mieter eines Schiffes oder Flosses, welcher wissentlich ein Glücksspiel um Geld oder Vermögensgegenstände an Bord des Schiffes oder Flosses zuläßt, oder in Kenntnis der Thatsache dasselbe nicht sofort verhindert, ist

mit einer Geldbuße bis zu fünfhundert Dollars zu bestrafen; und überdies ist er schuldig, jedem, welcher Geld oder Vermögensgegenstände unter Verletzung dieses Kapitels im Spiel verloren hat, die verlorene Summe oder den Wert der verlorenen Vermögensgegenstände zu ersetzen, welcher Betrag in einer Civilklage eingetrieben werden kann."

Dasselbe Strafgesetzbuch behandelt auf gleiche Weise denjenigen, welcher einen anderen verleitet, ein Spiellokal zu besuchen, den sog. Schlepper:

§ 348. „Verleitung anderer zum Besuche von Spielorten. — Wer einen anderen überredet, ein Gebäude oder einen Teil eines Gebäudes oder ein Schiff oder Floß, welches zu Spielzwecken gehalten oder gebraucht wird, zu besuchen, ist, wenn der andere an diesem Orte spielt, eines Vergehens schuldig; und außer der dafür vorgeschriebenen Strafe hat er dem anderen den gleichen Betrag, welchen letzterer im Spiele an Geld oder Vermögensgegenständen verlor, zu entrichten, welcher Betrag in einer Civilklage eingetrieben werden kann."

Schiffsinhaber und Verleiter sind hier in einer gefährlichen Lage. Sie müssen sich zum mindesten die Spieler genau ansehen, denn nicht nur die Not oder der Ärger des Verlierenden kann ihnen eine Klage bringen, sondern sie können auch schon von vornherein als Opfer des Spieles auserkoren sein. Wollen z. B. A und B ein Kompagniegeschäft machen und je 500 Dollars gewinnen, so gehen sie zu einem (solventen) Schiffsinhaber und spielen in dessen Lokal, bis der eine, sagen wir der B, 1000 Dollars verloren hat, dieser zahlt an den A aus und klagt die Summe von dem Schiffsinhaber wieder ein; den Gewinn teilen sich die beiden Spieler. Auf diese Weise erreicht das Gesetz wenigstens, daß der Wirt nicht beliebigen Leuten, sondern nur den sog. Stammgästen als Vertrauenspersonen das Spiel gestatten wird.

Auch an dem in nov. 134 cp. 7 geschilderten Delikte, einem Pfandvertrage, sind drei Personen beteiligt: der Gläubiger als Pfandnehmer, der Schuldner als Pfandgeber und die Kinder des letzteren als Pfandobjekte. Justinian behandelt dieselben in der Weise, daß er den Pfandnehmer bestraft, den Pfandgeber dagegen straflos läßt, ferner die Schuld zu Gunsten des letzteren für erloschen erklärt und schließlich diesem oder dem verpfändeten Dritten eine Klage gegen den Pfandnehmer auf nochmalige Auszahlung der Schuldsumme gibt.[38]) Der Pfandgeber sowie der verpfändete Dritte sind also derartig auf Kosten des Pfandnehmers begünstigt, daß letzterer sich überhaupt nicht auf einen solchen Vertrag einlassen kann.

§ 5. Betrachtung einiger verbotener Verträge des deutschen Strafrechtes im Lichte der verschiedenen Bekämpfungsmethoden.

Nachdem wir nun die verschiedenen Behandlungsweisen von Verträgen, welche man zu hindern wünscht, kennen gelernt haben, wollen wir, mit dieser Kenntnis ausgerüstet, beispielsweise an einige Paragraphen des deutschen Strafrechtes herantreten.

Betrachten wir z. B. den sog. Duchesne-Paragraph, § 49a. Derselbe lautet folgendermaßen:

> „Wer einen anderen zur Begehung eines Verbrechens oder zur Teilnahme an einem Verbrechen auffordert, oder wer eine solche Aufforderung annimmt, wird, soweit nicht das Gesetz eine andere Strafe androht, wenn das Verbrechen mit dem Tode oder mit lebenslänglicher Zuchthausstrafe bedroht ist, mit Gefängnis nicht unter drei Monaten, wenn das Verbrechen mit einer geringeren Strafe bedroht ist, mit Gefängnis bis zu zwei Jahren oder mit Festungshaft von gleicher Dauer bestraft.
>
> Die gleiche Strafe trifft denjenigen, welcher sich zur Begehung eines Verbrechens oder zur Teilnahme an einem Verbrechen erbietet, sowie denjenigen, welcher ein solches Erbieten annimmt.

---

[38]) Da wir später S. 181 f. die nov. 134 cp. 7 noch einmal benutzen werden und sie auch oben S. 144 zu Anm. 5, S. 165 schon herangezogen haben, so mag der Wortlaut derselben folgen: „*Ἐπειδὴ δὲ καὶ τοιαύτην ἀσέβειαν ἐν διαφόροις τόποις τῆς ἡμετέρας πολιτείας ἔγνωμεν ἁμαρτάνεσθαι, ὅτι οἱ δανεισταὶ τὰ τέκνα τῶν χρεωστούντων τολμῶσι κατέχειν ἢ εἰς ἐνέχυρον ἢ εἰς δουλικὴν ὑπηρεσίαν ἢ μισθοῦν, τοῦτο πᾶσι τρόποις κωλύομεν, καὶ κελεύομεν, εἴ τις τοιοῦτό τι — πλημμελήσει μὴ μόνον ἐκπίπτειν αὐτὸν τοῦ χρέους, ἀλλὰ καὶ τοσαύτην ἄλλην ποσότητα καταδικάζεσθαι δοθησομένην τῷ κρατηθέντι παρ᾽ αὐτοῦ ἢ τοῖς γονεῦσιν αὐτοῦ, καὶ μετὰ τοῦτο καὶ σωματικαῖς ποιναῖς αὐτὸν καθυποβάλλεσθαι παρὰ τῶν κατὰ τόπον ἀρχόντων, ἐπειδὴ πρόσωπον ἐλεύθερον ὑπὲρ χρέους ἐτόλμησε κατασχεῖν ἢ μισθῶσαι ἢ ἐνεχυριάσαι.*“

Es wird jedoch das lediglich mündlich ausgedrückte Auffordern oder Erbieten, sowie die Annahme eines solchen nur dann bestraft, wenn die Aufforderung oder das Erbieten an die Gewährung von Vorteilen irgendwelcher Art geknüpft worden ist.

Neben der Gefängnisstrafe kann auf Verlust der bürgerlichen Ehrenrechte und auf Zulässigkeit von Polizeiaufsicht erkannt werden."

Denken wir uns ein spezielles Delikt aus demselben, nämlich folgendes oben S. 132 schon benutzte Beispiel, und zwar in demjenigen Stadium, wo der Vertrag schon abgeschlossen (das Delikt also perfekt) ist, aber die beiderseitige Leistung noch aussteht.[39]) Der B (Belohnende) hat dem M (Mörder) 1000 Mk. versprochen, wenn er den C ermorde, und M hat das Versprechen angenommen; es sind aber weder die 1000 Mk. schon gegeben, noch ist der C ermordet. § 49a bestraft beide Kontrahenten (persönliche Behandlungsweise a); die Folge davon wird sein, daß der Vertrag vermutlich gar nicht entdeckt wird, weil beide reinen Mund halten, und, was noch schlimmer ist, der M wird, durch die 1000 Mk. getrieben, wahrscheinlich den Mord ausführen.

Wir wollen nun untersuchen, ob nicht die eine oder andere der bisher betrachteten Methoden einen besseren Erfolg verspricht.

Als erste Verbesserung (d. h. vom kriminalpolitischen Standpunkte aus) könnten wir vielleicht eine andere *persönliche* Behandlungsweise einführen, z. B. die Methode b, nämlich nur einen der beiden Kontrahenten mit Strafe bedrohen. Die Folge davon würde sein, daß der Nichtbedrohte weniger vorsichtig zu Werke geht, vielleicht sogar, wenn er sich mit seinem Kontrahenten überwirft, wenn ihm das Gewissen schlägt, oder andere gute Kräfte auftreten, den ganzen Vertrag anzeigt. Der Gesetzgeber hätte also hiermit die gegnerische Macht geteilt in eine neutrale und eine feindliche Hälfte.

Sehen wir uns die *sachliche* Behandlung an, welche § 49a dem Vertrage zu teil werden läßt, so finden wir, daß dieselbe in Bezug auf den M die Methode IV ist, nämlich diejenige, in welcher von Staatswegen gegen die Erfüllung des Vertrages eingeschritten wird. In Bezug auf den B liegt dagegen die sachliche Behandlung II,

---

[39]) Die Kräfte, welche bis zum Abschlusse des Vertrages gewirkt haben, bleiben vorläufig noch unberücksichtigt.

die Ignorierung, vor. In letzterer liegt schon eine Kraft, welche den einen Kontrahenten zum Gegner des anderen macht. Hat nämlich der M geleistet, so kann er den B nicht zwingen, die bedungenen 1000 Mk. zu zahlen, hat umgekehrt der B die 1000 Mk. schon gezahlt, so kann (und soll) der M den Mord verweigern, ohne daß er das Geld zurückzugeben braucht. Diese Sachlage gewährt jedoch dem Opfer noch keinen bedeutenden Schutz, denn häufig, man könnte wohl sagen, meistens, ist es der Fall, daß der Gedungene, im Vertrauen auf seinen Kontrahenten, zuerst leistet und, trotzdem letzterer nicht gezwungen werden kann, doch seinen Lohn erhält. Es mag dieses vielleicht darin seinen Grund haben, daß der Belohnende ein Mann zu sein pflegt, der reichlich Geld, aber wenig Mut besitzt (sonst würde er selbst den Mord begehen), daß aber bei dem Gemieteten das Umgekehrte der Fall ist. Denn so kommt es dem Versprecher einerseits weniger auf das Geld an, andererseits fürchtet er, daß sich der vor einem Verbrechen nicht zurückschreckende Sinn seines Kontrahenten, den er jetzt gegen einen Dritten leitet, gegen ihn selbst wende, wenn er die Gegenleistung verweigert. Prüfen wir, ob nicht eine andere sachliche Methode mehr Schutz verspricht. In der Seele des M sind zwei Willen vorhanden, ein freier Wille, Wille I,[40]) welcher auf die 1000 Mk. und ein gezwungener Wille, Wille II, welcher auf den Mord gerichtet ist. Versuchen wir, ob letzterer sich ausschalten läßt. Man kann dies erreichen durch die sachliche Methode V, nämlich durch die Bestimmung, daß der eine Kontrahent nicht zu leisten braucht, wohl aber die Gegenleistung verlangen kann. Die Leistung des Deliktes darf der Staat nicht erlauben, demnach muß die Geldleistung die klagbare werden. Ferner muß, wenn nicht die Strafandrohung der Methode V entgegenwirken soll, die vorhin schon eingeführte persönliche Behandlung b so eingerichtet sein, daß das aktive Objekt, der M, straffrei bleibt.

Lassen wir die Konstruktion des § 49a unberührt (obgleich sie, und zwar mit Recht, vielfach angefeindet wird) und führen die

---

[40]) Ob bei genauerer Betrachtung dieser Wille wirklich ein freier ist, oder ob er wieder von einem anderen erzeugt ist, z. B. von dem Willen, einen Kassendefekt zu decken, ist gleichgültig, es kommt für uns nur auf das Verhältnis des auf die 1000 Mk. gerichteten Willens zu dem auf den Mord gerichteten an, cf. oben S. 128 ff.

neue Behandlungsweise durch einen Zusatzparagraphen ein. Es würde letzterer etwa folgendermaßen lauten:

> § 49b: „Derjenige, welcher das Verbrechen ausführen soll, bleibt straflos, wenn er, statt dasselbe zu begehen, die Verabredung anzeigt, und kann alsdann die mündlich oder schriftlich verabredete Summe zivilrechtlich einklagen.“[41])

Was den Beweis des Kontraktes anbetrifft, so ist er zwar an und für sich noch schwierig, jedoch wird er durch Einführung des § 49b bedeutend leichter. Früher mußte nämlich Polizei und Staatsanwaltschaft den Vertrag, die versprochenen Vorteile usw. im Kampf gegen beide Kontrahenten aufspüren und beweisen, jetzt aber nur noch im Kampf gegen den einen mit Hülfe des anderen. Und zwar ist die Hülfe dieses zweiten Kontrahenten als eines Augen- und Ohrenzeugen eine ganz bedeutende, unter Umständen sogar von vornherein entscheidende z. B. wenn der M. beweisende Schriftstücke in Händen hat.[42])

---

[41]) Derartige Civilklagen dürfen uns nichts Neues mehr sein, da wir sie oben mehrfach auch in anderen Kulturstaaten kennen gelernt haben.

Es gibt natürlich wieder eine große Anzahl von Modifikationen. Man könnte, wie wir dies oben bei vielen Gesetzen gesehen haben, z. B. eine Zeitbestimmung für die Anzeige (und ebenso für die Civilklage) hinzufügen, statt Straflosigkeit könnte man nur eine Polizeistrafe eintreten, statt der einfachen verabredeten Summe, die doppelte einklagen lassen; man könnte nach Analogie der thätigen Reue den Zusatz machen „zu einer Zeit, wo der Vertrag noch nicht entdeckt ist“; schließlich könnte man auch jegliche Strafbestimmung fortfallen und die sachliche Bekämpfung allein wirken lassen, also Methode V statt Vc, usw. usw. Es ist aber nicht unser Zweck, diese legislatorischen Möglichkeiten weiter zu verfolgen oder gar zu erschöpfen, sondern wir wollen nur die theoretische Anwendung der oben gefundenen Behandlungsmethoden erläutern und höchstens die Richtung angeben, wie sie eventuell erweitert und praktisch verwertet werden könnten.

[42]) Man könnte leicht auf die Vermutung kommen, daß unter dem obigen Gesetze die Verträge auf Delikte bedeutend zunehmen würden. Letzteres dürfte aber wohl kaum zutreffen, denn Leute, welche sich auf jene einlassen, pflegen von derartigen Gesetzen durch den Schaden anderer oder durch eigene Vorsicht, bald Kenntnis zu bekommen. Und wenn auch schließlich eine Vermehrung der Deliktsverträge, der „Vordelikte“, eintreten sollte, so hätte dies einen reellen Schaden, d. h. die Begehung der verabredeten eigentlichen Delikte, der „Hauptdelikte“, doch nicht zur Folge, denn jene Vermehrung würde ja nur von solchen Leuten ausgehen, welche das Hauptdelikt gar nicht zu begehen beabsichtigen; und, wenn andererseits derjenige, der sich auf einen solchen Vertrag einläßt, dabei „hineinfällt“, so geschieht ihm kein Unrecht.

Nach Analogie dieses § 49a könnte man alle diejenigen Gesetze behandeln, in welchen ein Lohnvertrag zur Begehung eines Deliktes verborgen liegt oder liegen kann, z. B. Bestechung, Anstiftung, Kuppelei usw. Wie mancher Bestochene oder zu Bestechende wird nur durch die Geldnot gezwungen, auf den verbotenen Vertrag einzugehen! Eine große Anzahl von solchen würde wahrscheinlich mit Freuden jene Hinterthür benutzen, um das Geld erhalten zu können, ohne die Delikte, zu dem sie gedungen sind, wirklich begehen zu müssen. Außerdem würde die „Vorauswirkung" dieser Methode die sein, daß von den Belohnern überhaupt schon viel weniger derartige Verträge angeboten bezw. angenommen werden würden.

Wenden wir uns zu dem Verkaufe. Käufer und Verkäufer bestraft das St.G.B. nur in den wenigsten Fällen, nämlich § 109 den Käufer und Verkäufer von Wahlstimmen, und § 370, 3 den Käufer von Montierungsstücken (der Verkäufer wird nach anderen Paragraphen bestraft). In den bei weitem meisten Fällen wird nur der Verkäufer bestraft, z. B. der von unzüchtigen Schriften § 184, von vergifteten Gegenständen §§ 324—326, von schon gebrauchtem Stempelpapier § 364, von Gift und Arzeneien § 367, 3, von verdorbenen Genußmitteln § 367, 7, von versteckten Waffen § 367, 9. (In den Nebengesetzen wird ebenfalls fast nur der Verkäufer bestraft.) Weshalb, wenn der Gesichtspunkt der Schuld zu Grunde liegt, gerade nur der Verkäufer in den meisten Fällen bestraft werden soll, ist nicht recht ersichtlich, man sollte z. B. meinen, daß derjenige, welcher wissentlich schon einmal gebrauchtes Stempelpapier kauft, nicht weniger schuldig ist wie derjenige, der es wissentlich verkauft (im Gegenteil, denn in Bezug auf das eigentliche Delikt, die Benutzung, hat der Käufer den Thäterdolus, der Verkäufer nur den des Gehülfen). Geht man jedoch auf diesem Wege, einen Schuldigen nicht zu bestrafen, noch weiter und belohnt ihn, so sind wir wieder bei der Bekämpfung der Verträge durch gegenseitige Bekämpfung der Kontrahenten angelangt. Denken wir uns, abgesehen von der Strafe, nach Analogie jenes oben S. 164 erwähnten englischen Gesetzes, welches den Handel an Sonntagen verhindern will, folgenden Paragraphen:

„Wer verbotene Schriften, vergiftete Gegenstände, gebrauchtes Stempelpapier usw. verkauft, muß dem Käufer auf dessen Klage den Preis zurückerstatten und kann die Ware nicht wiederfordern."

Außerdem kann man noch beliebig, um die Sache schneller aus der Welt zu schaffen, eine Zeitbestimmung setzen, statt des einfachen Kaufpreises einen vielfachen einfordern lassen; man kann auch das ganze Gesetz umkehren und den Verkäufer gegen den Käufer ausspielen usw.[43]) Man sollte meinen, daß bei dieser Behandlungsweise verbotene Käufe, wenigstens in großem Maßstabe, nicht mehr geschehen können, z. B. würde ein Buchhändler wohl kaum noch mit verbotenen Büchern handeln können, jedenfalls nicht mehr einem beliebigen unbekannten Käufer gegenüber. Überhaupt, wollte man plötzlich den Handel mit irgend einer Ware oder zu gewissen Zeiten, z. B. mit Obst bei Cholerazeiten, lahm legen, so dürfte es wohl kein besseres Mittel geben als Kaufpreis und Waren dem einen der beiden Kontrahenten zuzusprechen.

Ähnlich kann man beim Stimmkaufe verfahren. H.G. Art. 249e bestraft nur den Stimmverkäufer, H.G. Art. 249f und St.G.B. § 109 dagegen bestrafen Käufer und Verkäufer.

Wir wollen uns zur Behandlung den Art. 249f des H.G. wählen; derselbe lautet:

„Wer in der Generalversammlung die Aktien eines anderen, zu dessen Vertretung er nicht befugt ist, ohne dessen Einwilligung zur Ausübung des Stimmrechts benutzt, wird mit einer Geldstrafe von zehn bis dreißig Mark für jede der Aktien, jedoch nicht unter eintausend Mark, bestraft. Die gleiche Strafe trifft denjenigen, welcher Aktien eines anderen gegen Entgelt leiht und für diese das Stimmrecht ausübt, sowie denjenigen, welcher hierzu durch Verleihung der Aktien wissentlich mitgewirkt hat."

Die Natur dieses Deliktes ist etwas kompliziert. Die materielle Grundlage ist ein Stimmen-Kauf und -Verkauf: A gibt dem B Entgelt dafür, daß er ihm seine Stimme überläßt. Da die Stimme aber an die Aktie gebunden ist, und diese nicht mitverkauft wird, so muß ein Leihvertrag die Vermittelung bilden. Art. 249f hat aber auch den Leihvertrag als solchen nicht zum Delikt erhoben, sondern fordert neben ihm zum Thatbestande, daß das Stimmrecht

[43]) Ebenso kann man die Kombinationen mit der persönlichen Behandlung b und c konstruieren, also die Bekämpfungsmethoden Vb und Vc usw.

auch wirklich ausgeübt wird. Diese juristische Konstruktion soll weiter nicht berücksichtigt, sondern unsererseits der Hebel bei dem Leihvertrage eingesetzt werden.

Wir behandeln Leiher und Verleiher ganz analog, wie oben Käufer und Verkäufer. Zuerst wollen wir den Verleiher gegen den Leiher ausspielen:

„Wer zu der Generalversammlung Aktien eines anderen gegen Entgelt leiht, und für diese das Stimmrecht ausübt, ist verpflichtet, dem Entleiher auf seine Klage das x-fache Entgelt nachzuzahlen, und wird mit einer Geldstrafe von zehn bis dreißig Mark für jede Aktie, jedoch nicht unter tausend Mark bestraft.[44])

Will man umgekehrt den Leiher gegen den Verleiher ausspielen, so lautet das Gesetz etwa:

„Wer zu der Generalversammlung Aktien gegen Entgelt verleiht, wissend, daß der Leiher das Stimmrecht für dieselben ausüben will, ist verpflichtet an jenen auf dessen Klage das x-fache des empfangenen Entgeltes zurückzuzahlen und wird mit einer Geldstrafe ..... bestraft."

Hier paßt auch eine ähnliche Methode, wie wir sie oben beim Pfandvertrage kennen gelernt haben (Verlust der Forderung, welche durch das Pfand gesichert werden soll, S. 165). Man schneidet nämlich die Rückforderung des Leihobjektes ab:

„Wer zu der Generalversammlung einem anderen Aktien gegen Entgelt verleiht, wissend, daß der Leiher für dieselben das Stimmrecht ausüben will, verliert das Rückforderungsrecht und wird mit einer Geldstrafe .... bestraft"[45])

---

[44]) Wollen wir uns rein an den Leihvertrag halten, so müssen wir die Ausübung des Stimmrechtes aus der Außenwelt herausnehmen und in die Absicht des Thäters verlegen, wir müßten dann schreiben statt „und für diese das Stimmrecht ausübt": „um für diese das Stimmrecht auszuüben". Die Folge hiervon wäre, daß eine Vorbereitungshandlung des Deliktes zum Delikte selbst erhoben wird.

[45]) In diesem Falle wie in den beiden vorigen darf die Strafandrohung wieder nur gegen denjenigen gerichtet sein, gegen welchen man den anderen Kontrahenten ausspielen will, d. h. gegen das passive Objekt der Methode. Man

Die Wirkungen dieser drei Behandlungsarten sind ungefähr einander gleich (die letzte dürfte vielleicht die kräftigste sein, wegen der Höhe des Verlustes). Nach dem jetzt geltenden Recht kann der eine Kontrahent unbesorgt jedem beliebigen Aktionär den Leihvertrag anbieten; nimmt jener an, so ist er sicher, daß derselbe den Vertrag nicht verrät, da beide gleich bestraft werden, nimmt derselbe nicht an, so ist er, der Anbieter, straflos und versucht sein Glück bei einem anderen. Nach dem obigen Vorschlage aber ist ihm der Boden unter den Füßen glühend geworden. Ist er nämlich der Bedrohte, so muß er sich sagen: „Wenn mein Kontrahent sich gegen die anderen Aktionäre einer unlauteren Handlung schuldig machen will, so wird er noch viel eher gegen mich vorgehen, da er sich dann noch nicht einmal einer Strafe aussetzt." Er muß sich also sehr vorsehen, wem er den Vertrag anbietet. Ist er dagegen selbst der Bevorzugte, so wird er seinen Vertrag zwar sorglos ausbieten können, wird aber so leicht keinen Abnehmer finden. Ebenso ist es mit demjenigen, welchem der Vertrag angeboten wird. Früher konnte er, wenn er im übrigen keine Entdeckung fürchtete, den Vorschlag jedes beliebigen Aktionärs annehmen, jetzt dagegen muß er sich, wenn er der Bedrohte ist, sehr vorsehen; wenn er dagegen der Begünstigte ist, so wird ihm wohl kaum jemand mit einem solchen Vertrage kommen.

Betrachten wir ferner einmal den Verkauf von Losen auswärtiger Lotterieen, Promessen usw. Man könnte ihn schon allein durch eine Ungültigkeitserklärung, sachliche Behandlung III, unterbinden. Gewinnt dann nämlich das Los, so würde der Unternehmer oder sonstige Verkäufer, besonders der Zwischenhändler, den Gewinn in die Tasche stecken, da der Käufer ihn aus einem ungültigen Vertrage nicht einklagen kann, gewinnt es nicht, so kann der Käufer den Kaufpreis des Loses von dem Verkäufer wieder zurückfordern. Dem direkten Kauf von der auswärtigen Lotterie würde dadurch allerdings wohl kaum Abbruch gethan, denn diese würde beim Gewinnen des Loses die Gewinne doch wohl auszahlen und wäre beim Nichtgewinnen für den Käufer nicht belangbar.

Die Methode des jetzigen Rechts (cf. S. 145), nämlich die, den Vertrag anzuerkennen und beide Kontrahenten zu bestrafen, hat so

könnte sie auch ganz fortlassen, dann würde man aber diejenigen Fälle nicht mittreffen, in welchen der begünstigte Kontrahent seinen Vorteil fahren läßt und wegen Verwandtschaft usw. mit seinem Partner doch gemeinsame Sache macht.

gut wie gar keine Wirkung, denn gewinnt das Los nicht, so wird der Vertrag überhaupt wohl kaum entdeckt, gewinnt es, so zieht der Käufer den Betrag ein und bezahlt mit Lächeln die verhältnismäßig kleine Geldstrafe. Nach St.G.B. § 40 kann nämlich der Gewinn des Loses vom Staate nicht eingezogen werden, denn er ist zwar durch eine strafbare Handlung, nämlich durch strafbares Spielen in auswärtigen Lotterieen hervorgebracht, letzteres ist aber nur eine Übertretung und nicht, wie § 40 fordert, ein Verbrechen oder Vergehen. Im Gebiete des A.L.R. könnte möglicherweise der Staat die Gewinne einziehen, auf Grund des A.L.R. I tit. 16 §§ 172, 173[46]) und des Gesetzes betreffend das Spiel in außerpreußischen Lotterieen vom 29. Juli 1885.[47]) Die Sache ist jedoch zweifelhaft und R.G. (24. März 1887) hat sich gegen Einziehung entschieden. Außerdem hätte man mit Einziehung des Gewinnes auch noch nicht den Verkäufer gegen den Käufer ausgespielt (cf. oben S. 161 Anm. 29), denn, ersterer hat im Hinblick auf zukünftige Verkäufe Interesse an der Verheimlichung und ebenso die auswärtige Lotterie, und deshalb würde der Staat von einem großen Prozentsatze derartiger Kaufverträge überhaupt nichts erfahren.

Unser Wuchergesetz St.G.B. §§ 301—302d, ist bekanntlich wenig ausreichend und man arbeitet deshalb fortwährend an seiner Verbesserung. Vielleicht würde es sich empfehlen, jenes alte Gesetz, welches die Römer gegen den Pfandvertrag anwandten, wenn freie Menschen verpfändet wurden (cf. oben S. 172 f.), einfach auf den Wucher zu übertragen (bis auf die Leibesstrafe natürlich, an deren Stelle überhaupt keine oder eine moderne Strafe treten könnte). Dasselbe würde etwa so lauten:

> „Der Wucherer verliert seine Forderung und muß an den Bewucherten eine gleiche Summe herauszahlen.“

Unter einem solchen Gesetze wird wohl mancher Wucherer sein Geschäft an den Nagel hängen. Und nicht nur das, sondern mancher wird versuchen, ob er nicht (in anderen Städten unter

---

[46]) § 172. „Zahlungen aus einem Geschäfte, welches gegen ein ausdrücklich ausdrückliches Verbotsgesetz läuft, kann zwar der Zahlende nicht zurückfordern.“

§ 173. „Der Fiskus aber hat das Recht, dem Empfänger den verbotenen Gewinn zu entreißen.“

[47]) Dasselbe bestraft das Spielen in außerdeutschen, nicht mit Königlicher Genehmigung in Preußen zugelassenen Lotterieen.

falschem Namen, durch Mittelspersonen usw.) einen früheren Kollegen erwischen kann, der ihm für Wucherzinsen Geld leiht. Es würde auf diese Weise ähnlich, wie allgemein die Verbrecher in jenem isländischen Gesetze (S. 198 ff.), der eine Wucherer gegen den anderen gehetzt; während jetzt beiden die menschliche Gesellschaft als Opfer herhalten muß.

Zum Schluß wollen wir noch eine Probe machen bei der uralten Landplage der Bettelei. Das Betteln besteht in einer Aufforderung zu einem Schenkungsvertrage. Vernichten wir diesen Schenkungsvertrag, so wird die Aufforderung zwecklos, und wir haben in Bezug auf das Betteln die Bekämpfungsmethode des Zwecklosmachens. Was die Bekämpfung des Schenkungsvertrages anbetrifft, so wollen wir wieder die Methode V versuchen. Das Gesetz würde etwa lauten:

> „Der Bettler kann von demjenigen, von welchem er eine Gabe erhält, drei Mark einfordern."

Emil Mariot schließt seine Abhandlung über „Bettler und Bettelei"[48]) mit den Worten: „Man hat das tieffressende Übel, welches aus dem Bettelunwesen für den Staat hervorgeht, auch schon in früheren Zeiten erkannt und zu bekämpfen gesucht; man hat die, welche bettelten, und die, welche Bettler beschenkten, mit Strafe belegt — und nichts hat geholfen!" Wenn nichts geholfen hat, könnte man es vielleicht mit dem obigen Gesetze versuchen. Im Verein mit den Naturalverpflegungsanstalten, den Vereinen gegen Hausbettelei und sonstigen Bekämpfungsmitteln würde es ihm vielleicht gelingen, das Übel auszurotten oder wenigstens die Zahl der Bettler (nach Rocholl[49]) allein in Deutschland gegen 200 000) bedeutend zu verringern. Ungerecht gegen den Geber kann diese Behandlung nur bei sehr oberflächlicher Betrachtung erscheinen. Man nehme nur ein beliebiges Buch zur Hand, welches sich mit der Bettelei beschäftigt, überall wird man das Urteil hören, daß das Publikum mindestens sich einer groben Fahrlässigkeit schuldig macht, wenn es

[48]) Vom Fels zum Meer 1891/92, Heft 2, S. 172 ff.

[49]) Dunkle Bilder aus dem Wanderleben, Aufzeichnungen eines Handwerkers. Berlin, Verlag von Meidinger S. 184. Dieses Buch gibt überhaupt einen guten Einblick in das Elend (und die Romantik) des Bettlerwesens sowie den augenblicklichen Stand seiner Bekämpfung.

ohne genaue Prüfung einen Bettler beschenkt[50]). Hat der Geber einen wirklich anständigen und des Geschenkes würdigen Menschen vor sich, so hat er sich durch seine Freigebigkeit nicht verschuldet, hat dann aber auch nicht den Verlust der drei Mark zu befürchten, denn ein solcher Bettler wird seinen Wohlthäter nicht verklagen. Das Gesetz würde sich also in Bezug auf die Schuld, bezw. Fahrlässigkeit des Bedrohten selbst regulieren. —

Auf ähnliche Weise könnte man sämtliche verbotenen Verträge der Deutschen Reichs- und Landesgesetze durchgehen und würde vielleicht nach dem Muster der oben angegebenen Beispiele Änderungen vornehmen können, welche bedeutend besser wirken als die augenblicklichen Behandlungsmethoden.

Kapitel VII.

Kriminalpolitisch schlechte und zweischneidige Methoden.

§ 1. Schlecht wirkende Methoden.

Oben haben wir schon gesehen, daß selbst die Strafandrohung, die Grundkraft des Strafrechts, in manchen Situationen zu einer schlechten Kraft wird. Vielen anderen strafrechtlichen Instituten geht es aber ähnlich.

Absorptionsprinzip. Z. B. wirkt in rein schlechtem Sinne die Absorbierung der leichteren Delikte durch das schwerere. Das Extrem ist nach der einen Seite hin die vollständige Absorption, nach der anderen Seite hin die vollständige Vollstreckung jeder einzelnen Strafe. Die meisten Gesetzgebungen huldigen einer mittleren Stellung, manche gehen aber bis zu den äußersten Grenzen vor.

Das chinesische St.G.B. bestraft von mehreren Delikten nur das schwerste und läßt die anderen straflos, hat also das Absorp-

---

[50]) cf. die Ansicht von Mariot a. O. und die von ihm citierten Ansichten anderer, z. B. die der „Temps“ sowie des Komitees, welches in der französischen Revolution von der Konstituante eingesetzt wurde, um Mittel zur Ausrottung der Armut zu ersinnen; ferner Rocholl a. O. S. 85 usw.

tionsprinzip rein durchgeführt, Staunton s. 26 p. 29[1]). Deutschland steht in der Mitte und läßt die Gesamtstrafe härter als die schwerste, aber leichter als die Summe aller Strafen sein, St.G.B. § 74. New-York vertritt das andere Extrem und vollstreckt jede einzelne Strafe ohne irgendwelchen Abzug, St.G.B. von New-York, §§ 694, 695.

Nehmen wir als Beispiel es habe jemand schon vier Diebstähle begangen, darunter einen mit Einbruch, und stehe jetzt vor dem fünften. In China schreckt ihn nichts mehr zurück, denn er wird nur wegen Einbruchdiebstahls bestraft, in Deutschland schreckt ihn noch eine Strafe, aber diese ist schon bedeutend geringer als sie sonst sein würde, und je mehr unbestrafte Delikte der Thäter hinter sich hat, desto geringer wird die neue Strafandrohung. In New-York dagegen schreckt ihn beim fünften Diebstahl dieselbe Strafandrohung wie beim ersten; hier ist also die gute Kraft am größten.

Kollektivdelikte. Verwandt mit der Absorption ist die Zusammenfassung mehrerer einzelner Delikte zu einem einzigen gewerbsmäßigen, gewohnheitsmäßigen, fortgesetzten usw. Hat ein Berufswucherer zehnmal gewuchert, so schreckt ihn von den nächsten zehn Fällen kaum noch eine Strafandrohung ab; die Stempelung eines Deliktes zu einem Kollektivdelikte hat also, wenn wir Akt (n) denjenigen nennen, bei welchem die Kollektivität eintritt, ein Verschwinden der Strafandrohung für die einzelnen Akte (n + 1), (n + 2) .... zur Folge (abgesehen von derjenigen, welche der Strafrahmen erzeugt). Mögen nämlich auch noch so viele einzelne Akte vorliegen, es wird immer nur Ein Delikt z. B. Ein Ehebruch, Ein gewerbsmäßiger Wucher bestraft. In zweifacher Richtung ungünstig liegen diejenigen Kollektivdelikte, bei welchen die Kollektivität nicht Qualifikationsgrund, sondern Thatbestandsmerkmal ist (cf. Binding, Normen I S. 228), bei welchen also die betreffenden Handlungen nur bestraft werden, wenn sie in genügender Anzahl vorliegen. Derartige Delikte finden sich z. B. im deutschen St.G.B. in den §§ 150, 180, 284, 361_6, von welchen die beiden ersteren

[1]) Es führt dieses Prinzip so streng durch, daß, wenn die Delikte zu verschiedenen Zeiten begangen sind und die Strafe für das erste schon vollstreckt ist, der Thäter für die übrigen keine Strafe mehr erhalten soll, ausgenommen „of a more serious nature than the former, in which case the amount only of the difference between the legal punishments shall be inflicted“. (Staunton a. O.)

nur strafen, wenn die betreffende Handlung „gewohnheitsmäßig“, die beiden letzteren, wenn sie „gewerbsmäßig“ ist; beides liegt aber in der Regel nur vor, wenn die Handlung des öfteren wiederholt ist. Diese Gattung von Kollektivdelikten hat außer dem oben geschilderten Mangel noch denjenigen, daß auch die Akte 1, 2, ... (n — 1), also alle, welche dem Akte (n), bei welchem (nach der Vermutung des Thäters) die Kollektivität eintritt, vorausgehen, von Strafandrohung entblößt sind und zwar vollständig, denn da noch keine „strafbare Handlung“ vorliegt, so treten auch die (bei den Akten (n + 1) (n + 2) .... vorliegenden) Wirkungen des Strafrahmens nicht in Kraft.

Verwirkte höchste Strafe bezw. höchste Grenze einer Strafart. Der Mörder wird mit dem Tode bestraft, und da (bezw. wo) eine Schärfung nicht zugelassen wird, ist die Macht der Strafandrohungen ihm gegenüber erloschen. Er kann also straflos morden, rauben, stehlen usw., kurz sich jegliches Verbrechen ungestraft erlauben und wird dadurch zu einem sehr gefährlichen Gegner der menschlichen Gesellschaft. Ebenso ist es, wenn z. B. in Deutschland jemand eine fünfzehnjährige Freiheitsstrafe verwirkt hat oder vielmehr zu haben glaubt. Alsdann hat er vor seiner Verurteilung jedes Delikt frei, welches (abgesehen von Geld- und Nebenstrafen) nicht mit lebenslänglicher Freiheitsstrafe oder mit dem Tode bedroht ist.

Das einzige, was in solchen Fällen noch auf den Verbrecher wirken kann, ist die Hoffnung auf Begnadigung, denn sie stellt einen Teil der Strafandrohung wieder her. Hat z. B. ein Mörder die Überzeugung, daß er zu lebenslänglicher Festungshaft begnadigt werden wird und steht vor einem zweiten Morde, so muß er sich sagen, daß mit diesem die Hoffnung auf Begnadigung schwindet. Für ihn ist es gerade so, als ob das Gesetz den ersten Mord mit lebenslänglicher Festungshaft, den zweiten als Qualifikation mit dem Tode bedrohte; es wird also durch die Hoffnung auf Begnadigung eine Strafandrohung für das Delikt (n + 1) geschaffen, welche in der Differenz zwischen Todesstrafe und lebenslänglicher Festungshaft besteht[2]).

[2]) Da sich aber eine Maximalgrenze in der Bestrafung wohl kaum vermeiden läßt, so muß man die schlechten Seiten derselben mit in den Kauf nehmen.

Bedingte Verurteilung. Die eigentliche Wirkung der bedingten Verurteilung, d. h. der unter den betreffenden Bedingungen vollführte Erlaß der Strafe ist an und für sich nicht schädlich, denn wenn das Delikt (n) geschehen ist, so ist es im allgemeinen für dieses gleichgültig, ob der Thäter noch bestraft wird oder nicht. Die Vorauswirkung ist dagegen eine rein schlechte. Die Hoffnung auf Straflosigkeit wird für den Thäter durch sie nämlich bedeutend erhöht, wenn nicht gar zur Sicherheit („ein Mal ist kein Mal", wird er sich sagen) und dadurch wird natürlich die Wirkung der Strafandrohung in demselben Maße vermindert.

§ 2. Zweischneidige Methoden.

Bei den eben behandelten Rechtsinstituten ist es von vornherein ersichtlich, daß sie kriminalpolitisch eine schlechte Kraft erzeugen; nun gibt es aber auch Methoden, welche, wenn man das Gesamtresultat betrachtet, entweder eine gute oder eine schlechte Wirkung ausüben. Sie sind zu vergleichen den medizinischen Kraftkuren: entweder bessern sie die Sache oder sie verschlimmern sie, tertium non datur. Von einem anderen Gesichtspunkte aus betrachtet, kann man ihre Wirkung auch so ausdrücken: in einem bestimmten Zeitpunkte im Verlaufe eines Deliktes — wir wollen ihn den kritischen Punkt, das kritische Moment, nennen — stellt sich die in der Methode liegende schlechte Kraft ein. Die Zweischneidigkeit besteht nun darin, daß die betreffende Methode entweder bis zu dem kritischen Punkte das Delikt vernichtet hat oder aber von da ab eine schädliche Wirkung ausübt.[3])

[3]) Es gehört hierher auch die Strafe überhaupt (Androhung und Sicherheit) sowie der freiwillige Rücktritt und die thätige Reue usw., letztere entwickeln umgekehrt zuerst eine schlechte Kraft, Vorauswirkungen (S. 70), dann eine gute. Eine Strafandrohung ist z. B. ein sehr gefährliches Experiment in Fällen, welche dem folgenden analog sind. Ein Brief mit einer wichtigen Nachricht soll zur Post gebracht werden, da aber kein anderer Bote zur Hand ist, so muß er einem Kinde anvertraut werden. Droht man dem Kinde keine Strafe an, so wird es, wenn es den Brief verliert, dies wahrscheinlich eingestehen und es kann ein anderer geschrieben werden. Droht man ihm dagegen mit Strafe, so wird es sich zwar mehr in Acht nehmen, hat es aber trotzdem Unglück mit dem Briefe, so riskiert man, daß es dieses ableugnet und der Kern der Sache, die wichtige Benachrichtigung, verloren geht. Im großen ganzen ist aber bei der Strafe sowie den anderen oben gedachten Instituten die gute Kraft so überwiegend, daß von einer Zweischneidigkeit wohl kaum die Rede sein kann.

Dieser kritische Punkt tritt nun je nach der Beschaffenheit der betreffenden Methode bald früher bald später im Verlaufe des Deliktes ein.

Am frühesten tritt er ein bei der Methode: Thäter und Teilnehmer mit derselben Strafe zu bedrohen. Als Beispiele für diese Behandlungsart mögen folgende Gesetze erwähnt werden. Das bair. St.G.B. Art. 345, 346 bestraft den Gehülfen des Münzfälschers, wie diesen selbst. Das St.G.B. von New-York verwendet die Gleichstellung bei Vergehen überhaupt als Regel:

> § 682. „Strafe der Mitschuldigen bei Vergehen. — Wenn eine Handlung oder Unterlassung durch Verordnung für ein Vergehen erklärt und keine Strafe für Beihülfe oder Anstiftung zur Begehung derselben ausdrücklich vorgeschrieben ist, so ist derjenige, welcher einer andern bei Begehung einer solchen Handlung oder Unterlassung unterstützt oder zu derselben anstiftet, ebenfalls eines Vergehens schuldig."

Zur Zeit der Rechtsbücher wurden in Norddeutschland die Teilnehmer ebenso bestraft wie die Urheber, nämlich: „Folger", Gehülfe, Anstifter, Begünstiger und Hehler.[4]) Nach englischem Rechte ist derjenige, welcher unter der Verwaltung der ostindischen Kompagnie usw. Personen als Sklaven oder um als Sklaven behandelt zu werden transportiert oder hierzu behülflich ist, des piracy felony und des Raubes schuldig, und wird mit dem Tode bestraft.[5]) Bei Banden und Komplotten pflegt es häufig ebenfalls zu geschehen, daß man alle Mitglieder mit dem Tode bestraft, einerlei, in welchem Grade sie schuldig sind; z. B. das oben S. 103 Anm. 10 citierte Gesetz, auch die Leipziger Schöffensprüche Bl. 558, al. 2 a. E. enthalten eine solche Bestrafungsart.[6])

Verwandt hiermit ist die Methode der Gleichstellung vom Nichtanzeiger und Nichtverhinderer mit dem Thäter, z. B. deutsches M.G. § 60, sodann l. 5, 6 C. 9, 8, welche mit der Strafe

---

[4]) John Seite 260 f. Strafrecht in Norddeutschland zur Zeit der Rechtsbücher.

[5]) Mühry S. 50 f.

[6]) John a. O. S. 209. — Formell würde auch § 143 des deutschen St.G.B. hierhergehören („. . . . . dieselbe Strafvorschrift findet auf den Teilnehmer Anwendung."), materiell scheidet jedoch derselbe aus, weil nach der Natur des betreffenden Deliktes der Teilnehmer nicht zum Mitthäter werden kann.

des Majestätsverbrechers auch die satellites und ministri conscii sowie deren Söhne bedroht; ähnlich die deutsche Seemannsordnung, welche denjenigen, der sich weigert, die Meuterer zu bekämpfen, wegen Teilnahme an der Meuterei bestraft; ferner

> l. 6 § 8 D. 49, 16. „Qui praepositum suum non protexit, cum posset, in pari causa factori habendus est: si resistere non potuit, parendum ei.“

und in betreff der Münzfälscher die lex Cornelia:

> l. 9, 1 D. 48, 10: „Eadem poena adficitur etiam is qui, cum prohibere tale quid posset, non prohibuit.“

Die Wirkungen dieser beiden Methoden sind folgende. Will sich jemand zur Teilnahme entschließen und weiß, daß er dann gerade so bestraft wird wie der Thäter (besonders bei absolut bestimmter Strafe), so entschließt er sich entweder zu nichts oder gleich zur Thäterschaft bezw. Mitthäterschaft. Noch gefährlicher wird diese Behandlung durch das gegenseitige Aufstacheln. Ist z. B. jemand aus Familien- oder anderen Rücksichten gezwungen, einer Bande beizutreten, aber will sich an einem speziellen Verbrechen nicht beteiligen, so schlägt ihn vielleicht ein guter Freund auf die Schulter und sagt: „mitgefangen, mitgehangen, du bekommst dieselbe Strafe wie wir, also thue nur dein möglichstes zum Gelingen“. Besonders klar zu Tage tritt die Gefährlichkeit einer Bestrafung von Nichtanzeigern und Nichtverhinderern als Thäter. Oft können nämlich Leute nicht zur Anzeige oder zum sonstigen Eingreifen sich entschließen (z. B. wenn es der Vater ist, den sie anzeigen sollen) und dann kann leicht aus einem sonst ungefährlichen Mitwisser oder Zuschauer ein Mitthäter werden. Der kritische Punkt ist hier der Augenblick der Entschlußfassung. Bis zu ihm ist die Wirkung der Methode eine rein gute, nämlich eine Erhöhung der Strafandrohung (und diese bleibt auch solange wie letztere dauert, verschmilzt überhaupt mit ihr), erzielt aber diese erhöhte gute Kraft kein Resultat, so tritt auf der Grenze zwischen Stadium I und II die Verschlimmerung, nämlich die Fassung eines gefährlichen Entschlusses ein.

Ferner ist es ein sehr zweischneidiges Experiment, wenn man den Versuch bezw. die Vorbereitungshandlung mit der Strafe der Vollendung belegt. Z. B. stellt das deutsche St.G.B. § 80 den versuchten und vollendeten Mord des Kaisers usw. auf gleiche Stufe; das englische Recht bestraft denjenigen mit sechsmonatigem Gefängnis usw., welcher falsches Geld zahlt oder als Zahlung anbietet (Mühry S. 72); l. 3 § 11 D. 49, 16 sagt:

„Et is qui volens transfugere adprehensus est, capite punitur.“

Das Umherschleichen mit dem Schwerte, um jemanden zu töten, wird wie die Tötung selbst bestraft, l. 7 C. 9, 16; ebenso bestrafen die Graugans, das westgothländische und das upländische Gesetzbuch diejenigen mit dem Tode, welche sich in Wäldern, Höhlen oder anderen Schlupfwinkeln aufhalten, um zu rauben und zu morden, einerlei ob sie ihre Absicht ausgeführt haben oder nicht (cf. Wilda S. 916). In Annam wird das bloße Giftmischen mit dem Tode bestraft, C. A. p. 178 f.; in China sogar schon die Instruktion dazu, Staunton s. 289 p. 310. Auch im deutschen Rechte haben wir Beispiele dafür, daß eine Vorbereitungshandlung gerade so hart bestraft wird, wie das eigentliche Verbrechen selbst, nämlich: Sprengstoffgesetz § 5 und § 6.[7])

---

[7]) § 5. „Wer vorsätzlich durch Anwendung von Sprengstoffen Gefahr für das Eigentum, die Gesundheit oder das Leben eines anderen herbeiführt, wird mit Zuchthaus bestraft.

Ist durch die Handlung eine schwere Körperverletzung verursacht worden, so tritt Zuchthausstrafe nicht unter fünf Jahren, und wenn der Tod eines Menschen verursacht worden ist, Zuchthausstrafe nicht unter zehn Jahren oder lebenslängliche Zuchthausstrafe ein.

Ist durch die Handlung der Tod eines Menschen herbeigeführt worden und hat der Thäter einen solchen Erfolg voraussehen können, so ist auf Todesstrafe zu erkennen.“

§ 6. „Haben mehrere die Ausführung einer oder mehrerer nach § 5 zu ahndender strafbarer Handlungen verabredet oder sich zur fortgesetzten Begehung derartiger, wenn auch im einzelnen noch nicht bestimmter Handlungen verbunden, so werden dieselben, auch ohne daß der Entschluß der Verübung des Verbrechens durch Handlungen, welche einen Anfang der Ausführung enthalten, bethätigt worden ist, mit Zuchthaus nicht unter fünf Jahren bestraft.“

Die Thatsache, daß § 6 auf eine Vorbereitungshandlung einer Ingefahrsetzung 5—15 Jahre Zuchthaus setzt, § 5 Abs. 1 auf die Ausführung dieser Vorbereitung 1—15 Jahre, ist allerdings vorhanden; eine Strafmilderung, wie sie v. Liszt S. 489 annimmt, bringt übrigens § 5 Abs. 1 nicht, denn wegen des Wörtchens „auch“ in § 6 bleibt der Strafrahmen 5—15 Jahre; also wir haben auch in diesem Falle das obige Verhältnis, daß Vorbereitungshandlung und das Delikt selbst, indem wir das Ingefahrsetzen als letzteres betrachten, mit derselben Strafe bedroht werden.

Die Wirkung dieser Behandlungsmethode können wir besser erkennen, wenn wir gleich eine größere Anzahl von Subjekten ins Auge fassen. Denken wir uns z. B. 100 Personen, welche mit einem Königsmorde umgehen. Im Stadium I, der Zeit zwischen Aufsteigen und Fassen des Entschlusses, denkt ein Teil von ihnen, sagen wir 50, so, daß sie gern ihr Leben in die Schanze schlagen, wenn sie ihren Zweck erreichen, für den bloßen Versuch wollen sie aber nicht ihr Leben aufs Spiel setzen. Alle diese werden dann dadurch, daß auch schon auf den Mordversuch die Todesstrafe gesetzt wird, von der Entschlußfassung abgehalten, wenigstens in allen Fällen, in welchen sie des Erfolges nicht ganz sicher sind. Im Stadium II ist die Wirkung auch noch eine gute, und von den übrigen 50 wird vielleicht ein Teil, sagen wir 10, durch die erhöhte Strafandrohung zur Wiederaufgabe des Entschlusses bestimmt werden. Auf diejenigen aber, welche ins Stadium III gelangen, in unserem Falle 40, ist die Wirkung eine rein schlechte. Hat z. B. ein Hochverräter einen Fehlschuß abgegeben, so hat er die Todesstrafe schon verwirkt und kann den zweiten Schuß straflos abfeuern. Das einzige, welches ihn noch von der Wiederholung bezw. von der Vollendung des Verbrechens, abgesehen von der Hoffnung auf Begnadigung, abhalten könnte, das wäre die Hoffnung auf Unentdecktbleiben. Ist er aber schon gesehen worden, so fällt auch dieser Halt fort. Ebenso verhält es sich mit den Vorbereitungshandlungen: Haben mehrere sich verabredet, durch Sprengstoff jemandem eine schwere Körperverletzung beizubringen, so haben sie die Ausführung dieser Verabredung frei, denn für die Verabredung erhalten sie (Sprengstoffgesetz § 6) 5—15 Jahr Zuchthaus, für die Körperverletzung (§ 5, 2 ib.) ebenfalls.[8]) Der kritische Punkt liegt hier in der Perfektion des Versuchs (in Deutschland also im Beginn der Ausführung des Deliktes), bezw. in der Perfektion der Vorbereitungshandlung. Bis zu ihm wirkt eine verschärfte Strafandrohung, bleibt diese aber fruchtlos, so wird zugleich mit der Verschärfung die ganze Strafandrohung (durch Verwandlung in Straffsicherheit) vernichtet.

Man findet auch mehrere der obigen Methoden vereinigt. Z. B. stellen manche Gesetze gleichzeitig sowohl den Versuch, bezw. die Vor-

---

[8]) Nicht unbedenklich ist es deshalb, wenn man neuerdings in Frankreich den bloßen Besitz des Dynamits mit unverhältnismäßig hoher Strafe belegt, denn dann bleibt zu wenig Strafandrohung für das Delikt selbst übrig.

bereitung, der That selbst gleich als auch die Teilnehmer dem Thäter. Das preußische Gesetz, betreffend die Bestrafung der unbefugten Aneignung von Bernstein vom 22. Februar 1867 sagt:

> Art. I. „Wer Bernstein, ohne zu dessen Gewinnung befugt zu sein, in der Absicht in Besitz nimmt, sich solchen rechtswidrig zuzueignen, wird mit Geldbuße bis zu Einhundert Thalern oder mit Gefängnis bis zu sechs Monaten bestraft.
>
> Der Versuch, die Teilnahme, die Hehlerei und die Begünstigung wird mit gleicher Strafe bestraft[9]."

Ferner heißt es im englischen Rechte: wer böswillig (d. h. vermutlich: in der Absicht zu töten oder zu beschädigen), auf einen Offizier, ein Schiff usw. schießt, wird mit dem Tode bestraft und ebenso, wer dabei behülflich ist (Mühry S. 149) usw. Die Wirkung ist gleichfalls eine doppelte. Für den Thäter tritt der kritische Punkt bei Perfektion des Versuchs bezw. der Vorbereitungshandlung ein, denn alsdann ist die Strafandrohung für ihn erloschen. In Bezug auf den Teilnehmer hat das Delikt zwei kritische Punkte. Der erste tritt bei der Entscheidung über die Fassung des Entschlusses ein, dieser wird nämlich entweder nicht gefaßt, oder es ist gleich der zur Thäterschaft bezw. Mitthäterschaft selbst statt zur Teilnahme. Ist dann durch ihn der Teilnehmer zum Thäter geworden, so tritt der zweite kritische Punkt bei der Perfektion des Versuchs bezw. der Vorbereitungshandlung ein und bewirkt das Erlöschen der Strafandrohung.

Bei anderen Rechtsinstituten tritt der kritische Punkt noch später ein, z. B. bei der Haftung Dritter. Hier wird (abgesehen von einigen besonderen Konstruktionen cf. S. 24f.) der Dritte zur Verhinderung des Deliktes getrieben, solange wie diese möglich ist; ist diese Zeit vorüber, so wird aus dem Bundesgenossen des Gesetzgebers ein Überläufer, denn jetzt bemüht er sich, im Verein mit dem Thäter, seinem früheren Gegner, gegen den Staat Front zu machen und das Delikt zu verbergen. Der kritische Punkt fällt

---

[9]) Ähnlich das preuß. Gesetz über die Bestrafung unbefugter Gewinnung von Mineralien vom 26. März 1856 § 2. Auch § 80 des deutschen St.G.B. würde hier zu erwähnen sein, wenn man mit Hälschner II S. 735 und v. Liszt S. 219, 519 die Beihülfe mit der Strafe des Versuchs, also in diesem Falle mit der der That selbst (Todesstrafe), belegen wollte.

hier mit der Perfektion des Deliktes zusammen und die Gefährlichkeit besteht darin, daß, sobald jener überschritten ist, die gute Kraft ihrer ganzen Größe nach zu einer schlechten wird.

Aber nicht nur Bestrafungsarten können eine zweischneidige Wirkung entwickeln, sondern auch andere Bestimmungen, so z. B. der anscheinend so harmlose Zusatz einer Zeitbestimmung bei der Anzeigepflicht. Einerseits liegt hierin eine gute Kraft, nämlich die, daß derjenige, welcher die betreffende Kenntnis erlangt hat, die Anzeige nicht auf die lange Bank schiebt, andererseits aber auch eine schlechte. Wenn nämlich jemand schwankt, ob er Anzeige erstatten soll oder nicht, und infolge dieses Schwankens oder aus anderen nicht entschuldbaren Gründen die Frist verstreichen läßt, so hält ihn jetzt dieselbe Kraft von der Anzeige ab, die ihn vorher zu ihr hintrieb; denn erstens befreit ihn das Anzeigen doch nicht mehr von der Strafe, und zweitens führt es gerade seine Entdeckung herbei. Der kritische Punkt ist also der Ablauf der Frist, und zwar schlägt bei ihm die gute Kraft in eine ebenso große schlechte um.

Zweischneidig war auch die Bestimmung der athenischen Republik, daß bei einem Aufruhr jeder Bürger bestraft wurde, der nicht sofort sich der einen oder anderen Partei anschloß [10]), (nach Plutarch mit bürgerlicher Degradation, nach Aristoteles mit Verbannung und Vermögens-Konfiskation, nach Cicero mit Hinrichtung). Auf den ersten Blick scheint es, als ob sich die Bürger ungestraft auf die Seite der Aufrührer stellen durften, man übersieht hierbei jedoch, daß diejenigen, die zu den Aufrührern gingen, mit dem Tode bestraft wurden [11]). Die Gefährlichkeit dieses Gesetzes liegt aber in einem anderen Punkte, nämlich darin, daß Bürger, welche sich nicht mit der Regierungspartei verbinden wollten, nunmehr statt neutral bleiben zu können, zur Teilnahme am Aufruhr gedrängt wurden [12]).

Auch die Auslobung der Anzeige eines Deliktes, noch ehe

---

[10]) Thonissen. Droit pénal de la république Athenienne p. 172 ff.

[11]) Auch Grote übersah dies in seiner Histoire de la Grèce tôme IV, pag. 200, wie Thonissen a. O. bemerkt.

[12]) Der Grund dieses Gesetzes war wahrscheinlich der, daß man damals kein oder nur sehr wenig stehendes Militär hatte und deshalb eine Handvoll Aufrührer sich leicht der Regierung bemächtigen konnte, wenn die große Masse der Bürger neutral blieb (cf. Thonissen a. O.). Man war deshalb sozusagen gezwungen, jenes Gesetz anzunehmen, selbst auf die Gefahr hin, daß es sich gegen seine Schöpfer wenden könnte.

dasselbe geschehen ist, kann unter Umständen sehr gefährlich wirken. Betrachten wir folgende oft vorkommende Auslobung:

> „Schützet die Vögel! 3 Mark Belohnung demjenigen, welcher beim Vogelfange oder beim Nesterausenhmen betroffene Personen so anzeigt, daß ihre Bestrafung erfolgen kann.“

Angenommen ein Arbeiter sieht, wie ein Knabe zu einem Nestkästchen emporklettert. Ohne jene Auslobung würde er ihn vielleicht in seinem Vorhaben hindern, will er aber die 3 Mark Belohnung erhalten, so darf er ihn nicht stören, denn diese erhält er nicht für die Verhinderung, sondern für die Anzeige des Deliktes[13]). Er wird deshalb den Knaben erst abfassen, wenn derselbe die Eier oder jungen Vögel in der Hand hat. Also die Auslobung der 3 Mark, welche das Delikt verhindern soll[14]), bewirkt in diesem Falle gerade, daß es nicht verhindert wird.

Schlußwort.

Auf eine erschöpfende Behandlung macht die vorliegende Darstellung natürlich keinen Anspruch, im Gegenteil, es werden sich höchst wahrscheinlich hier und dort in den Gesetzgebungen, besonders in denjenigen, welche unter anderem Einflusse als dem der germanischen oder überhaupt abendländischen Kultur entstanden sind, noch manche andere Bekämpfungsmethoden entdecken lassen. Umgekehrt war es ebensowenig der Zweck der Arbeit, einzelne Gesetzgebungen erschöpfend zu behandeln (nicht einmal das augenblicklich geltende deutsche Strafrecht), sondern es sind aus einer speziellen Gesetzgebung nur diejenigen Beispiele herausgezogen, welche gerade paßten, und nur so viele, wie zur Konstatierung und Erläuterung der jedesmaligen Methode erforderlich waren. Zur Aufsuchung von Methoden sowie Beispielen für dieselben sind zunächst benutzt das jetzt geltende deutsche Strafrecht, die früheren deutschen Partikularstrafgesetzgebungen und die jetzt gültigen Strafgesetzbücher der

---

[13]) Und zwar des perfekten, denn da das Nesterausnehmen nur eine Übertretung ist, so wird der Versuch nicht bestraft.

[14]) Und zu einem großen Prozentsatze auch wohl wirklich verhindert, weil sie die Hoffnung auf Unentdecktbleiben sehr verringert.

Nachbarreiche. Im übrigen mußte wegen der Größe des Materials eine Auswahl getroffen werden und da sind denn hauptsächlich solche Gesetzgebungen herangezogen, welche für unseren Zweck besonders fruchtbar zu sein schienen. So z. B. haben die Gesetzgebungen der nach der Völkerwanderung in ganz Europa entstandenen germanischen Eroberungsstaaten eine ziemlich reiche Ausbeute geliefert, da in dem Kampfe der verschiedenen Rassen oft alles drüber und drunter ging und man häufig jede beliebige Kampfesweise gegen die zu Bettlern oder Sklaven herabgedrückten Besiegten in Anwendung brachte, wenn sie nur zum Ziele führte, mochte sie im übrigen mit Recht und Moral im Einklang stehen oder nicht. Ferner sind besonders die Gesetzgebungen antiker Völker, wie Römer, Griechen, Ägypter herangezogen sowie solche Gesetzgebungen, welche in einer der unsrigen gänzlich fremden Kultursphäre entstanden sind, z. B. in Indien, Annam, China. Schließlich hat auch außerhalb des systematischen Suchens der Zufall, die Lektüre nichtjuristischer Werke, die Beobachtung des täglichen Lebens usw. manches Brauchbare geboten.

Außerdem ist zu bemerken, daß die ganze Darstellung im allgemeinen nur einen feststellenden Charakter hat. Es ist meistens nur gesagt: die und die Methode findet sich in diesen oder jenen Gesetzen bezw. ist theoretisch konstruierbar und hat die und die Wirkungen. Fragen, ob eine bestimmte Methode eventuell in Deutschland einzuführen wäre, ob sie moralisch oder unmoralisch, gerecht oder ungerecht sei, und ob im speziellen Falle nicht andere als kriminalpolitische Gesichtspunkte für den Gesetzgeber maßgebend sein müssen, — derartige Fragen sind gar nicht oder nur wenig berührt, da ihre Erörterung zu weit geführt haben würde. Nur Folgendes mag in dieser Hinsicht noch gesagt sein.

Man muß sich hüten, eine Methode, welche an und für sich brauchbar erscheint (und womöglich schon in positiven Gesetzgebungen verwandt und vielleicht nur durch äußere Einflüsse, wie Eroberung, Auswanderung usw. wieder verschwunden ist), ohne weiteres aus dem Grunde von der Hand zu weisen, weil ihr ein moralischer oder sonstiger Mangel anhaftet. Es mag hier besonders auf zwei Punkte aufmerksam gemacht werden, welche leicht zu einer voreiligen Entscheidung Anlaß geben können.

Erstens darf man das in Frage stehende Bekämpfungsmittel nicht allein betrachten, sondern man muß, um eine richtige Beleuchtung zu erhalten, auch dasjenige heranziehen, welches man sonst an seiner Stelle zu nehmen gezwungen wäre. Folgendes Bild mag die Sache erläutern: Sagt uns bei einem militärischen oder sonstigen Schauspiele ein Bekannter: „Geh' an jene Stelle, dort siehst du besser", und wir sehen, daß wir dort im Schmutze stehen würden, so pflegen wir infolge dieser Bemerkung auf unserem alten Platze zu bleiben. Hier ist aber ein Fehler in der (relativen) Wertschätzung des neuen Platzes untergelaufen. Ruft uns nämlich der Bekannte, dem wir unser Bedenken mitgeteilt haben, zu: „Dann sieh' dir doch erst einmal die Stelle an, wo du jetzt stehst", so bemerken wir häufig zu unserem Erstaunen, daß dieselbe in Hinsicht der Reinlichkeit um nichts besser ist als die neue, und diese Bemerkung bringt dann natürlich einen neuen, vielleicht entscheidenden Faktor in unsere Erwägungen. Ebenso ist es mit der Entscheidung zu einem neuen Bekämpfungsmittel. Erscheint uns dieses in irgend einer Beziehung als unmoralisch oder sonstwie fehlerhaft, so bleiben wir ohne weiteres beim alten; zu einer richtigen Abschätzung der Mängel, welche für uns maßgebend gewesen sind, wären wir aber nur gekommen, wenn wir in Bezug auf sie auch das alte Gesetz geprüft hätten.[15])

Zweitens muß man die Thatsache vor Augen behalten, daß in vielen Fällen die Strafe bezw. Strafandrohung in der Hand des Gesetzgebers vollständig versagt. Dies kommt häufig da vor, wo die Strafe nicht so hoch geschraubt werden kann, daß sie den aus dem Delikte entstehenden Vorteil paralysiert, z. B. da, wo

---

[15]) In der Regel findet sich nämlich bei diesem derselbe Fehler in ähnlicher Weise, (nur hat man sich schon an ihn gewöhnt) und die Differenz beider ist dann das Entscheidende. So sagt u. a. Merkel, Jurist. Encyclopädie § 37: „Die Gerechtigkeit des Rechts ist jedoch überall und notwendig eine unvollkommene. Die Bedingungen seiner Wirksamkeit, sowie diejenigen seiner Entstehung und Fortbildung bringen es mit sich, daß es stets mit einem gewissen Maaße von Ungerechtigkeit behaftet ist, deren Formen sich verändern lassen, deren Wesen aber nicht zu bewältigen ist." Was z B. die Moral anbetrifft, so ist in dieser Hinsicht bekanntlich auch die Strafe als solche schon angegriffen; wenn der Staat z. B. das Töten verbietet, warum geht er nicht selbst mit gutem Beispiel voran und schafft die Hinrichtung ab? Man kommt schließlich bei der Begründung der Strafe immer wieder auf den Satz hinaus: „Der Zweck — mag er in Verteidigung oder Vergeltung oder Wiederherstellung usw. bestehen — heiligt das Mittel"; wenn aber der Zweck die Strafe heiligt, so kann er auch andere Bekämpfungsmittel heiligen, zumal wenn sie ihm dienlicher sind.

der Gesetzgeber aus irgend welchen Gründen nur Geldstrafe bezw. Geldstrafe bis zu einer gewissen Höhe verwenden kann. Ganz besonders zeigt sich aber die Wirkungslosigkeit der Strafe bei den sog. unverbesserlichen Verbrechern, den Verbrechern von Fach. Hören wir einmal, was Kräpelin[16]) darüber sagt: „Mit banger Befürchtung sieht der Direktor der Entlassung solcher Individuen entgegen, deren Gefahren ihm klar vor Augen stehen, und die er doch nicht hindern kann. Die Strafzeit ist vorbei, das Gerechtigkeitsgefühl ist befriedigt, also wird ruhig das Raubtier wieder auf das Publikum losgelassen, bis es den angestrengten Bemühungen der Polizei mit Hülfe des ad hoc zusammengestellten „„Verbrecheralbums““ gelingt, den gefährlichen Verbrecher N. N., der bereits so und so oft rückfällig geworden ist, wiederum auf einige Jahre, so lange es gerade das neue Reat verlangt, dingfest zu machen.“ Also: der Staat läßt das „Raubtier“ frei, wartet, bis ihm jemand zum Opfer gefallen ist, und sperrt es dann wieder ein (nota bene wenn er kann). Außerdem gibt es immer einen gewissen Prozentsatz im Publikum, dem gegenüber ebenfalls die Strafandrohung versagt, und diese täglich neu entstehenden Raubtiere gesellen sich dann den vom Staate freigelassenen zu. Aus derartigen Betrachtungen sowie in allgemeinen Notständen, wie Krieg, Aufruhr, Seuchen usw. mögen viele zwar wirksame, aber moralisch anstößige Gesetze entstanden sein und lassen sich zum Teil auch hiermit entschuldigen bezw. rechtfertigen.

[16]) Abschaffung des Strafmaßes S. 21.

Druck von Leonhard Simion in Berlin SW.

FSC
www.fsc.org
MIX
Papier | Fördert
gute Waldnutzung
FSC® C083411

Kolibri 360 GmbH
Ferdinand-Jühlke-Straße 7
99095 Erfurt, Deutschland
produktsicherheit@kolibri360.de